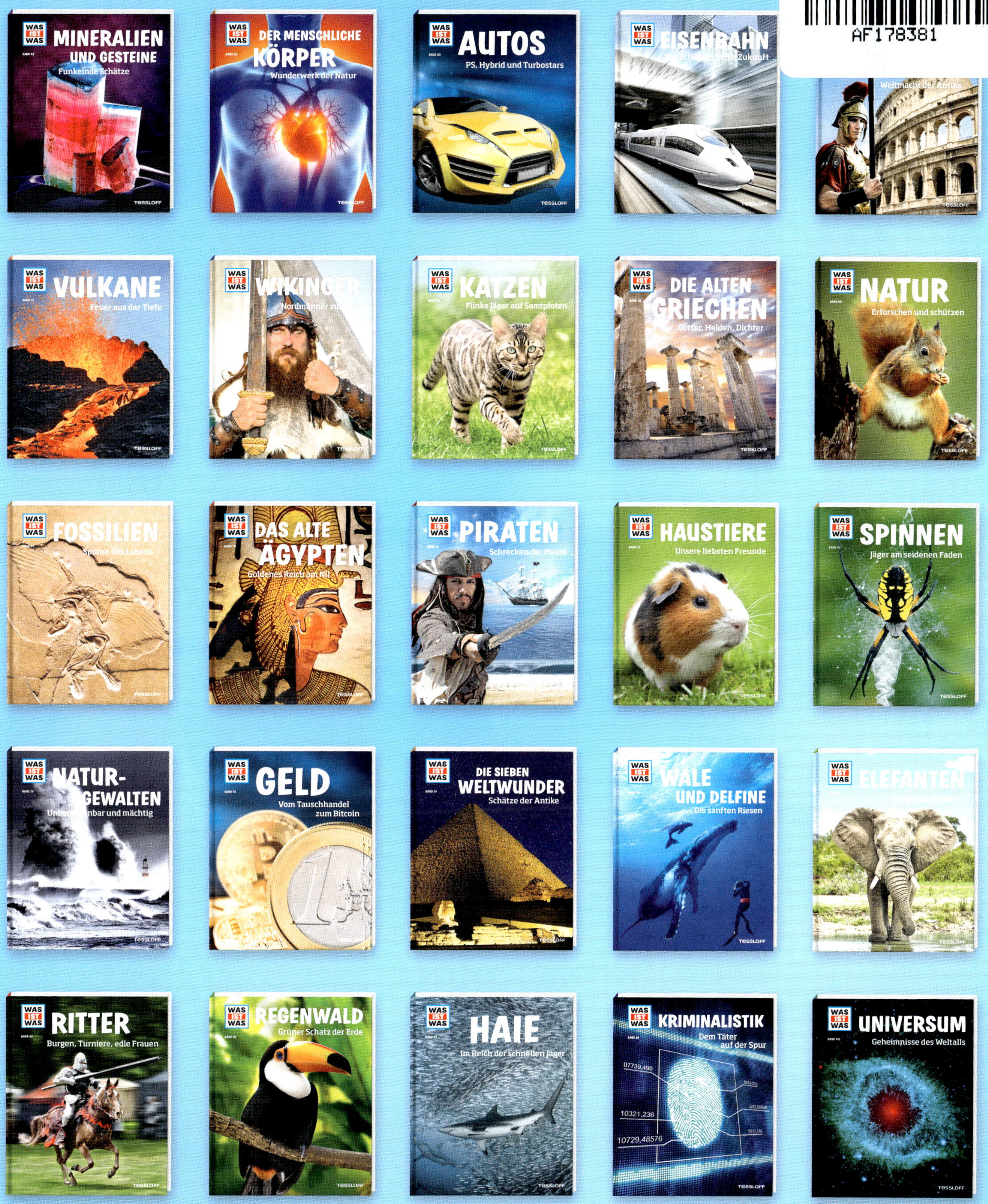
WAS IST WAS
MINERALIEN UND GESTEINE
Funkelnde Schätze
DER MENSCHLICHE KÖRPER
Wunderwerk der Natur
AUTOS
PS, Hybrid und Turbostars
EISENBAHN
Weltmacht der Antike
VULKANE
Feuer aus der Tiefe
WIKINGER
KATZEN
Flinke Jäger auf Samtpfoten
DIE ALTEN GRIECHEN
Götter, Helden, Dichter
NATUR
Erforschen und schützen
FOSSILIEN
Spuren des Lebens
DAS ALTE ÄGYPTEN
Goldenes Reich am Nil
PIRATEN
Schrecken der Meere
HAUSTIERE
Unsere liebsten Freunde
SPINNEN
Jäger am seidenen Faden
NATUR-GEWALTEN
GELD
Vom Tauschhandel zum Bitcoin
DIE SIEBEN WELTWUNDER
Schätze der Antike
WALE UND DELFINE
Die sanften Riesen
ELEFANTEN
RITTER
Burgen, Turniere, edle Frauen
REGENWALD
Grüner Schatz der Erde
HAIE
Im Reich der schnellen Jäger
KRIMINALISTIK
Dem Täter auf der Spur
UNIVERSUM
Geheimnisse des Weltalls
TESSLOFF

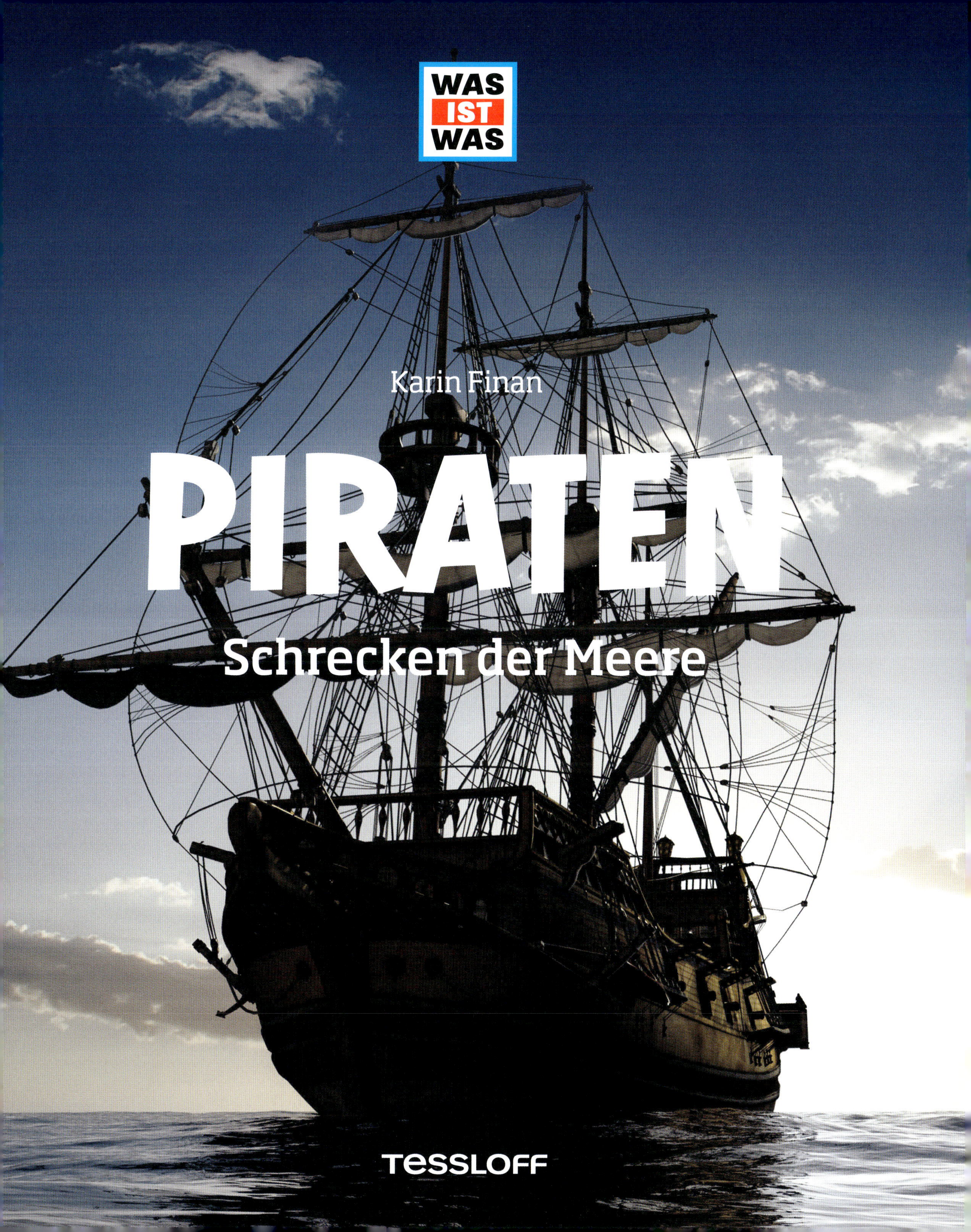

WAS IST WAS

Karin Finan

PIRATEN

Schrecken der Meere

TESSLOFF

Hier siehst du, wo du bist!

Wo ist was?

Geh mit den Piraten der Karibik auf Schatzsuche!

Seite 24

Wie ging es wohl in einem richtigen Piratennest zu?

24 Das Goldene Zeitalter der Piraterie

Seite 20

Entdecke die »Golden Hind«, das Flaggschiff des Freibeuters und Weltumseglers Francis Drake!

4 Räuber zur See

Kopftuch, Gehstock, Papagei: Wie kleideten sich Piraten? Was hatten sie bei sich und welche Waffen waren besonders beliebt?

Seite 28

Totenschädel und Skelett: Viele Piraten hatten eigene Motive auf ihren Flaggen.

Seite 37

Die mit ▶ markierten Seiten könnten dich besonders interessieren!

Seite 37

Wie entert man eigentlich ein Schiff? Vom Anpirschen bis zur Beutefeier – in nur vier Schritten zum Erfolg!

Einige Piratenschiffe warten tief unten auf dem Meeresgrund noch auf ihre Entdeckung.

Seite 46

Hier findest du die wichtigsten Begriffe kurz erklärt.

Ein Rumfass zur Hölle

Am Abend des 1. April 1719 erreicht die »Bird Galley« die Westküste Afrikas und geht vor Anker. Zeit zum Essen und Schlafen. Nicht weit entfernt liegt ein anderes Schiff. Kurz nach Einbruch der Nacht meldet der wachhabende Offizier die Geräusche von Rudern. Wer macht sich da an die »Bird Galley« heran? Noch bevor William Snelgrave, der Kapitän des Schiffes, seine Männer bewaffnen lassen kann, klettern dunkle Gestalten rasch und leise an den Bordwänden empor. Als sie über die Reling steigen, heulen die Seeräuber wie Höllenhunde. Sie schießen und schlagen mit Entermessern um sich. An Deck brüllt der Anführer des Entertrupps: »Wer ist hier der Kapitän!?« Kapitän Snelgrave antwortet: »Bis jetzt war ich es.« Daraufhin setzt der Pirat Snelgrave die Pistole auf die Brust, die der Kapitän aber im letzten Moment wegschlagen kann. Da schlägt ihn der Pirat mit dem Pistolengriff auf den Kopf. Benommen rettet sich der Kapitän auf das hintere Deck, wo er nur um Zentimeter dem Säbelhieb eines anderen Piraten entkommt. Nur weil seine Crew sich nicht über ihn beklagt, findet der Kapitän vor den Piraten Gnade.

Der Sklavenhandel blühte an der Küste von Westafrika. Oft wurden versklavte Menschen verschifft – und von Piraten erbeutet!

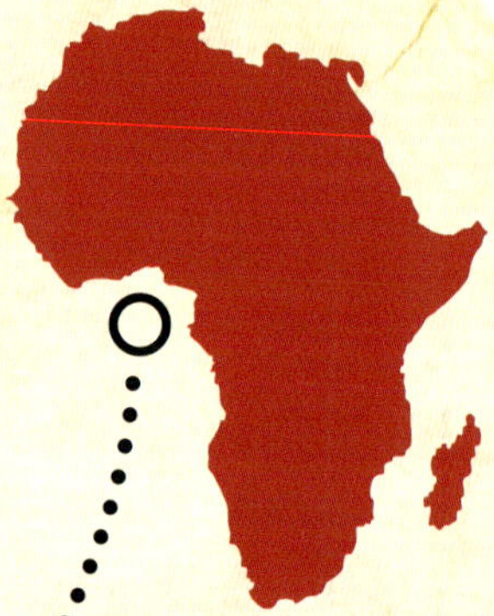

Am Golf von Guinea im heutigen Benin (Afrika) lag das portugiesische Fort Ouidah. Es war Zentrum des Sklavenhandels. Die Europäer klagten über Hitze, Malaria und Langeweile. Doch für Piraten gab es Aussicht auf reiche Beute!

In den Fängen der Piraten

Die »Bird Galley« und ihre Crew sind drei gefürchteten Piratenkapitänen in die Hände gefallen: Thomas Cocklyn, Howell Davis und Oliver La Buze, der »Bussard«. Sie führen eine kleine Piratenflotte an, die die westafrikanischen Gewässer unsicher macht. Erst nachdem der Entertrupp seine blutige Arbeit getan hat, gehen die Piratenkapitäne selbst an Bord. Cocklyn befiehlt als Erstes: »Alles Geflügel schlachten und kochen!« Ein großer Schinken und ein ganzes Schwein verfeinern die Kraftbrühe. Am nächsten Morgen laufen zehn Männer von Snelgrave zu den Piraten über. Kapitän Snelgrave muss mit ansehen, wie die Piraten Rotweinfässer an Deck bringen, sich betrinken und eimerweise mit Rotwein überschütten. Ein betrunkener Pirat kickt Snelgraves goldene Taschenuhr mit den gehässigen Worten »Schöner Ball!« übers Deck.

Hart, aber herzlich

Einige Piraten aber haben Mitleid, geben dem Gefangenen Schiffszwieback, Schinken und Branntwein und trösten ihn. Nach einem langen Monat, in dem Snelgrave die Launen der Piraten ertragen muss, kommt schließlich ein Piratenrat zusammen. Der Rat beschließt, den Kapitän samt Crew freizulassen, denn er gilt als »anständiger Kerl«. Die Piraten sind nun so freundlich und großzügig zu ihm, wie sie vorher brutal und gemein waren. Als Entschädigung soll Snelgrave sogar ein anderes Schiff bekommen und dazu noch Waren aus früheren Raubzügen. Die Piraten helfen sogar beim Verladen und geben ein Abschiedsfest. Bei dem fliegen beinahe Tonnen von Schießpulver in die Luft, als eine Kerze ein Rumfass in Brand setzt … ein rauschendes Fest!

Kapitän Snelgrave darf kurz darauf nach England heimkehren, wo er seine Abenteuer in einem Buch aufzeichnet. Nur deswegen können wir heute über diesen Piratenüberfall berichten. Ein seltenes Glück! Denn solche Berichte gibt es nicht oft.

Beim Kapern kam es auf die Schnelligkeit und die Überzahl der Angreifer an. Die Piraten waren geschickt wie Akrobaten und bis an die Zähne bewaffnet. Alt wurden die wenigsten von ihnen.

Piraten auf allen Weltmeeren

... und in allen Epochen der Geschichte!

Blackbeard

Er blockierte 1718 Charleston, die Hauptstadt South Carolinas, um Medikamente und Lösegeld zu erpressen.

Barbaresken-Piraten

Mit ihren schnellen Galeeren machten sie Jagd auf christliche Handelsschiffe und Sklaven.

François L'Olonnais

Geboren als Jean-David Nau in Frankreich. Er plünderte 1616 mit 700 Piraten zwei Wochen lang Maracaibo und folterte die Bewohner.

Die Piratenrunde

Als sie im 18. Jahrhundert in der Karibik schärfer verfolgt wurden, begaben sich die Seeräuber auf Rundfahrt. Ihre 40 000 Kilometer lange Reise führte sie von Nordamerika über Westafrika nach Asien. Vom Piratenparadies Madagaskar aus machte man im Indischen Ozean Beute.

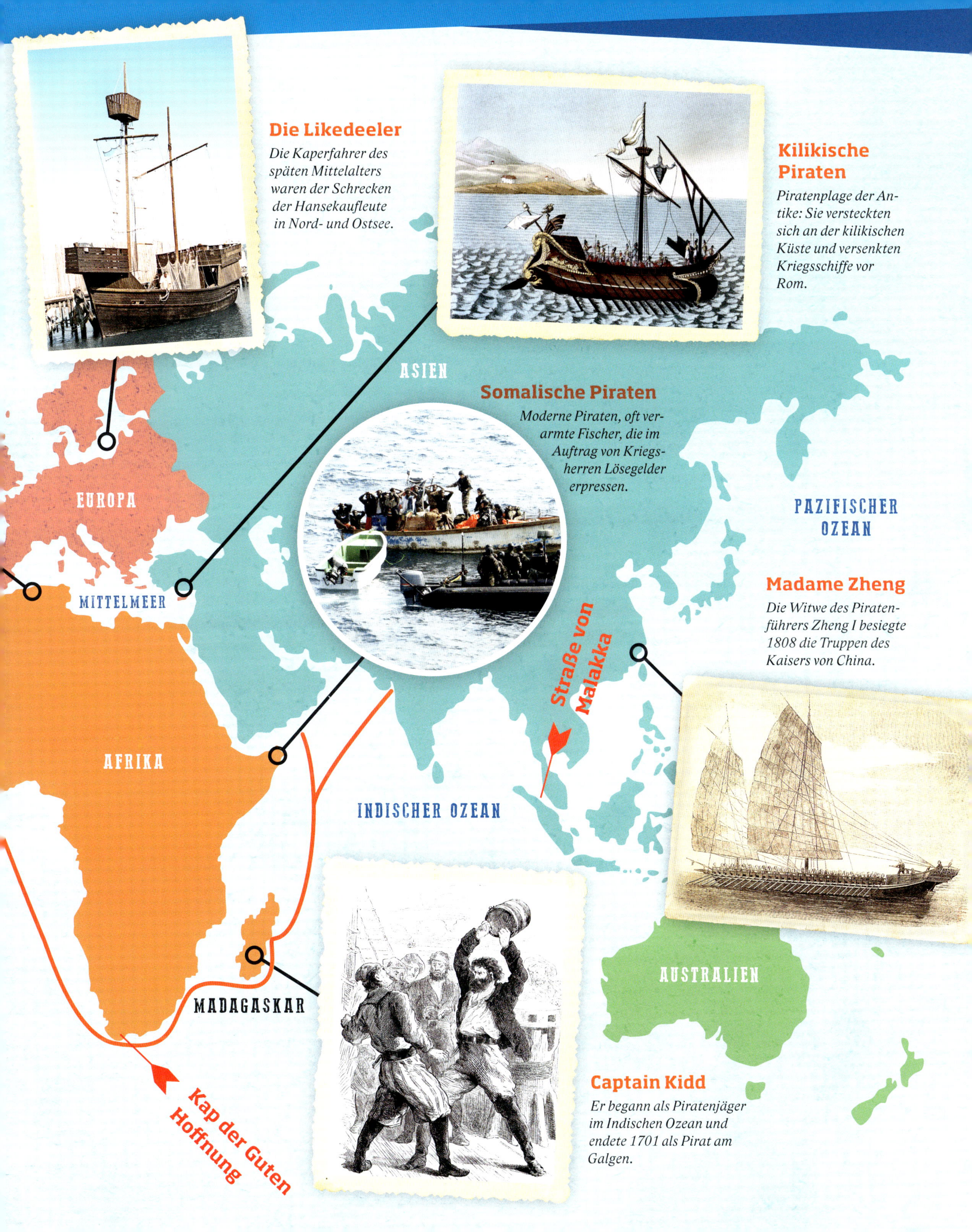
Die Likedeeler
Die Kaperfahrer des späten Mittelalters waren der Schrecken der Hansekaufleute in Nord- und Ostsee.
Kilikische Piraten
Piratenplage der Antike: Sie versteckten sich an der kilikischen Küste und versenkten Kriegsschiffe vor Rom.
ASIEN
Somalische Piraten
Moderne Piraten, oft verarmte Fischer, die im Auftrag von Kriegsherren Lösegelder erpressen.
EUROPA
PAZIFISCHER OZEAN
Madame Zheng
Die Witwe des Piratenführers Zheng I besiegte 1808 die Truppen des Kaisers von China.
MITTELMEER
Straße von Malakka
AFRIKA
INDISCHER OZEAN
AUSTRALIEN
MADAGASKAR
Captain Kidd
Er begann als Piratenjäger im Indischen Ozean und endete 1701 als Pirat am Galgen.
Kap der Guten Hoffnung

Seeräuber des Altertums

Seit Schiffe Menschen und Handelswaren befördern, gibt es Piraten, die sie überfallen und ausrauben. Die ältesten Berichte über Piraterie im Mittelmeer sind rund 3 300 Jahre alt. Noch frühere Überlieferungen wissen von Piraten an den Küsten des Persischen Golfs und Südchinas. Eine chinesische Redensart von 3 000 vor Christus sagt: »Der beste Trog, sich zu mästen, ist ein Schiff auf Raubfahrt.« Schon damals wusste man also: »Seeraub bringt fette Beute.«

Das östliche Mittelmeer: Zentrum der Seeräuber

Griechische und phönizische Handelsschiffe, die Kostbarkeiten wie Gold, Purpur, Wein und Weihrauch geladen hatten, waren beliebte Ziele von Seeräubern. Eine ebenso begehrte Beute waren Menschen, die als Sklaven verkauft oder gegen Lösegeld freigelassen wurden. Aber wie machte man sich am geschicktesten an die Beute heran? Da gab es zwei Möglichkeiten:

1 Die Handelsschiffe der Antike fuhren bevorzugt an den Küsten entlang von Hafenstadt zu Hafenstadt. In Buchten lauerten die Räuber daher auf Frachtschiffe. Für einen Überfall auf See nutzten sie schnelle Boote oder Schiffe mit bis zu 50 Ruderplätzen. Mit solchen Liburnen, den wendigen Segel-plus-Ruder-Schiffen, konnten sie die schwer beladenen Frachtschiffe leicht einholen und entern.

2 Wozu warten, bis ein Schiff aufkreuzt, wenn man selbst eines hat und damit fremde Küsten überfallen kann? Auch diese Form der Piraterie war im Altertum weit verbreitet.

Pompeius gegen die Piraten

Im 1. Jahrhundert vor Christus war die Römische Republik mächtig. Gegen die kilikischen Piraten jedoch war sie wehrlos. Tausende Seeräuber trieben sich auf dem Meer herum: arbeitslose Söldner und Abenteurer, sogar junge Adlige. Kilikien, an der südlichen Mittelmeerküste der heutigen

Schwer einnehmbar: Ein Kastell an einer Felsküste war ein sicherer Rückzugsort.

Der griechische Gott Dionysos vertreibt die Piraten und verwandelt sie in Delfine.

Schon gewusst?

Der junge Julius Cäsar wurde 77 vor Christus auf einer Reise nach Rhodos von kilikischen Piraten entführt. Sie hielten ihn fast 40 Tage lang gefangen, bis das Lösegeld bezahlt war. Danach nahm Cäsar Rache. Er stellte ein paar Schiffe zusammen, jagte die Piraten und ließ sie töten. Nach römischen Gesetzen hätte er das eigentlich nicht tun dürfen, aber die Piratenplage ärgerte ohnehin alle Römer.

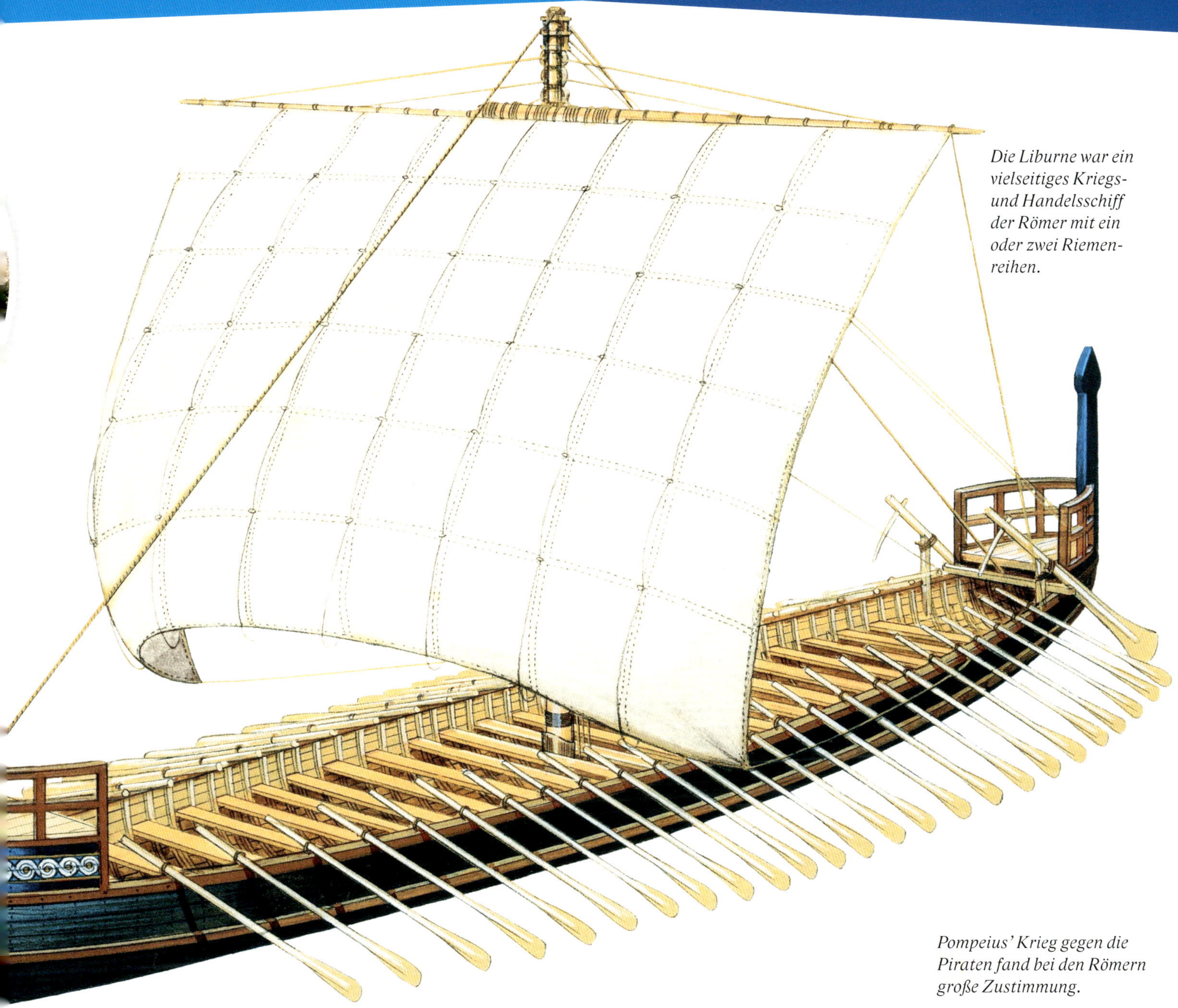

Die Liburne war ein vielseitiges Kriegs- und Handelsschiff der Römer mit ein oder zwei Riemenreihen.

Türkei gelegen, war »Piratenland«. Hier fanden sich ideale Verstecke und sichere Fluchtwege, denn auch die Landseite des Taurusgebirges war unwegsam. Als Piraten im Jahre 68 vor Christus den Getreidenachschub nach Rom abschnitten, ermächtigte der Senat den ruhmreichen Feldherrn Gnaeus Pompeius zu einem umfassenden Schlag gegen die Piraten im Mittelmeer. Pompeius ging klug vor: Er sprach zuerst mit einzelnen Bandenführern, um sie als Verbündete zu gewinnen. Dann bereitete er einen Krieg vor, der die ganze Schlagkraft Roms bündelte: 500 Schiffe, über 100 000 Fußsoldaten und 5 000 Reiter sollten die Piraten niederringen. Im Frühling des Jahres 66 vor Christus war es so weit. Alle Kommandanten griffen im ganzen Mittelmeer gleichzeitig an. Den überraschten Piraten blieb kein Ausweg. In die Enge getrieben, mussten sie sich nach 88 Tagen geschlagen geben. Pompeius ließ Milde walten. Statt gefangene Seeräuber hinrichten zu lassen oder sie den Löwen in der Arena vorzuwerfen, siedelte er sie in Kleinasien als Fischer und Bauern an – in Pompeiopolis!

Pompeius' Krieg gegen die Piraten fand bei den Römern große Zustimmung.

Die Wikinger begnügten sich nicht mit Plünderungen. Sie steckten auch die Behausungen ihrer Opfer in Brand.

Die Wikinger kommen!

Auch Schwerter aus biegsamem Stahl kannten die Wikinger schon.

Von England bis Spanien, von Norddeutschland über Frankreich bis Italien und noch weiter reichten zwischen 800 und 1050 die Wikingerfahrten. Mit Feuer und Schwert verbreiteten die Nordmänner, die Normannen, Furcht und Schrecken auf dem christlich-römisch geprägten Kontinent.

Horden aus dem Norden

Die Geschichte der Wikingerraubzüge begann mit dem Überfall auf das Kloster Lindisfarne im Nordosten Englands am 8. Juni 793. Die Heiden aus Skandinavien kreuzten mit ihren außergewöhnlichen Schiffen blitzschnell vor der englischen Insel auf. Die Mönche ahnten nicht, was ihnen drohte. Sie versteckten sich nicht. Erst als die Wikinger mit Gebrüll einfielen, alle niedermetzelten, das Kloster in Brand steckten und den Klosterschatz raubten, wurde klar, mit wem man es zu tun hatte. Von da an rissen die wikingischen Raubzüge in England nicht mehr ab. Etwas nach Wikingerart zu tun, hieß, möglichst viel Furcht und Schrecken zu verbreiten.

Waren die Wikinger Piraten?

Die Wikinger führten keine Seeschlachten, sondern fielen auf dem Wasserweg in fremde Länder ein. Die Taktik der Wikinger war einfach, aber lange Zeit war ihr niemand gewachsen: Mit ihren schnellen, wendigen Langbooten machten sie an beiden Ufern einer Flussmündung fest. Von hier aus fielen die Heere ins Landesinnere ein, während Wachtrupps bei den Schiffen blieben. Die Wikinger überraschten die Einwohner, meist wehrlose Mönche, Bauern und Händler. Hatten sie reichlich Beute gemacht, verschwanden sie so schnell, wie sie gekommen waren.

Ein Spangenhelm mit Nasenschutz wog rund 2,5 Kilogramm.

Ruinen des Klosters Lindisfarne. Der Überfall im Jahr 793 gilt als Beginn der Wikingerzeit.

Prächtig verzierter Drachenkopf: Die hohe Kunst, Menschen zu erschrecken.

»Die Dänen leben im Meer«

Das gilt wohl auch für Norweger und Schweden. Die Schiffe der Wikinger waren der Schlüssel zu ihrer Herrschaft. Die Drachenboote (Drakkar) waren bis zu 36 Meter lang und wurden von 32 Ruderern auf jeder Seite fortbewegt – oder vom Wind, der das 10 mal 12 Meter große Segel blähte. Diese Kriegsschiffe waren erstaunlich schnell. Ihre Herren ließen nichts aus, um Eindruck zu schinden. Der Drachenkopf am Vordersteven sollte die Schutzgeister aus dem überfallenen Land vertreiben. Kam der Drakkar in friedlicher Absicht, dann nahmen die Wikinger den Drachenkopf ab. Ihre Holzschilde hängten sie außen an die Bordwand, um Mannstärke zu zeigen.

Das Ende der Raubfahrten

Zu Beginn hatten die Wikinger leichtes Spiel. Kirchen und Handelsplätze waren kaum befestigt, die Bewohner unbewaffnet. Das änderte sich im Lauf der Jahrhunderte. Immer mehr Schutzwälle, Stadtmauern und kampfbereite Truppen erwarteten die Nordmänner.
Der arg geplagte französische König bot dem Wikingerfürsten Rollo schließlich ein Siedlungsgebiet im Norden Frankreichs an, wenn er und seine Gefolgschaft zum Christentum übertraten und Frieden schlossen. Rollo willigte ein und seither heißt diese französische Provinz Normandie.

An der englischen und irischen Küste errichtete man Wachtürme, um Wikingerschiffe früh zu erkennen.

Die Zweihandaxt war gut 80 Zentimeter lang. Eine gefürchtete Waffe der Normannen.

166 000 Münzen aus aller Herren Länder wurden bisher in Skandinavien gefunden.

Eine Wikingerlegende

Jarl Rögnvald segelte einst im Mittelmeer. Dort lag sein Drachenboot eines Morgens einer byzantinischen Dromone gegenüber. Die Dromone (Läufer) war ein mächtiges Kriegsschiff mit 300 Mann Besatzung. Ihre Bordwände ragten so hoch auf, dass die Wikinger mit ihren Waffen nicht hinaufreichen konnten. Die Gegner wehrten sich, indem sie heißes Pech hinabschütteten. Da befahl Jarl Rögnvald seinen Männern, mit ihren Streitäxten ein Loch in die Bordwand der Dromone zu hacken. Als das Loch ausreichend groß war, enterten die Wikinger das Schiff. Sie töteten alle byzantinischen Krieger mit Ausnahme des Anführers.

Kaperei im Mittelalter

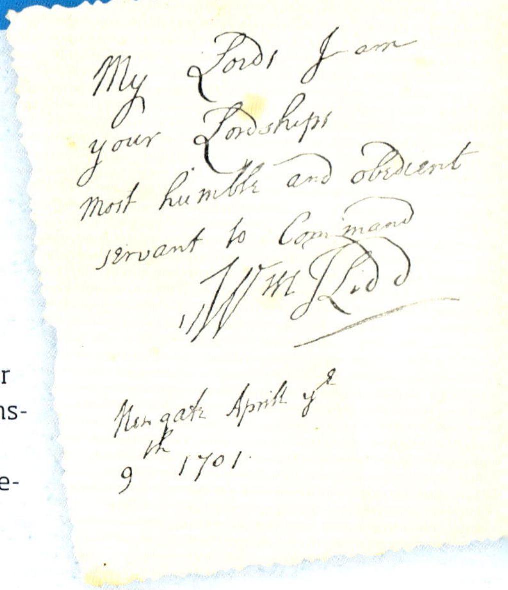
My Lords I am
your Lordships
most humble and obedient
servant to Command
Wm Kidd

Newgate Aprill ye
9th 1701

Auch dieser Brief von William Kidd aus dem Jahr 1701 stammt nicht aus dem Mittelalter. Mittelalterliche Stehlbriefe sind leider nicht erhalten.

Die Zeit der wilden Wikinger war lange vorbei, doch nach 1375 blühte die Seeräuberei in der Ostsee wieder auf. Denn auch im Mittelalter gab es noch kein internationales Seerecht, an das man sich halten musste. Es war dagegen üblich, dass jeder Fürst sein Landesrecht auch auf See durchzusetzen versuchte. Im Krieg erlaubte er Schiffen seines Landes, feindliche Schiffe zu kapern.

Knapp bei Kasse? Kaperbrief!

Oft waren es verarmte Adlige, die zu Kaperern wurden. Ihre Landgüter warfen nur noch magere Ernten ab. Also steckten sie ihre letzten Geldmittel in ein Kaperschiff. Ein Kaperbrief räumte dem Kaperer die Stellung eines Kriegers ein. Als Gegenleistung verpflichtete sich der Kaperkapitän, einen Teil der Beute, auch Prise genannt, an den Fürsten abzugeben, von dem er seinen Kaperbrief erhalten hatte. Von der Kaperei war es nur ein kleiner Schritt zur Piraterie, wenn man nach einem Friedensschluss weiterräuberte. So wurden aus Krieg führenden Kaperern schnell verbrecherische Piraten.

Könige, Händler und Piraten

Im Mittelalter war die Seeräuberei eine Form des Seekriegs und eng mit den Wirren der Politik verbunden. Die politischen Rangeleien begannen nach dem 24. Oktober 1375, als König Waldemar IV. Atterdag, König von Dänemark, verstarb. Jede seiner Töchter wollte nun ihren eigenen Sohn als Nachfolger auf dem Thron sehen. Dieser Zwist war der Auslöser für einen langen Kaperkrieg. Auf der einen Seite standen Mecklenburger und Schweden, auf der anderen die Dänen und der Städte- und Kaufmannsbund der Hanse.
Schiffseigner, Verstoßene und verarmte Raubritter erhielten von den mecklenburgi-

An Felsenküsten konnten Strandräuber nachts leicht Schiffe ins Verderben locken.

Strandräuber benutzten Irrlichter, im Mittelalter und auch später.

Angeberwissen

- Die Lizenz zum Stehlen: Kaperbriefe nannte man im niederdeutsch-skandinavischen Raum Stelbreven, in modernem Deutsch Stehlbriefe. Ihren Ausstellern war wohl bewusst, dass das Kapern kein ehrenvolles Kriegshandwerk war.
- Beim Aufteilen der Beute waren die Piraten gerecht. Man nannte sie daher auch Likedeeler, also Gleichteiler.

George the Third by the Grace of

Englischer Kaperbrief des Königs Georg III.

schen Fürsten Kaperbriefe, die ihnen erlaubten, gegnerische Schiffe zu plündern. Aber konnten sich die Herrscher auf diese Männer verlassen? Sie bekamen ja keinen Sold, sondern lebten nur von ihrer Beute. Bald mussten die hohen Herren feststellen, dass sie die Seeräuber tatsächlich nicht im Griff hatten wie Marinesoldaten. Die Piraterie lief immer mehr aus dem Ruder. Je mehr Koggen (die Schiffe der Hanse) Pelze, Bier, Salz und Heringe über die Ostsee transportierten, desto mehr wurden von den Piraten geentert. Um ihre Frachtschiffe zu schützen, rüstete die Hansestadt Lübeck Kriegsschiffe aus. Diese Fredekoggen (Friedenskoggen) begleiteten die Handelsschiffe zum Schutz vor Überfällen.

Sammeln oder rauben?

Arme Fischer und Kleinbauern besserten ihr karges Brot mit dem Sammeln von Strandgut auf. Der alte Brauch des Strandrechts erlaubte ihnen, an Land gespültes, herrenloses Gut zu behalten. Manche Küstenbewohner waren aber skrupellos. Sie lockten Schiffe mit Fackeln und Laternen auf Riffe und Sandbänke, damit sie Schiffbruch erlitten. Die Herrenlosigkeit war der Knackpunkt des Strandrechts, denn die Räuber mussten die Fracht erst herrenlos machen. Sie erschlugen die Schiffbrüchigen und wurden so Eigentümer des »Strandguts«.

Das gerechte Teilen der Beute gehörte auch in späteren Jahrhunderten noch zu den guten Sitten unter gestandenen Piraten.

Störtebeker und die Vitalienbrüder

So mag ein Überfall der Likedeeler auf eine Hansekogge ausgesehen haben.

Als sich Königin Margarete von Norwegen und Dänemark mit König Albrecht von Schweden Ende des 14. Jahrhunderts um die schwedische Krone stritt, traten die Vitalienbrüder auf den Plan. Ihren Namen machten sie sich als Brecher der dänischen Blockade gegen Stockholm. Denn die Bruderschaft versorgte das belagerte Stockholm mit Lebensmitteln (Viktualien), unter anderem Malz und Getreide. Legendäres erzählte man sich über ihren Anführer: Klaus Störtebeker.

Störtebeker – eine Piratenlegende

Der berüchtigte Klaus Störtebeker soll ein Robin Hood der Ost- und Nordsee gewesen sein, der nach dem Motto handelte: »Den Reichen nehmen, den Armen geben.« Störtebeker soll vier Liter Bier in einem Zug aus einem riesigen Becher getrunken haben. Das hat ihm auch seinen Namen »Stürz den Becher« eingebracht: Störtebeker.

Um Klaus Störtebeker ranken sich fantastische Geschichten. Doch was davon ist wirklich wahr? Fest steht: Es gab einen Mann namens Nicolao Störtebeker und es gab einen Kaufmann und Kaperfahrer namens Johan Störtebeker – aber viel mehr gesichertes Wissen haben wir nicht. Der Rest ist wohl eine Legende, die

Das Störtebeker-Denkmal steht auf dem Grasbrook in Hamburgs Hafencity.

bei jeder mündlichen Überlieferung ein Stückchen mehr ausgeschmückt wurde. So entstand die Figur des Klaus Störtebeker, die es vielleicht gar nicht gegeben hat. Berühmt wurde auch die Legende von Störtebekers Enthauptung. Der Bürgermeister von Hamburg habe ihm versprochen, alle Männer zu verschonen, an denen er ohne Haupt noch vorbeilaufen konnte. Elf Männer soll er geschafft haben.

Die Vitalienbrüder: »Gottes Freunde und aller Welt Feinde«

Um 1394 machten rund 1 500 Vitalienbrüder die Ostsee unsicher. Sie trieben die reichen Kaufleute der Hanse an den Rand des Ruins. Die Heringe wurden fünfmal so teuer, das Getreide wurde knapp.
Die Insel Gotland in der Ostsee wurde zum Piratennest der Vitalienbrüder – bis der Deutsche Orden, eine Bruderschaft von frommen Rittern, im Jahr 1398 ganze 84 Schiffe mit insgesamt 5 000 Mann ausschickte. Dieser Übermacht ergaben sich die Seeräuber kampflos. Ein Teil von ihnen zog nach Ostfriesland um. Dort boten sie sich Adligen wieder als Kaperfahrer in der Nordsee an.

Schon gewusst?

Das berühmteste Schiff der Hamburger Anti-Piraten-Flotte hieß »Bunte Kuh«. An Bord der »Bunten Kuh« soll der Legende nach der berüchtigte Pirat Klaus Störtebeker nach Hamburg gebracht worden sein.

Wie kämpften die Vitalienbrüder?

Eine beladene Hansekogge war recht schwerfällig und langsam. Sie lag tief im Wasser. Fünf Männer genügten als Besatzung. Das war eine leichte Beute für Kaperschiffe mit 50 bis 100 Bewaffneten an Bord. Im Mittelalter gab es kaum Feuerwaffen, erst recht keine Kanonen. Armbrustschützen schossen von den Kastellen Pfeile ab. Man musste möglichst nahe an das Frachtschiff herankommen, um es mit Nahkampfwaffen wie Dolch, Beil und Schwert zu entern. War die feindliche Übernahme geschafft, so erlaubte der Kaperbrief den Verkauf der Waren in den Küstenstädten des jeweiligen Fürsten.

Von Helgoland auf den Grasbrook

Im Sommer 1400 heuerte Graf Albrecht von Holland die Vitalienbrüder an, um Hansekoggen zu überfallen. Die Piraten bezogen auf Helgoland ihren Stützpunkt, genau zwischen den Mündungen von Weser und Elbe, den Wasserstraßen von Bremen und Hamburg. Hier kamen besonders viele reich beladene Frachtschiffe vorbei. Eine Unverschämtheit! Die Hamburger fackelten nicht lange. Ihr Bürgermeister schickte Kampfschiffe nach Helgoland. 73 Vitalienbrüder wurden gefangen genommen, die übrigen getötet. Auf dem Hamburger Grasbrook köpfte der Henker die Gefangenen. Eine Chronik berichtet: »Ihre Köpfe setzten sie auf eine Wiese an der Elbe als Zeichen dafür, dass sie auf dem Meer geraubt hatten.«

Bei den Störtebeker-Festspielen auf der Insel Rügen wird die Legende um Klaus Störtebeker wieder lebendig.

Zur Abschreckung nagelte man die Köpfe der Piraten auf dem Grasbrook auf Pfähle.

Piraten des Orients

Die Brüder Arudsch und Chaireddin Barbarossa brachten es zu Herrschern von Algier und Tunis und zum Admiralsrang. Die gefährlichsten Seeräuber!

Es ging um Granada: Im Jahr 1492 eroberten die katholischen Spanier die Stadt von den islamischen Mauren zurück. Die Besiegten flohen daraufhin nach Nordafrika. Von dieser »Berberküste« aus, die heute zu Libyen, Algerien, Tunesien und Marokko gehört, führten die Barbaresken einen 300 Jahre währenden Piratenkrieg gegen christliche Seefahrer. Doch auch die Staaten des christlichen Europa spielten einander übel mit. Wurde ein holländisches Schiff überfallen, rieben sich die Spanier die Hände – und umgekehrt. Gewinner der Zwietracht waren die Piraten, denen immer mehr Schätze und Menschen in die Hände fielen.

Schrecken des Mittelmeers

Die Barbaresken waren gefürchtete Menschenjäger. Schätzungsweise 850 000 Menschen, bevorzugt Christen, entführten sie zwischen 1580 und 1680. Sie überfielen sowohl Schiffe als auch Küsten. In einigen Küstengebieten in Italien und Spanien wurden die Bewohner sogar umgesiedelt, um sie vor den Räubern in Sicherheit zu bringen. Die Menschenjagd zahlte sich aus: Hochgestellte Beamte und Kirchenmänner brachten üppige Lösegelder ein. Weniger prominente Gefangene verkauften die Piraten meist auf dem Sklavenmarkt. Frauen, die sich auf eine Reise ins Mittelmeer trauten, mussten damit rechnen, in einem Harem zu verschwinden. 1624 richteten die Hansestädte Hamburg und Lübeck eigene Sklavenkassen ein. Mit dem Geld kauften sie Entführungsopfer frei.

Wer war Uluch Ali?

Christliche Sklaven konnten sich von den Ketten befreien, indem sie zum Islam übertraten. So tat es auch der Italiener Galeni. Er wurde mit 16 Jahren aus seinem Fischerdorf in Italien entführt und war jahrelang Galeerensklave. Nachdem er zum Islam übergetreten war, nahm er den Namen Uluch Ali (der Bekehrte) an. Er arbeitete sich im Dienst des Sultans von Istanbul bis zum Flottenkommandanten und Pascha von Algier hoch und starb als angesehener alter Mann.

Wird die Piratengaleere ihre Beute einholen? Die Rudersklaven legen sich kräftig ins Zeug.

Mit Flugblättern, die Gräueltaten der Barbaresken ausmalten, hetzte man im christlichen Europa gegen die andersgläubigen Seeräuber auf.

Angeberwissen

- Die Galeeren hatten geringen Tiefgang und bekamen deshalb bei Wind und Wellen leicht Schlagseite. Darum kann man die Barbaresken als »Schönwetter-Piraten« bezeichnen.
- Im französischen Nantes gibt es heute noch Straßen mit Korsarennamen.

Schnell und wendig

Mit ihren leichten, schnellen Galeeren verfügten die Piraten des Mittelmeers über schlagkräftige Kampfschiffe. 100 bis 250 Galeerensklaven ruderten die rund 50 Meter langen Schiffe. Die mächtigen, schweren Riemen wogen 250 Kilogramm – zu viel für einen Sklaven. Solche Ruder verlangten mindestens fünf Männer. Die Galeeren waren nicht auf den Wind angewiesen. Die Piraten konnten jederzeit angreifen. Das Leben an Bord war für die Sklaven elend. Wer sich weigerte, stundenlang im Takt zu rudern, wurde ausgepeitscht. Die Kost war eintönig und mager. Angekettet konnte ein Sklave seinen Platz nicht einmal verlassen, um seine Notdurft zu verrichten.

Auf Beutezug

Die Barbaresken waren furchtlose Räuber. 1504 schnappten sich die Brüder Arudsch und Chaireddin Barbarossa sogar zwei Schiffe des Papstes. 13 Jahre später erwürgten sie den Scheich von Algier, worauf Arudsch sich selbst zum Scheich machte. Ein Piratenstaat war geboren! Bei einem Überfall vor der spanischen Hafenstadt Cádiz erbeuteten die Barbaresken 18 spanische Silberschiffe. 1538 schlug Chaireddin den berühmten italienischen Admiral Andrea Doria. Kamen die Piraten von einem Raubzug, dem »corso« zurück, wurden sie stürmisch von der ganzen Stadt gefeiert. Von »corso« ist auch das Wort »Korsar« abgeleitet, mit dem später alle Freibeuter des Mittelmeeres bezeichnet wurden.

Kampf den Barbaresken!

Die Barbaresken fürchteten niemanden – außer die Johanniter. Dieser christliche Ritterorden hatte auf der Insel Malta mächtige Festungen errichtet. Hunderte Soldaten und Kanonen fanden auf den Schiffen der Johanniter Platz. Mit ihren angsteinflößenden schwarzen Galeeren machten die Ritter aus Malta verbissen Jagd auf muslimische Schiffe. Nach dem Beutezug verkauften sie ihre Gefangenen auf dem Sklavenmarkt – genau wie die Barbaresken, nur auf Malta und nicht in Algier.

An den Mauern der Festungen auf Malta bissen sich alle Angreifer die Zähne aus.

Korsaren zählen Beute und Gefangene ab. Dann wird gefeiert!

Diese Karte von 1502 zeigt die portugiesische Sicht auf die Einteilung der Welt im 16. Jahrhundert.

Wem gehört die Neue Welt?

Galeonen waren die mächtigen Kriegs- und Silberschiffe der Spanier im 17. Jahrhundert.

Christoph Kolumbus erreichte 1492 Amerika, die Neue Welt, und nahm es für den König von Spanien in Besitz. Das katholische Spanien genoss die volle Unterstützung des Papstes Alexander VI. in Rom. So kam es, dass der Papst auf der Weltkarte eine Linie von Norden nach Süden mitten durch den Atlantik zog. Alles Land westlich dieser Linie sollte auf ewig an Spanien fallen und katholisch werden. Die Erdhälfte östlich der Linie wies der Papst Portugal zu. Die Könige von Spanien und Portugal besiegelten dies. Diese willkürliche Aufteilung der Welt 1494 wurde als Vertrag von Tordesillas bekannt. Andere Seefahrernationen wie England, Holland und Frankreich blieben ausgeschlossen. Wagten sich Schiffe dieser Nationen in die fremden Gewässer der katholischen Herrscher, so wurden sie als Piraten angesehen.

Geheimes Gold

Knapp dreißig Jahre lang plünderten die Spanier die Schätze der Uramerikaner im Geheimen. Sie taten alles, um den unermesslichen Gold- und Silberstrom aus Amerika vor den anderen Europäern zu verbergen. Den Fremden war der Zutritt zu den spanischen Kolonien verwehrt und sie durften auch keinen Handel mit ihnen treiben. Doch es gab Gerüchte. Spanische Schiffsverbände wurden stets auf derselben

Route nach Cádiz, dem Hafen von Sevilla, gesichtet. Große Galeonen, die tief im Wasser lagen. Von Gold und Edelsteinen war die Rede. Aber noch niemand außer den Spaniern hatte sie bisher gesehen.

Montezumas Schatz

1522 raubte Hernando Cortés, der goldgierigste der spanischen Eroberer, den Schatz des Aztekenherrschers Montezuma. Tierfiguren aus reinem Gold, ein Helm randvoll mit Goldkörnern, Perlen, faustgroße Smaragde, Geschmeide und Juwelen gehörten zum Schatz. Außerdem füllten Gold und Silber aus den mexikanischen Minen zwei Karavellen, die seetauglichen Schiffe, mit denen bereits Kolumbus den Ozean überquert hatte. Insgesamt drei Karavellen brachen nach Spanien auf. Cortés wollte Kaiser Karl V. stolz die Reichtümer Mexikos präsentieren. Doch es kam anders …

Ein Korsar staunt

Er galt den Spaniern schon lange als gefährlicher Freibeuter des verfeindeten Frankreich: Jean Fleury, Korsar, in der französischen Normandie geboren. Jean Ango, ein reicher Kaufmann und Reeder, stellte ihm Schiffe zur Verfügung, mit denen beide den Warenstrom aus Amerika anzapften. Fleury legte sich mit 200 Piraten auf sechs Schiffen im Atlantik auf die Lauer. Er ahnte nicht, dass er eine Art Jackpot knacken würde. Zwischen der Inselgruppe der Azoren und der portugiesischen Küste sichtete er drei Karavellen. Kaufmannsschiffe mit Tabak und Zucker? Vielleicht.

Die Piratenflotte des Fleury nahm die Verfolgung auf und verwickelte die spanischen Schiffe nur 50 Kilometer vor der portugiesischen Küste in ein Seegefecht. Die schwer beladenen Karavellen waren rasch besiegt. Was Jean Fleury an Bord der gekaperten Schiffe vorfand, übertraf seine kühnsten Erwartungen. Der Schatz des Montezuma, mit dem Cortés vor Kaiser Karl V. hatte glänzen wollen! Das Wertvollste waren die Seekarten, die den Franzosen den Weg zu den Schätzen Amerikas zeigten. Ganz Europa erfuhr nun von den Reichtümern der Neuen Welt. Nicht nur der König von Frankreich begann, fleißig Kaperbriefe auszustellen.

Montezuma empfing Cortés in der Aztekenhauptstadt Tenochtitlán zunächst freundlich.

Rekord

500 kg

wogen Schmuck, Helme und Schilde aus Montezumas Schatz. Das entspricht 32 000 Golddukaten!

Im Palast von Axayacatl, dem verstorbenen Vater des Montezuma, entdeckten die Spanier hinter einer Mauer eine überquellende Schatzkammer.

Francis Drake – der Pirat der Königin

Als Königin Elisabeth I. in der zweiten Hälfte des 16. Jahrhunderts England regierte, verschärfte sich der Gegensatz zwischen dem katholischen Großreich Spanien auf der einen Seite und protestantischen Staaten wie den Niederlanden und England auf der anderen Seite. Noch spielte England unter den Seemächten eine untergeordnete Rolle. Im Vergleich zu Spanien war es arm. Ein Pirat sollte das ändern.

Ein Seedrache erwacht

Francis Drake fuhr schon mit 13 Jahren zur See. Für seinen kinderlosen Kapitän war er wie ein Sohn. Als junger Mann schloss sich Drake seinem Cousin an, dem Sklavenhändler John Hawkins. Trotz des Einfuhrverbots verschleppte er Afrikaner in die spanischen Kolonien.

1568 kam es zu einem Gemetzel, das Drake mit einem lebenslangen Hass auf die Spanier erfüllte. Ein Unwetter hatte die Engländer in den Hafen San Juan de Ulúa bei der mexikanischen Stadt Veracruz verschlagen. Dort wurden Tausende Tonnen Silber verladen. Trotz des vereinbarten Waffenstillstands ließ der spanische Vizekönig die englischen Sklavenschiffe angreifen und vernichten. Drake entkam nur knapp. Von da an führte er einen erbitterten Krieg gegen die verhassten spanischen Schiffe.

Erste Kaperfahrten

Zunächst fuhr Drake auf eigene Faust nach Südamerika. Er spionierte dort die spanischen Silbertransporte aus. Dabei halfen ihm entlaufene schwarze Sklaven, die sogenannten Cimarrones.

Die »Golden Hind«: Drakes Flaggschiff

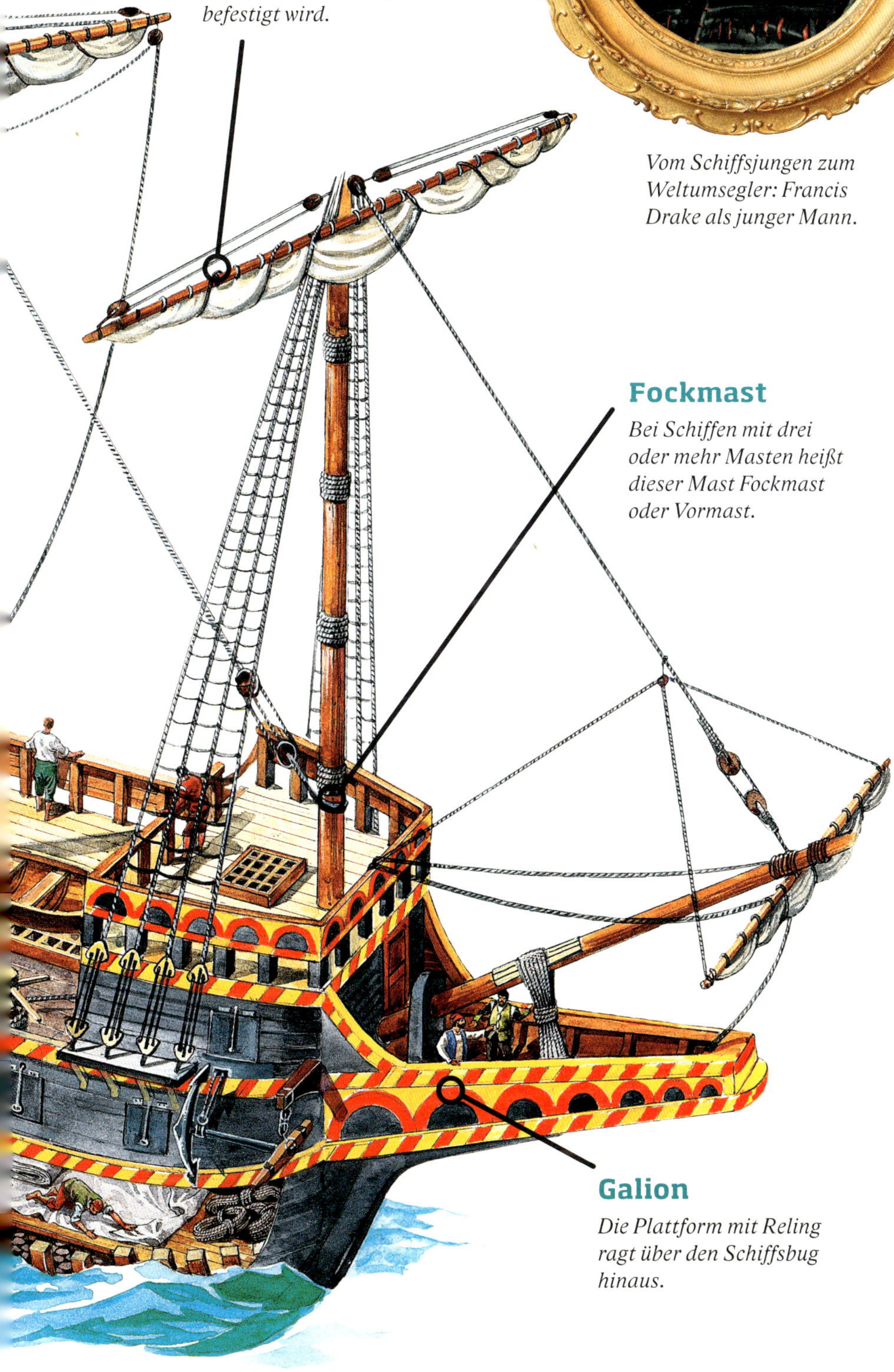

Vom Schiffsjungen zum Weltumsegler: Francis Drake als junger Mann.

Sie hassten die Spanier noch mehr als Drake. 1573 überfiel der Freibeuter Francis Drake schließlich eine Goldkarawane in Panama. Als wohlhabender Mann kehrte er nach England zurück. Englands Appetit auf die Eroberung der Weltmeere wuchs nun stetig an.

1018 Tage: Die »Famous Voyage«

1577 trat Francis Drake seinen größten Raubzug an, der gleichzeitig die zweite Weltumsegelung der Geschichte war. Königin Elisabeth und weitere vermögende Engländer rüsteten ihn mit den modernsten Schiffen aus. Der Geheimplan des Francis Drake lautete: die spanischen Gold- und Silberlager an der südamerikanischen Westküste auszurauben. Da die Spanier vor Chile nicht mit englischen Piraten rechneten, plünderte Drake ungehindert die Häfen Valparaiso und Lima. Der Hauptfang gelang ihm am 1. März 1579 mit der »Nuestra Señora de la Concepción«. Die spanische Galeone war mit 26 Tonnen Silber, 80 Pfund Gold und 13 Schatztruhen beladen. Drake kaperte sie im Handumdrehen. Das Verladen der Beute dauerte vier ganze Tage. Drake vermied es, über die Südspitze Amerikas heimzufahren. Stattdessen segelte er über den Pazifik, den Indischen Ozean und um die Südspitze Afrikas herum nach England. Am 26. September 1580 lief die »Golden Hind« in Plymouth ein. Viele Nachwuchspiraten eiferten Francis Drake nach und bedrohten von nun an die spanische Vormachtstellung in der Welt.

Funny Fact

Das Schatzschiff »Cacafuego«

Die mit schweren Kanonen bewaffnete »Nuestra Señora de la Concepción« hatte bei den Spaniern einen lustigen Spitznamen: »Cacafuego« (Feuerscheißer).

Die Bukanier

Die Bukanier haben selbst keine Aufzeichnungen oder Spuren hinterlassen. Man weiß nicht, ob sie überhaupt lesen und schreiben konnten. Sicher ist jedoch, dass sie ausgezeichnete Scharfschützen waren. Die Bukanier wurden zum Albtraum für die Besatzungen spanischer Galeonen. Dank des Buchs von Alexandre Olivier Exquemelin »De Amerikaensche Zee-Rovers« (»Die amerikanischen Seeräuber«) wissen wir einiges über die französischen Piraten. Exquemelin war selbst in die Piraterie gezwungen worden, also ein Augenzeuge.

Wie lebten die Bukanier?

Ursprünglich waren die Bukanier Buschjäger. Sie hausten im 17. Jahrhundert auf Hispaniola und Tortuga. Viele spanische Siedler hatten ihre Pflanzungen auf den Inseln bereits aufgegeben. Zurückgeblieben

Henry Morgan wurde 1674 zum Ritter geschlagen. Der Bukanier wandelte sich zum Piratenjäger.

Die Bukanier auf Hispaniola und Tortuga sollen sich nur von Fleisch ernährt haben.

waren verwilderte Schweine und Rinder, die sich zahlreich vermehrten. Auf die machten die Bukanier in Gruppen Jagd. Die Jäger hatten von Einheimischen gelernt, wie man im tropischen Klima Fleisch durch Räuchern haltbar machen konnte. Die Räucherhütte hieß nach einem indianischen Wort Buccan. Häute und Trockenfleisch verkauften die Bukanier an Schiffe, die Proviant aufnahmen, und an Tabakpflanzer. Die Bukanier waren überaus raue Burschen. Sorgsam behandelten sie nur ihre mannshohen Musketen und ihre Hunde. Ihre Knechte schunden sie. Ein Mann der Kirche beschrieb die Bukanier als »Fleischergesellen von der übelsten Sorte, die acht Tage im Schlachthaus zugebracht und sich nicht gewaschen hatten«. Gegen die Moskitoplage schmierten sich die Bukanier dick Schweineschmalz ins Gesicht und rauchten Pfeife. Sie waren bekannt dafür, dass sie Rum tranken »wie die Spanier das Brunnenwasser«.

Wagemutig: Von einem kleinen Küstensegler aus greifen Bukanier eine Galeone an.

Jesus, das sind Gespenster!

Piraten waren gute Kunden der Bukanier: Sie kauften ihnen Dörrfleisch ab. Dabei prahlten sie wohl oft damit, was auf See zu holen war. Den Ausschlag gab der Coup des Piraten Pierre le Grand im Jahre 1602 vor Hispaniola. Mit einer leckgeschlagenen Barke und nur 28 Mann war es ihm gelungen, ein spanisches Schatzschiff samt Vizeadmiral zu entern. Die überraschten Spanier sollen nur gerufen haben: »Jesus, son demonios estos!« (»Jesus, das sind Gespenster!«). Le Grand setzte sie an Land aus und segelte mit der Galeone heim nach Frankreich. Als die Jäger von diesem Streich erfuhren, wechselten sie das Gewerbe. Sie legten sich Boote und Schiffe zu, raubten spanische Barken aus und verkauften die Hehlerware im Hafen von Tortuga weiter. In knapp zwei Jahren soll die Bukanierflotte auf über 20 Schiffe angewachsen sein.

Unglaublich!

Zielsicheres Wettschießen: Die Bukanier waren äußerst geübte Schützen. Die Jäger schossen nach getaner Arbeit zum Vergnügen Orangen von den Bäumen. Aber nur wer den Stiel traf, gewann!

Die »Brüder der Küste«

Um 1640 schlossen sich die Bukanier enger zusammen. Sie gaben sich Regeln und den Kriegsnamen »Frères de la Côte« (»Brüder der Küste«). Viele Gepflogenheiten der Bukanier machten Schule. Sie legten fest, wie man an Bord miteinander umging, wie die Beute verteilt wurde, wie der Verlust von Gliedmaßen entschädigt wurde und welche Strafen drohten, wenn einer die Regeln brach. Dieser Vertrag hieß Chasse-Partie (französisch für »Anteil an der Jagd«).

1666 griff der bestialisch grausame L'Olonnais mit anderen Piratenkapitänen das südamerikanische Festland an.

Das Goldene Zeitalter

»In einer ehrbaren Stellung gibt es karge Rationen, niedrige Löhne und harte Arbeit – in dieser dagegen Hülle und Fülle, Vergnügen und Sorglosigkeit, Freiheit und Macht; (...) das einzige Risiko, das man dabei eingeht, besteht schlimmstenfalls in einem bitteren Blick auf den Strick. Nein, ein fideles und kurzes Leben sei mein Motto.«

Bartholomew Roberts, Pirat (1682–1722)

In Piratennestern wie Port Royal konnte es schon mal wild zugehen ...

Wegen ihres Wertes nannten die Piraten die spanischen Münzen der Neuen Welt Achterstücke.

Wozu eine Schatztruhe verstecken? Die Beute wurde meist gleich wieder verprasst.

Francis Drake segelte noch als geschäftstüchtiger Edelpirat und Held über die Sieben Meere. Er soll Gefangene ehrenvoll behandelt haben, lebte in England, wenn er nicht gerade auf See war, und wurde eine Art Superstar. Wenig davon trifft auf die Piraten des sogenannten Goldenen Zeitalters (1690–1730) zu.

Piraten des Goldenen Zeitalters

Die Piraten der Karibik, die dieses See- und Inselgebiet vierzig Jahre lang unter Kontrolle hatten, waren ursprünglich Flüchtlinge, entlassene Soldaten und arme Seeleute.

Viele wurden in die Karibik verschlagen oder verschleppt. Auch entlaufene Schuldknechte waren darunter, also Männer, die ihre Schulden nicht zurückzahlen konnten und sie deshalb abarbeiten mussten. Sie alle lebten und starben in einem Tropenparadies, das in Wirklichkeit von Krankheiten und Gewalt regiert war. Aber sie waren frei und niemandes Knecht oder Untertan!

Die Piratenplage

Um 1690 uferte die Piraterie in der Karibik aus. Sie bedrohte nicht nur spanische Werttransporte, sondern Handelsschiffe aller Königreiche. Auch englische Händler jammerten über die Piraten und auch dem englischen König gingen Steuereinnahmen verloren. Ebenso einträglich wie Überfälle war der Schleichhandel. Der spanische König hatte die Tabakausfuhr aus seinen Kolonien verboten? Umso besser! Die Piraten verdienten glänzend, indem sie spanischen Tabakpflanzern heimlich das gefragte Kraut abkauften und es an englische und französische Händler weiterverkauften. Zwischen 1701 und 1713 lagen die europäischen Mächte erneut im Krieg. Der König von England griff zu einem bewährten Mittel: Kaperbriefe gegen spanische Schiffe. Nach dem Friedensschluss wurden Tausende Matrosen und Soldaten arbeitslos. Manche suchten ihr Glück auf Piratenschiffen. Auch die Bukanier räuberten auf eigene Rechnung. Kaperbrief hin oder her, eines galt für alle: Europa und seine Herrscher waren gut 7 000 Kilometer weit weg.

Piratenpromis

Berüchtigte Seeräuber wie Edward Teach alias Blackbeard, Bartholomew Roberts, Howell Davis, William Kidd und das Trio Jack Rackham, Anne Bonny und Mary Read waren die Gesichter des Goldenen Zeitalters. Sie beschränkten sich nicht auf die

Karibik, sondern trieben sich in sämtlichen Fahrwassern der Handelsschifffahrt herum. Von Boston bis zu den Bahamas, von Guinea bis Madagaskar. Es bildeten sich sogar eigene Seeräuberstaaten. Tortuga, Hispaniola, Jamaika, New Providence und Madagaskar waren zeitweise fest in piratischer Hand. Sie waren die eigentlichen Schatzinseln, denn dort verprassten die Piraten das Geld, das sie erbeutet hatten. Port Royal auf Jamaika hatte den Ruf, der sündhafteste Ort auf Erden zu sein.

Noch ist dieser karibische Inselhafen ein friedlicher Handelsplatz ...

In der Taverne war der Bombo ein beliebter Piratendrink aus Rum, Wasser, Zucker und Muskat.

Willkommen im Piratennest!

Die Namen der ehemaligen Pirateninseln stehen heute für »Traumurlaub in der Karibik«: die Bahamas, Barbados, Jamaika, die Dominikanische Republik, Kuba, die Antillen oder auch das vor Ostafrika liegende Madagaskar. Haiti und die Dominikanische Republik teilen sich heute die Insel, die zur Zeit der Piraten noch Hispaniola hieß. Zwei Meilen nördlich vorgelagert war die »Schildkröteninsel« Tortuga. Sie hieß so, weil ihre Felsen die Form einer Schildkröte bildeten. Zusammen mit Port Royal auf Jamaika und der Bahamainsel New Providence mit ihrem berüchtigten Hafen Nassau war Tortuga eines der wildesten Piratennester. Hier tobte das Leben der Piraten!

Inseln in Piratenhand

Zwischen den Riffen, Untiefen, Inseln und Küsten verlagerten sich die Schifffahrtsstraßen immer wieder, denn das Gebiet war noch nicht endgültig erforscht. Die Piraten zogen ihre Stützpunkte freilich nach. Sie waren zunächst als Schrecken der Spanier willkommen – und wer hätte es gewagt, sich mit ihnen anzulegen? Der englische Gouverneur von Jamaika und der französische Gouverneur von Tortuga waren freigiebig mit Kaperbriefen. So entglitten den Spaniern die Karibischen Inseln unwiederbringlich. Sowohl Port Royal als auch Tortuga

Auf New Providence liegt Nassau. Das Piratennest wurde mehrmals zerstört, aber von Piraten immer wieder aufgebaut.

Das lasterhafte Kartenspielen um Geld war ein Lieblingszeitvertreib von Piraten.

besaßen uneinnehmbare Festungen. Cayone, der Hafen von Tortuga, war von einem Riff geschützt. Auf Inseln wie Tortuga brauchten sich Piraten nicht in abgelegenen Buchten und Höhlen zu verstecken. Sie gaben vielmehr den Ton an. Wenn sie von einem Raubzug zurückkamen, stellten sie die Hafenstädte auf den Kopf. Manche Piraten sollen an Land rund 3 000 Peseten in einer Nacht verprasst haben. Als das Geld durchgebracht war, mussten die Kameraden wieder auf einen neuen Beutezug gehen.

Wie ging es in einem Piratennest zu?

Ein Kapitän kaufte auf Jamaika öfter ein Fass Wein und zapfte es mitten auf der Straße an. Dann zwang er jeden Passanten, mit ihm zu trinken – oder drohte, ihn mit einer Flinte zu erschießen. Ein anderes Mal kaufte er ein Fass Butter und schmierte jedem, der vorbeikam, Butter auf den Kopf oder die Kleider. Port Royal zog zwielichtige Händler, Schmuggler, Abenteurer und schräge Vögel in Scharen an. Vorübergehend war so viel geraubtes Gold in Umlauf, dass es die Geldmenge in London übertroffen haben soll. Die sündige Stadt war eine Weile auch der größte Sklavenmarkt in der Karibik. 1692 wurden die Gebete der Spanier anscheinend erhört und Port Royal wurde von einem Seebeben zerstört.

Lecker: Piratenschmaus!

Natürlich schlugen sich die Piraten nach hungrigen Wochen auf See auch die Bäuche voll. Ihre Leibspeise war das Salmagundi. Es war ein Allerlei, wahlweise aus Schildkrötenfleisch, Fisch, Schweinefleisch, Huhn, gepökeltem Rindfleisch, Schinken, Ente oder Taube. Man briet erst das Fleisch, schnitt es klein und legte es über Nacht in gewürzten Wein ein. Dann wurde es mit Sardellen, hart gekochten Eiern, Kohl, Palmenherzen, Mangos, Zwiebeln und Gemüse vermischt. Das Ganze würzte man mit Knoblauch, Salz, Pfeffer, Senfkörnern, Zitronensaft und Öl. Yo-ho-ho, liebe das Meer und bleibe in der Schenke!

Schon gewusst?

Auf dem felsigen Tortuga wuchsen viele essbare und nützliche Pflanzen und Heilkräuter. Die Chinarinde war zum Beispiel ein lebenswichtiges Mittel gegen Tropenfieber. Aloe half vorzüglich bei der Wundheilung. Das gelbe Sandelholz brannte so hell, dass es auch Kerzenholz genannt wurde. Mit Fackeln aus diesem Holz konnte man nachts zum Fischen gehen.

Port Royal? Fast. Es ist das Abenteuerhotel »Treasure Island« in Las Vegas.

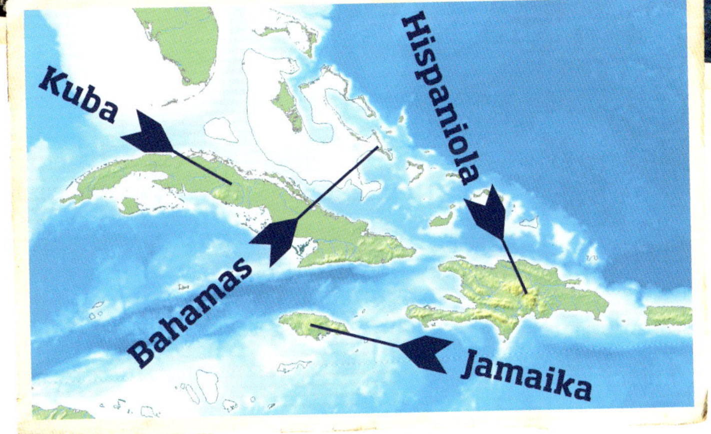

Der Seeweg von Mittelamerika nach Europa führte durch die inselreiche, seichte Karibik und ihre Piratennester.

Waren Piraten eitel?

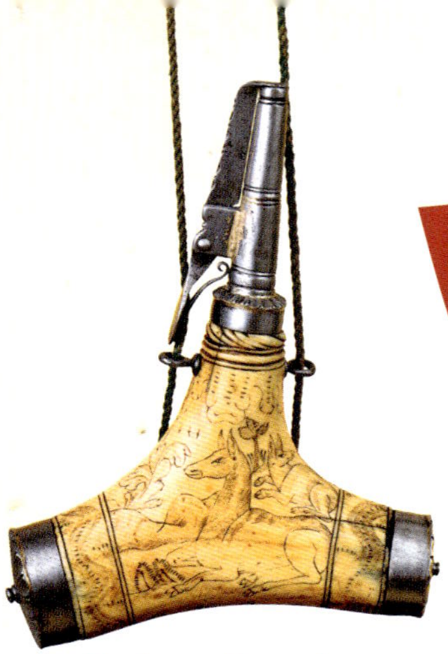

Pulverflasche

In einer solchen Pulverflasche bewahrte man das Schießpulver auf. Der Flaschenhals oben diente zum Dosieren des Pulvers.

Hose

Hosen auf See wurden oft aus Segeltuch genäht. Eine Hose musste ein sehr raues und robustes Kleidungsstück sein, das für das Leben an Bord geeignet war.

Hut mit Kopftuch

Früher hatten Männer oft längere Haare als heute. Das Kopftuch hielt die Mähne zusammen und schützte sie vor Salzwasser und dem Verheddern durch den Wind.

Papagei

Die Lieblinge der Piraten waren darauf abgerichtet, »Pieces of Eight« (Achterstücke) zu krächzen. Her mit der Beute!

Halstuch

Auf See ist es immer windig. Der Hals muss mit einem leichten Tuch geschützt werden.

Ohrring

Wenn ein Pirat starb, sollte von seinem goldenen Ohrring ein ordentliches Begräbnis bezahlt werden.

Waffen

Entermesser und Dolch waren typische Piratenwaffen. Dieser Romanheld, Long John Silver aus »Die Schatzinsel«, trägt dagegen eine Muskete auf dem Rücken und hält eine Pistole in der Hand. Beide Schießwaffen wurden mit Schwarzpulver und einzelnen Kugeln durch einen Ladestock geladen.

Kapitäns-mantel

Ob dieser Mantel wohl von der Marine geklaut wurde? Es sieht ganz so aus …

Gehstock

Viele Piraten verloren im Kampf ein Bein. Dann musste eine Gehhilfe als Ersatz dienen.

Seekarte

Karten waren kostbare Beute – ein Schatz, den Piraten nur mit Glück in die Hände bekamen. Sich auf See zurechtzufinden, war Gold wert.

Schuhe

Der schicke Schnallenschuh blieb leicht abgewandelt als Monk (Mönch) bis heute in Mode.

Heute können wir uns kleiden, wie wir mögen. Das war früher ganz anders. Es gab eine ständische Kleiderordnung, die vorschrieb, was die Stände tragen durften oder mussten. Ob Adliger, Geistlicher, Bürger, Bauer oder Handwerker – man konnte an der Kleidung erkennen, wen man vor sich hatte. Bürger, Bauern und Handwerker durften keinen Luxus zur Schau stellen. Das galt als eitel und hochmütig.

Arbeitskleidung oder Kostüm?

Piraten pfiffen auf die Standesordnung! Sie wollten die Oberen durch ihre Art sich zu kleiden reizen. Sie kostümierten sich kunterbunt, wie sie Lust hatten, mit dem, was sie gerade in den Kleidertruhen der beraubten Schiffe fanden. Ein roter Samtmantel zur Augenklappe? Schick! Ein Seidenhemd zum Kopftuch? Warum nicht? Als Pirat durfte man sich selbst jederzeit neu erfinden!

Blackbeard fand es wohl schmeichelhaft, wenn man ihn mit dem Teufel verglich.

Blackbeard geht zu weit

Zwischen 1 000 und 2 000 Piraten hatten sich um 1715 auf den Bahamas niedergelassen und plünderten, was ihnen zwischen Nordamerika und der Karibik vor den Bug kam. Der Gouverneur der Bahamas schützte sie und auch bestechliche Marinekommandanten machten gemeinsame Sache mit ihnen. Sie verlangten von den wehrlosen Händlern ein Achtel des Frachtwerts für den Geleitschutz. Wer nicht bezahlte, wurde mit ziemlicher Sicherheit ausgeraubt – und zwar von den berüchtigten Kapitänen Charles Vane und Edward Teach alias Blackbeard (Schwarzbart).

Blackbeard: Schrecken der Karibik

Blackbeard sorgte bewusst dafür, dass ihm sein fürchterlicher Ruf vorauseilte. Er wurde als groß und unglaublich stark beschrieben. Seine Augen seien wild, seine Haare verfilzt gewesen. Seinen schwarzen Bart ließ er sich nie stutzen, sondern flocht ihn mit bunten Bändern zu Zöpfen. Beim Angriff steckte er sich brennende Lunten unter den Hut, die ihn aussehen ließen wie den Teufel höchstpersönlich, unberechenbar und böse. Er soll seinen Steuermann am Kartentisch ins Knie geschossen haben. Als Grund gab er an, wenn er nicht hin und wieder auf einen seiner Leute schieße, vergäßen sie, wer er sei. Selbstverständlich trank Blackbeard maßlos. Er trug zwei Pistolengurte mit je drei Waffen über der Brust gekreuzt – ganz zu schweigen von den Säbeln und Entermessern, mit denen er sich schmückte.

Was tun gegen Blackbeard?

In den anderthalb Jahren, seit Blackbeard in Nassau, der Hauptstadt der Bahamas, in See gestochen war, hatte er 20 Schiffe überfallen und vier davon behalten. Er war jetzt Flottenkommandeur über 400 Männer. Im Frühjahr 1718 blockierte Blackbeards Flotte sogar Charleston, die Hauptstadt von South Carolina. Eine Frechheit! Er nahm ein Ratsmitglied und dessen Sohn als Geisel, kaperte acht Handelsschiffe und erpresste Medikamente für seine Mannschaft. Die armen Kolonien North und South Carolina duldeten Blackbeard nur noch widerwillig, denn er schadete dem Handel inzwischen mehr, als er ihm nutzte. Gouverneur Spotswood aus der reichen Nachbarkolonie Virginia wollte Blackbeard nicht länger gewähren lassen. Im November holte er zum vernichtenden Schlag aus.

Alexander Spotswood war der Gouverneur der britischen Kolonie Virginia in Nordamerika.

Dieser Nachbau von Blackbeards Schiff, der »Queen Anne's Revenge« (»Königin Annes Rache«), entstand für den Film »Fluch der Karibik«.

Er schickte Robert Maynard, Leutnant der englischen Marine, in geheimer Mission aus.

Das letzte Gefecht

Maynard stöberte Blackbeard in der sumpfigen Flussmündung Ocracoke Inlet in North Carolina auf. Mit zwei flachen Schaluppen schlich er sich im Morgengrauen an Blackbeards Schiff »Adventure« (»Abenteuer«) an. Die Piraten waren vom Trinkgelage am Vorabend noch berauscht, feuerten aber Breitseiten ab. Angriff soll ja die beste Verteidigung sein. Die Decks der Marineschiffe wurden zerstört, viele Soldaten getötet. Maynards Schiff wurde geentert, er warf seine letzten Soldaten ins Gefecht, da stand er Blackbeard mit gezogener Pistole leibhaftig gegenüber. Blackbeard, betrunken und zittrig, schoss daneben. Maynard traf. Trotzdem ging Blackbeard mit dem Entermesser auf den Offizier los, dessen eigener Säbel brach. Ein Matrose rettete Maynard, indem er Blackbeard einen Hieb in den Hals versetzte. Es bedurfte noch mehrerer Hiebe und Schüsse, bis Blackbeard seinen letzten Fluch ausstieß und zusammenbrach.

Rekord

25 Wunden

wurden am Leichnam Blackbeards gezählt. Sein letztes Gefecht war ein harter Kampf!

Blackbeards wütender letzter Kampf mit der englischen Marine.

Das Ende des Goldenen Zeitalters

Die Leichname gehängter Piraten wurden in Eisenkäfigen öffentlich zur Schau gestellt.

Bereits im Jahre 1700 hatte die englische Regierung das Gesetz zur wirksameren Unterdrückung von Piraterie beschlossen. Es erlaubte, Piraten direkt vor Ort in den Kolonien zu verurteilen. Sie mussten zum Prozess also nicht mehr eigens nach London gebracht werden. Das machte die Bestrafung der Piraten viel einfacher. Aber erst ab 1718, nach dem Tod von Blackbeard, machten die Gouverneure endgültig ernst.

Piraten als Bauern?

Das Blatt begann sich zu wenden, als der ehemalige Kaperkapitän Woodes Rogers zum neuen Gouverneur der Bahamas ernannt wurde. Er war entschlossen, auf den Atlantikinseln ordentliche Siedlungen und Pflanzungen zu gründen, und bekam von London die Vollmacht, die lästigen Piraten »auf jede beliebige Weise« auszurotten. Zunächst bot Rogers den Piraten ein Pardon (Vergebung) des Königs an, wenn sie die Seeräuberei aufgaben. Rund 600 Piraten nahmen an und versuchten sich als Bauern. Nicht wenige begnadigte Piraten wurden aber rückfällig, als sich der sensationelle Raubzug von Blackbeard herumsprach. Rogers ließ daraufhin acht Piraten in New Providence hängen. Die harte Bestrafung zeigte Wirkung, schreckte aber nicht ab. Es war für die Seeräuber einfach nur an der Zeit, sich neue Jagdreviere zu suchen.

Schon gewusst?

1856 erklärten England, Frankreich und die USA in Paris die Kaperei, also Seeraub in staatlichem Auftrag, für abgeschafft.

Auf zur Piratenrunde!

Je mehr Stützpunkte sie in der Karibik verloren, desto weitere Wege segelten die Piraten der amerikanischen Atlantikküste. Die Piratenrunde ist der 40 000 Kilometer lange Kurs von Amerika über Guinea um das Kap der Guten Hoffnung bis in den Indischen Ozean. Der Hauptstützpunkt für Raubzüge im Indischen Ozean wurde Saint Marie auf Madagaskar. Von hier aus lauerten Piraten wie Thomas Tew, Henry Every und William Kidd den Schiffen des Großmoguls von Indien auf, die reichlich mit Gold, Silber, Perlen, Gewürzen und Elfenbein beladen waren. Als der Großmogul forderte, härter gegen die Piraten aus den amerikanischen Kolonien vorzugehen, musste England handeln. Es wollte ja weiter Luxusgüter aus dem Fernen Osten einführen.

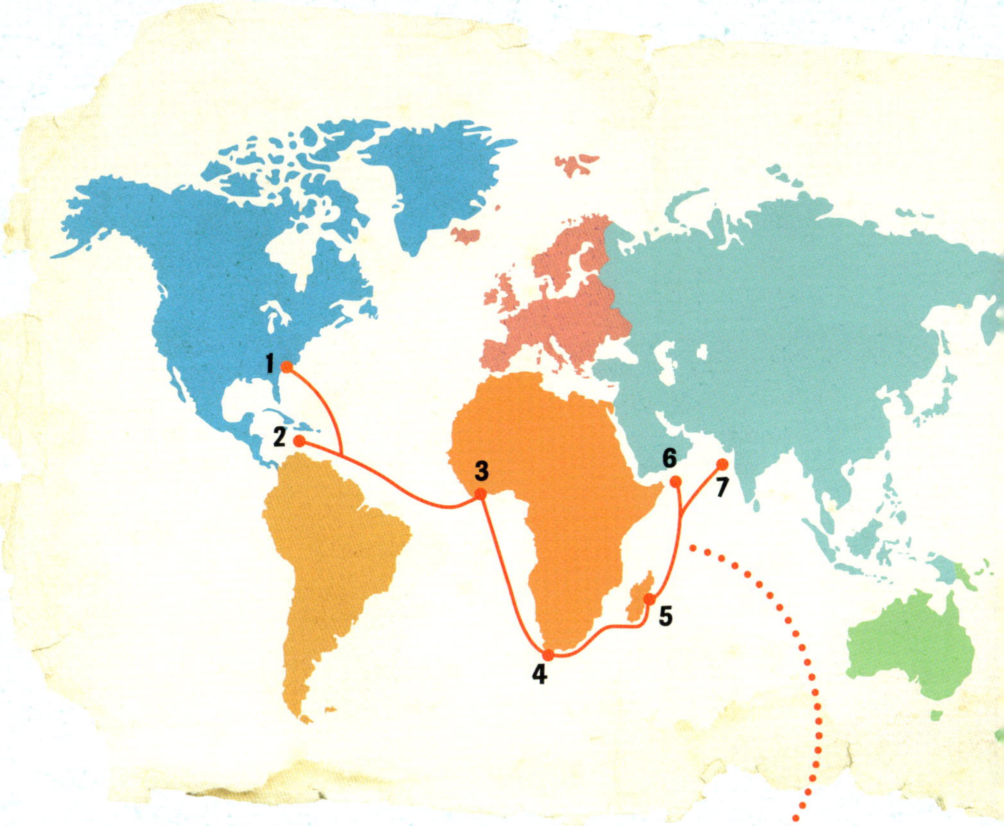

Die Stationen der Piratenrunde

1: Nordamerika
2: Karibik
3: Guinea
4: Kap der Guten Hoffnung
5: Madagaskar
6: Horn von Afrika
7: Indischer Ozean

Wenn der Galgen droht

Die erstarkten Seefahrtsnationen, vor allem Frankreich, England und die späteren USA, verfolgten die Piraten unerbittlich. Als Freibeuter der Krone hatten Piraten ausgedient, denn Seekriege führte zunehmend die Marine. 13 000 Soldaten der Royal Navy auf 67 großen und mehreren kleinen Kriegsschiffen bekämpften die Piraterie erfolgreich. Um 1718 trieben sich noch rund 2 500 Piraten auf dem Atlantik herum – um 1730 waren es nur noch 200. Piraten, die Gnadenakte ausschlugen, bekamen es nicht nur mit der Marine, sondern auch mit privaten Kopfgeldjägern zu tun. Je dichter einst unbekannte Erdteile besiedelt wurden, desto weniger Verstecke blieben den Piraten. Man fand sie immer besser und schneller. Die Kontrolle der Seefahrtstraßen und das Ende des Sklavenhandels in den 1860er-Jahren entzogen der Piraterie im Atlantik endgültig die Grundlage.

Eine Fußkette mit schwerer Metallkugel verhinderte wirkungsvoll, dass Strafgefangene flohen.

Piraten auf Dampfschiffen?

Die Verbreitung des Dampfschiffs brachte den Seeräubern obendrein noch technische Nachteile. Denn im Gegensatz zu Segelschiffen waren Dampfschiffe nun nicht mehr vom Wind abhängig.
Und was hätten Piraten schon von einem Dampfschiff erbeuten können? Kautschuk, Postbriefe und Tee statt Gold und Perlen? Das ist wenig aussichtsreiche Beute.

Sklaven, denen es gelang, aus der Gefangenschaft zu entkommen, schlossen sich häufig Piraten an.

Totale Flaute und brütende Hitze. Wo bleibt das Schatzschiff, das die schlappen Piraten wieder munter macht?

Über die Planke gehen zu müssen, bedeutete den sicheren Tod für Bestrafte.

An Bord eines Piratenschiffs

Das Piratenleben kannte alle Härten, Gefahren und Krankheiten des Seemannsberufs. Von gewöhnlichen Schiffsbesatzungen unterschied Piratenmannschaften vor allem eines: Alle Piraten waren einander gleichgestellt.

Auf der Lauer

Ein Problem der Piratenschiffe war ihre Mannschaftsstärke. Handelsschiffe wurden mit möglichst kleinen Crews von 20 bis 30 Matrosen gesegelt, um Heuer (Lohn) zu sparen. Piraten stachen dagegen mit 50 bis 100 Mann in See. Denn bei einem Angriff mussten sie in der Überzahl sein. An Bord galt die Regel »No prey, no pay« (»Keine Beute, kein Lohn«). Gab es Beute, so wurde sie gleich unter allen geteilt, die sich im Gefecht bewährt hatten. Auf Feiglinge und Verräter warteten dagegen grausame Strafen. An Bord war es eng und schrecklich langweilig, denn viel Zeit verging mit dem Warten auf Beute.

Piratenverträge

Bevor es aber so weit kam, beschworen die Piratenmannschaften noch an Land einen Vertrag, der bis zum Ende der Fahrt den Umgang miteinander und die Beuteteilung regelte. Weil Piraten nicht den Gesetzen

Schiffsratten fraßen nicht nur Vorräte, ihre Ausscheidungen verseuchten auch Essbares.

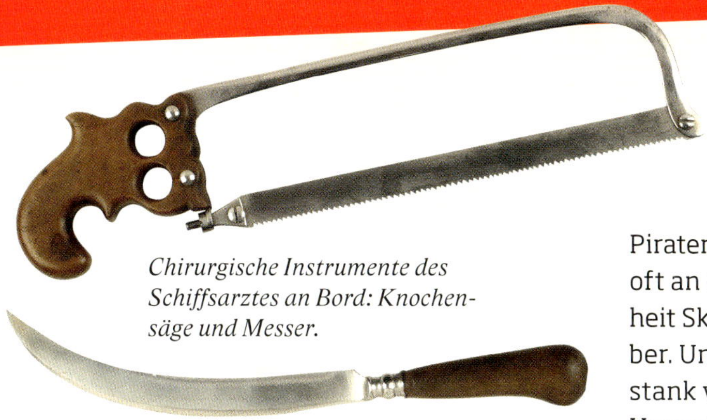

Chirurgische Instrumente des Schiffsarztes an Bord: Knochensäge und Messer.

von Königen gehorchten, mussten sie sich selbst Gesetze geben – und die waren streng. Zunächst wählten sie ihren Kapitän. Wer nicht einverstanden war, konnte und sollte gehen. Wer blieb, auf den musste unbedingt Verlass sein. Kapitäne wurden meist die Verwegensten, weil sie fettere Beute versprachen. Die Anführer hatten keine besseren Quartiere und kein besseres Essen. Sie bekamen nur einen größeren Anteil an der Beute. Kapitän blieb einer so lange, wie er clever und erfolgreich war.

Gefragte Berufe an Bord

In Piratencrews kam es weniger auf Hautfarbe, Herkunft und Religion an als auf Geschicklichkeit und Mut. Wichtige Aufgaben an Bord erfüllten der Schiffszimmermann, der Küfer und der Wundarzt. Sie bekamen Lohn ohne Beute, so wichtig war ihr Können. Der Zimmermann konnte das Schiff reparieren und Holzbeine für Verletzte schnitzen. Der Küfer verwaltete die Fässer, in denen Trinkwasser, Bier oder Rum aufbewahrt wurden. Nach jedem Kampf war der Arzt der wichtigste Mann an Bord. Niemand sonst wusste, wie man Wunden näht oder Gliedmaßen amputiert.

Das leibliche Wohl

Die Verpflegung war eintönig, aber nicht immer miserabel. Viele Piraten wussten, wie man Fleisch durch Pökeln, also Salzen, haltbar machte. Außerdem gab es Schiffszwieback, gewürzte Eintöpfe aus getrockneten Hülsenfrüchten und Frischfleisch von Schildkröten oder Hühnern. Das größte Problem war das Trinkwasser, denn es faulte schnell. Wein galt dagegen als sauberes Getränk. Auf langen Fahrten litten die Piraten, wie andere Seeleute auch, oft an der Vitamin-C-Mangelkrankheit Skorbut, an Durchfall und Fieber. Unter Deck ballte sich der Gestank von Fäulnis. Ratten und Ungeziefer machten sich über den Proviant her. Rum, Musik, Spiel, Geschichtenerzählen und Papageien waren die Vergnügungen der Piraten, wenn außer der tropischen See nichts in Sicht war.

Leckeres Piratenessen: Erbsenpüree, Pökelfleisch, Hartkäse und Schiffszwieback. Na dann, Mahlzeit!

Regeln an Bord

1. *Jeder Mann hat in allen wichtigen Angelegenheiten ein Mitspracherecht.*
2. *Es ist an Bord verboten, um Geld Karten zu spielen oder um Geld zu würfeln.*
3. *Die Lichter und Kerzen müssen um acht Uhr abends gelöscht sein. Wer nach dieser Stunde noch weitertrinken will, muss das am Oberdeck tun.*
4. *Die Kanonen, Pistolen und Säbel müssen von jedermann sauber und gebrauchsfähig gehalten werden.*
5. *Es darf keine Frau und kein Junge an Bord leben.*
6. *Das eigenmächtige Verlassen des Schiffes oder der Gefechtsstation wird mit dem Tode oder dem Aussetzen auf einer einsamen Insel bestraft.*
7. *Schlägereien und Raufereien sind an Bord verboten.*
8. *Niemand darf von Bord gehen, bevor nicht jeder einen Anteil von 1 000 Pfund erworben hat.*

Der Jolly Roger wird gehisst

In der Schifffahrt wurden Flaggen von jeher benutzt, um Signale auszutauschen und die Staatszugehörigkeit anzuzeigen. Von Weitem sollte erkennbar sein: Wer ist dein König? Bist du Freund oder Feind? Sind Krankheiten an Bord?

Warum heißt die Piratenflagge Jolly Roger?

Es ist nicht eindeutig geklärt, woher der Name Jolly Roger ursprünglich kommt. Vermutlich ist es die englische Verballhornung des französischen Ausdrucks »joli rouge« (hübsches Rot). Denn Rot ist die älteste Signalflagge, die Quarantäneflagge. Sie zeigt die unmissverständliche Botschaft: »Wir haben eine ansteckende Krankheit an Bord. Kommt uns nicht zu nahe.«
Auch Piraten sollen zunächst eine blutrote Flagge gehisst haben. Erst um 1700 kam dann die schwarze Totenkopfflagge mit persönlichen »Hoheitsabzeichen« der Piratenkapitäne in Mode. Freibeuter segelten bis dahin noch unter der Flagge ihres Mutterlandes.

Zu Tode erschrecken

Mit dem Jolly Roger beabsichtigten Piraten nichts Geringeres, als ihren Opfern Todesangst einzujagen. Schwarz hieß: »Ergebt euch kampflos, dann könnt ihr mit Schonung rechnen und werdet als Geiseln genommen.« Die rote Flagge sagte: »Wir machen keine Gefangenen.« Das heißt: »Wir töten alle«. Wenn ein Kapitän sich nicht ergab, wurde die rote Flagge gesetzt. Wer den Jolly Roger hisste, bekannte sich selbstbewusst zum kriminellen Piratentum.

Die Galionsfigur wurde meistens aus Holz gefertigt. Ihre Beschädigung galt als böses Zeichen.

Eine alte Pistole und ein geschwungener Dolch: Beide waren bewährte Waffen für den Enterkampf.

Edward England

Der Klassiker mit schlicht gekreuzten Knochen unter dem Schädel.

Bartholomew Roberts

Na dann, Prost! Mit dem Tod auf Du und Du. Der Meisterpirat lässt grüßen.

Edward Teach »Blackbeard«

Ein Skelett (Tod und Teufel) durchsticht ein Herz mit dem Speer. In der rechten Hand ein Stundenglas: »Deine Stunden sind gezählt. Du wirst grausam sterben!«

Calico Jack Rackham

Totenschädel und gekreuzte Entermesser.

Edward Low

Hübsch rot droht der Tod. Ein Skelett erscheint am Horizont. Kein gutes Zeichen …

Wie entert man ein Schiff?

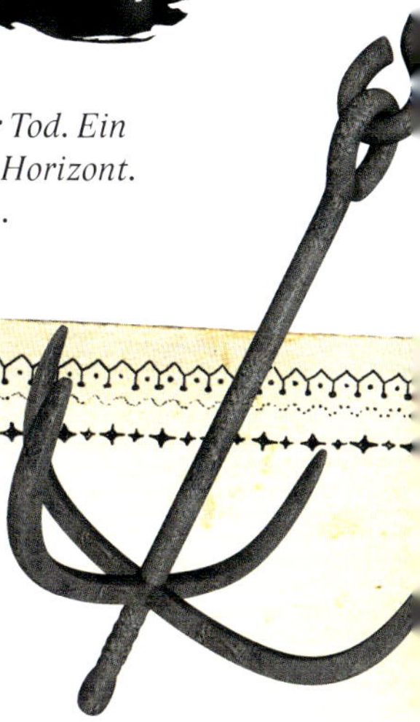

Ein Enterhaken war ganz schön schwer.

1 Beuteschiff in Sicht! Wir nähern uns unter falscher Flagge von achtern. Pech für das Opfer. Es kann nur Breitseiten abfeuern und hat keine Zeit mehr abzudrehen, wenn wir uns zu erkennen geben und …

2 … den Jolly Roger hissen! Oh ja, wir sind Piraten! Dann tüchtig brüllen und die Entermesser schwenken. Vielleicht ergeben sich die anderen ja kampflos, wenn wir furchterregend genug schreien und drohen?

3 Längsseits gehen … so nah wie möglich. Granaten und Schwefelbomben an Deck schleudern, die den Gegner verwirren. Enterhaken und Seile auswerfen, entern. Von uns kann Tarzan noch was lernen. Jetzt der Nahkampf mit Dolch, Entermesser, Muskete und Fäusten.

4 Die Beute ist gemacht! Jetzt können wir feiern, in der Schatztruhe wühlen, Vorräte plündern, Seemannslieder singen und ausgiebig essen und trinken.

Galerie hochberühmter Piraten

BLACKBEARD

1680–1718

Edward Teach oder Thatch alias Blackbeard galt als besonders grausam. Nicht nur gegen seine Feinde und Opfer, sondern auch gegen seine eigenen Männer. Sein Markenzeichen waren brennende Lunten, die er sich in den Bart steckte.

BARTHOLOMEW ROBERTS

1682–1722

In nur vier Jahren als Pirat kaperte er 400 Schiffe. Sein Flaggschiff hieß stets »Royal Fortune«, egal welches es gerade war. Er starb vor Guinea im Gefecht.

CALICO JACK RACKHAM

1682–1720

Rackham war eitel und immer modisch gekleidet. Als Pirat war er allerdings eher zweite Garnitur. Meist überfiel er Fischerboote und kleine Handelsschiffe. Berühmt und berüchtigt wurde er wegen der Affären mit Anne Bonny und Mary Read.

JACK SPARROW

(JOHNNY DEPP)

Die Filmreihe »Fluch der Karibik« erzählt von seinen Abenteuern auf der »Black Pearl«.

KLAUS STÖRTEBEKER

Ein Vitalienbruder oder eine Verwechslung? Das berühmte Störtebekerbild zeigt wohl eher Kunz von der Rosen, den Hofnarren Kaiser Maximilians I. Aber der Mythos lebt weiter!

HENRY MORGAN

1635–1688

Der Bukanier war ein starker Trinker. Begnadigt und geadelt, jagte er nach seinem aktiven Piratendasein später selbst Piraten.

LONG JOHN SILVER

Piratenfigur aus dem Roman »Die Schatzinsel« von Robert Louis Stevenson, der 1883 erstmals als Buch erschien. Long John Silver hat ein Bein verloren und ist daher auf seine Holzkrücke angewiesen. Der Roman wurde schon mehrmals verfilmt.

WILLIAM KIDD

1654–1701

Glückloser Kaperfahrer, der als Pirat von einem Schmähgericht abgeurteilt und hingerichtet wurde.

Piratinnen

Es gab weniger Piratinnen als Piraten, ihre Beweggründe ähnelten aber denen ihrer männlichen Kollegen. Sie wollten der Armut entkommen, hatten Kummer, wollten sich rächen und auch fette Beute machen. Dem Neuanfang als Piratin ging meist eine Verkleidung voraus. Die Frauen mussten Männerkleider anlegen, denn die Seefahrt war den Männern vorbehalten.

Anne Bonny und Mary Read

Die berühmtesten Piratinnen der Karibik waren Anne Bonny und Mary Read. Anne Bonny war die Tochter eines irischen Anwalts, der mit seiner Geliebten nach South Carolina auswanderte. Anne brannte jung mit dem Seemann James Bonny durch. Auf der Bahamainsel New Providence begegnete sie Jack Rackham, mit dem sie von da an in Männerkleidung auf Raubfahrt ging. Man sagte, Rackham habe nichts im Kopf außer Anne Bonny.

Auch Mary Read kleidete sich als Mann – um sich ihren Lebensunterhalt besser verdienen zu können. Sie diente in der Armee, heiratete einen Kameraden und betrieb mit ihm ein Wirtshaus. Als er starb, schlüpfte Mary wieder in Männerkleider und fuhr als Schiffsjunge zur See. Ihr Handelsschiff wurde überfallen – von Jack Rackham und Anne Bonny. Anne Bonny gefiel der Schiffsjunge namens Mark Read. Er wurde in die Mannschaft von Calico Jack aufgenommen. 1720 fasste man das Trio. Nur Rackham wurde gehängt.

Anne Bonny zögerte nicht, einen Schuss abzufeuern.

Mary Read – oder doch Mark Read?

Die Engländerin Ann Mills verkleidete sich als Mann, um zur Marine gehen zu können.

Interview mit der Königin der Piraten

Name: Zheng Yi Sao
Alter: 69 Jahre (ist aber schon lange her)
Hobbys: Geld und Spielhöllen

Madame Zheng war die Herrscherin über ein gigantisches Piratenimperium, scheute sich aber anscheinend nicht, auch selbst zum Schwert zu greifen.

Madame Zheng Yi Sao, Sie sollen um 1807 eine größere Piratenflotte geführt haben als Barty Roberts. Ist das korrekt?

Herr Roberts, ja, ich habe von ihm gehört. 400 Männer auf vier Schiffen soll er im kalten Ozean herumkommandiert haben. Nun, was soll ich dazu sagen? Mir gehorchten 70 000 Männer in sechs Flotten …

Oh, das ist allerdings ein Eckchen mehr. Konnten Sie die noch auseinanderhalten?

Aber sicher! Wissen Sie, gute Organisation ist die Mutter des Erfolgs! Jede meiner Flotten hatte eine Farbe: Weiß, Schwarz, Rot, Blau, Gelb und Grün. Genial, oder? Außerdem setzten mein zweiter Mann Zhang Pao und ich Familienangehörige als Kommandanten, Unterkommandanten und so weiter ein, sooft es ging. Wir hatten alles im Griff!

Und was sagte der Kaiser von China dazu?

Ist mir doch egal! Da er uns nicht besiegen konnte, hatte er selbstverständlich auch nichts zu sagen.

Aha. Dann etwas ganz anderes: Wer war denn eigentlich Ihr erster Mann?

Herr Zheng? Spross einer alten Piratenfamilie! Wir waren unsterblich verliebt. Leider starb er viel zu früh. Ich übernahm dann die Firma. Ein wenig ungewöhnlich für eine chinesische Frau, zugegeben, aber als Witwe hielt ich es für meine Pflicht.

Was sagen Sie zu Ihren Kolleginnen Anne Bonny und Mary Read?

Bedauernswerte Geschöpfe ohne Macht und Einfluss. Sie prügelten sich wegen ein paar Ballen Tabak und eine starb sogar jung im Gefängnis. Ich dagegen wurde als Besitzerin meiner Spielhölle 69 Jahre alt, nachdem ich aus der Piraterie ausgestiegen war. Das nenne ich eine Erfolgsgeschichte!

An Bord der geplünderten »Samuel« war ein New Yorker Journalist. Er beschrieb Roberts: »Er ist groß und schlank, mit gut geschnittenem Gesicht und dunklen Haaren. Auch im Gefecht trägt er Damast, Atlas, Brokat und Seide mit reichen Goldlitzen an dem roten Rock, der dem der höchsten britischen Offiziere nachgebildet ist.«

Das Ende des Meisterpiraten

Bartholomew Roberts war mit Abstand der erfolgreichste Pirat von allen. Der Sieg über Black Barty war der englischen Krone so wichtig, dass sein Bezwinger zum Dank sogar zum Ritter geschlagen wurde.

Wie wurde aus dem Offizier Roberts »Black Barty«?

Wahrscheinlich hätten wir nie etwas von einem Bartholomew Roberts gehört, wenn Howell Davis das Sklavenschiff, auf dem Roberts dritter Steuermann war, nicht überfallen hätte. Roberts wurde daraufhin in die Piraterie gepresst, fand aber bald Gefallen am Piratenleben. Er hatte seine Fähigkeiten 20 Jahre lang als braver Seemann bewiesen, auf ein eigenes Kommando durfte er aber wegen seiner niederen Herkunft nicht hoffen. Nachdem Davis in Afrika getötet worden war, wählte die Mannschaft Roberts zum Kapitän. Der soll dazu bemerkt

Mit dem Astrolabium bestimmte man die Höhe der Gestirne.

Oktant, Senklot und Chronometer für die Navigation zu nutzen, war nicht jedem Piraten vergönnt.

Ob Bartholomew Roberts seinen letzten Wunsch wohl noch mitteilen konnte?

haben: »Da ich schon meine Hände in schmutziges Wasser getaucht habe und Pirat geworden bin, halte ich es allerdings für besser, oben statt unten zu sein.«

Aufstieg zum Meisterpiraten

Roberts besaß viele Fertigkeiten, die gewöhnlichen Piraten fehlten. Er konnte lesen und schreiben und war sehr diszipliniert. Er kannte alle Handelswege im Atlantik. Er beherrschte die Kunst der Navigation und konnte mit Oktant, Senklot und Kompass umgehen. Das war ein unschätzbarer Vorteil und machte ihn für vier Jahre unschlagbar. Deshalb nannte er sich und seine Offiziere auch »Sealords« (Herren der See). Er plünderte nicht nur Schiffe, sondern ganze Häfen in Brasilien, in der Karibik, in Neufundland (Nordamerika) und in Guinea (Afrika). Meist besiegte er seine Opfer kampflos. Geschrei, gezogene Säbel und der Jolly Roger sollten jeden Gedanken an Gegenwehr sofort wegfegen. Roberts war nicht zu fassen – bis Februar 1722. Vor Guinea an der Westküste Afrikas traf er auf eine kleine Gruppe von Schiffen, die der englischen Marine angehörten und unter dem Kommando von Kapitän Chaloner Ogle standen. Gleich zu Beginn des schweren, dreistündigen Gefechts starb Black Barty. Seine Männer warfen ihn, wie gewünscht, mit Samt, Seide und Juwelen ins Meer.

Der Prozess und die Urteile

268 Gefangenen wurde ein erstaunlich fairer Prozess gemacht. 74 Gefangene wurden freigesprochen, darunter der Bordarzt, der Steuermann, die Musiker und 18 Franzosen von einem gekaperten Weinschiff. 37 wurden zu Zwangsarbeit in afrikanischen Goldminen verurteilt. 70 afrikanische Piraten verkaufte man in die Sklaverei. 52 Männer wurden zum Tode verurteilt. Die übrigen starben bereits auf dem Transport oder im Gefängnis. Der wichtigste Piratenprozess, der je geführt worden war, leitete eine Welle der Piratenbekämpfung ein. Die Piraten zerstreuten sich, aber umso eifriger beschäftigten sich Flugblätter und Theaterstücke mit den Räubern der Meere.

Funny Fact

Ein Pirat mag Saft?

Bartholomew Roberts war anders als andere Piraten. Er trank gerne Tee und Fruchtsaft und leistete sich ein Bordorchester. Es spielte ihm in ruhigen Stunden vor.

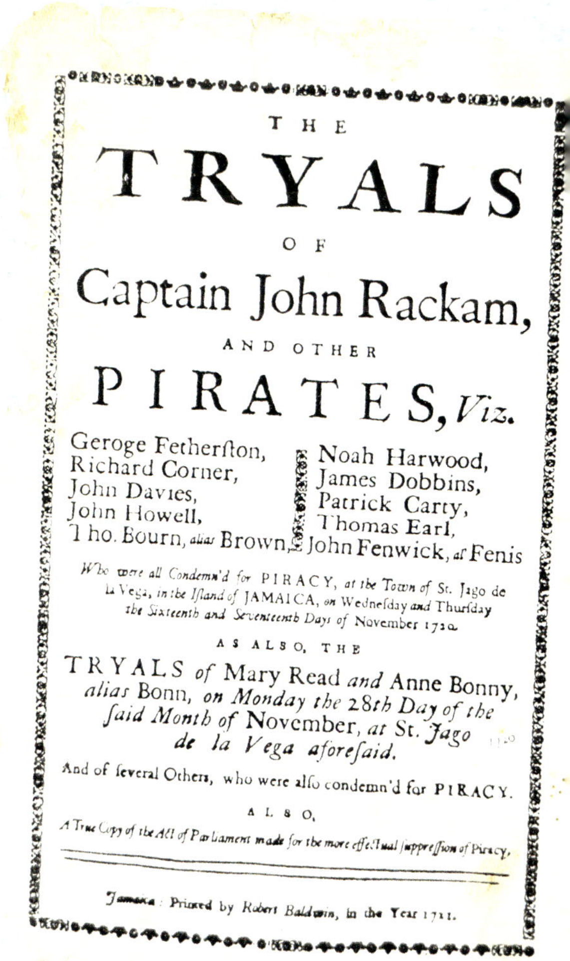

THE

TRYALS

OF

Captain John Rackam,

AND OTHER

PIRATES, *Viz.*

Geroge Fetherſton, Richard Corner, John Davies, John Howell, Tho. Bourn, *alias* Brown, Noah Harwood, James Dobbins, Patrick Carty, Thomas Earl, John Fenwick, *al* Fenis

Who were all Condemn'd for PIRACY, *at the Town of* St. Jago de la Vega, *in the Iſland of* JAMAICA, *on* Wedneſday *and* Thurſday *the Sixteenth and Seventeenth Days of* November 1720.

AS ALSO, THE

TRYALS *of* Mary Read *and* Anne Bonny, *alias* Bonn, *on Monday the 28th Day of the ſaid Month of* November, *at* St. *Jago de la Vega aforeſaid.*

And of ſeveral Others, who were alſo condemn'd for PIRACY.

ALSO,

A True Copy of the Act of Parliament made for the more effectual ſuppreſſion of Piracy.

Jamaica: Printed by *Robert Baldwin*, in the Year 1721.

Prozessakte von 1720 gegen Kapitän Rackham und weitere Piraten sowie die Piratinnen Mary Read und Anne Bonny.

Piraten heute

2009 sollte eine Einheit der Bundespolizei die »Hansa Stavanger« befreien. Wegen des Risikos für die Geiseln brach die Regierung die Aktion aber ab.

Viele Jahrzehnte lang war die Piraterie kein großes öffentliches Thema – bis sich die Zahl der Piratenüberfälle in kurzer Zeit, von 2006 bis 2010, fast verdoppelte. Alleine bei den gemeldeten Überfällen wurden 306 Millionen Euro erpresst. Wir können nur schätzen, wie viele Angriffe nicht angezeigt wurden, um die Versicherungsbeiträge für Schiffe und Ladung niedrig zu halten. Seit 2010 sind die Piratenüberfälle wieder zurückgegangen. Dies ist auch internationalen Anti-Piraten-Maßnahmen zu verdanken.

Wo sind Piraten aktiv?

Zwei Seegebiete sind für die Piraterie berüchtigt: die Gewässer vor Somalia (Afrika) und die Straße von Malakka (Südostasien). Deutsche Reedereien sind von der Piraterie stark betroffen, denn Deutschland hat eine der größten Containerschiffflotten der Welt. Jahrelanger Bürgerkrieg und große Not haben in Somalia viele Fischer in die Piraterie getrieben. Denn seit der Staat die Küstengewässer nicht mehr schützt, werden die somalischen Fischgründe leergefischt. Neben den Fischern stellen jedoch organisierte Banditen und ihre Hintermänner die Mehrheit der Piraten. Meist geht es ihnen um Lösegeld für die Besatzungen. Aber auch Öldiebstahl, Raub teurer Fracht oder das Ausräumen der Schiffskasse ist für Piraten interessant. Oft spionieren sie bereits lange vor dem Überfall aus, in welchem Hafen wertvolle Fracht oder Bargeld an Bord genommen werden.

Eine Anti-Piraten-Spezialeinheit übt das Abseilen auf ein schwankendes Deck.

Hightech-Piraten?

Die Ausrüstung moderner Piraten besteht häufig nur aus einem schnellen Boot, Granatwerfern, Maschinengewehren, Pistolen, Enterleitern und Seilen. Doch solch eine schlichte Ausrüstung hat genügt, um das Containerschiff »Hansa Stavanger« 2009 vor der Küste Somalias zu kapern und von der Hamburger Reederei 2,75 Millionen US-Dollar zu erpressen. Ähnlich erging es der »Hansa Marburg« 2013 vor Nigeria. Vor allem an der Westküste Afrikas ist die Zahl der Piratenüberfälle zuletzt stark gestiegen.

2 000 Schiffe fahren täglich durch das Nadelöhr der Straße von Malakka.

Er hat vielleicht nicht viel zu verlieren: ein junger somalischer Pirat vor einem gestrandeten Wrack aus Fernost.

Schon gewusst?

Am 19. Oktober 2012 verurteilte das Landgericht Hamburg zehn Piraten aus Somalia zu Gefängnisstrafen von bis zu sieben Jahren. Sie hatten 2010 den deutschen Frachter »Taipan« überfallen. Es war der erste Piratenprozess in Deutschland seit Jahrhunderten.

Schutz- und Abwehrmaßnahmen

Seit Dezember 2008 patrouillieren Einheiten wie die European Naval Force Somalia (Europäische Seestreitkräfte Somalia) vor allem im Golf von Aden vor Somalia. Auch Flugzeuge beobachten den Raum. Aber zwischen dem Horn von Afrika und Madagaskar ist die Überwachung lückenhaft. Hier greifen Piraten an. Sie bleiben nicht in den Küstengewässern, sondern lassen sich von anderen Schiffen huckepack auf die offene See mitnehmen. Doch die Schiffsbesatzungen versuchen, sich unsichtbar und unhörbar zu machen, um sich zu schützen. Sie dunkeln die Schiffe ab, schalten das AIS (Automatisches Identifikationssystem) und den Funk ab. Auch schnelles Fahren kann helfen. Erfolgreiche Kaperungen waren bis 2008 bei Geschwindigkeiten von über 15 Knoten (28 Stundenkilometer) nicht bekannt. Sind die Piraten schon nahe, legt man Stacheldraht auf der Reling aus. Druckschläuche zum Feuerlöschen dienen als Wasserwerfer. Auch Schmierseife auf den Bordwänden macht das Entern schwer. Der bewaffnete Schutz ist Sache der Marine. Die Staaten müssen sich untereinander rechtlich einigen, wer unter welchen Umständen in welche Gewässer bewaffnet eindringen darf.

Schatzfieber

Seit Beginn der Seefahrt sind schätzungsweise drei Millionen Schiffe gesunken. Auch auf dem karibischen Meeresboden, überwachsen von Korallen und Muscheln, schlummert noch so manches Silberschiff. Wissenschaftler schätzen, dass rund 300 000 dieser Wracks einst wertvolle Fracht beförderten. Zwischen 1500 und 1720 soll Edelmetall im Wert von über zehn Milliarden Euro in karibischen Gewässern versunken sein. Schatzsucher aus aller Welt wollen an den Reichtümern am Meeresgrund teilhaben. Mit verbesserten technischen Möglichkeiten gelingt dies auch immer häufiger.

Wie werden Schätze gesucht?

Nur ganz selten haben Taucher so viel Glück wie vier junge Amerikaner in den 1970er-Jahren. Beim Sporttauchen nahe Great Bahama Island entdeckten sie Goldbarren in nur vier Metern Tiefe. Schatzsuche erfordert normalerweise viel Geld, Technik und Wissen. Zunächst muss man nachforschen, wo ein lohnendes Wrack liegen könnte, dann eine Expedition mit allen

Taucher helfen dabei, einen rund 1,4 Tonnen schweren Anker wohlbehalten aus dem Wasser zu heben.

Wo liegt was? Ein Raster teilt die Fundstelle in Planquadrate ein, damit alles präzise verzeichnet werden kann.

Eine moderne Schatzkarte! Ob eines der Schiffe wohl gerade einen Schatz geladen hatte, als es versank?

Geräten ausstatten und schließlich lange und gründlich im Trüben fischen. Deshalb wird die Schatzsuche vor allem von zwei Menschengruppen betrieben, die sich nicht selten feindselig gegenüberstehen: Forscher und Schatzsucher.

Was macht ein Unterwasserarchäologe?

Einerseits durchforsten Unterwasserarchäologen die See. Zwischen 1959 und 1981 tauchten drei amerikanische Forscherteams nach Überresten des versunkenen Port Royal, der alten Piratenhochburg auf Jamaika. Berühmt wurde auch der Entdecker des »Titanic«-Wracks, Robert Ballard. Sein Team verfügt über eines der raffiniertesten Unterwasserforschungssysteme, die je gebaut wurden. Wie ein angeleinter Hund sucht der Roboter »Herkules« den Meeresboden in 6 000 Metern Tiefe mit einer Kamera ab. Sein Begleiter »Argus« beleuchtet den stockdunklen Meeresboden und beobachtet die Arbeit von »Herkules«. Wissenschaftler interessieren sich weniger für Geld und Gold als für Daten, Geschichte, Biologie und Geologie der Ozeane.

Was interessiert Schatzsucher?

Auf der anderen Seite stehen Firmen, die gezielt nach Schätzen suchen. Sie besorgen sich Geld von Anlegern und versprechen, bei Fündigwerden einen festgelegten Anteil des Schatzes an die Geldgeber abzugeben. Eine der größten Firmen, Mel Fisher's Treasures, machte 1985 einen spektakulären Fund: Die »Nuestra Señora de Atocha«, die 1622 vor Florida gekentert war, hatte 48 Tonnen Silber geladen, die wie ein schlammbedecktes Riff vor den Tauchern lagen. 300 bis 400 Millionen US-Dollar war dieses Silber-Riff wert.

Blackbeards Schiff im Museum

1996 spürten die Phil-Masters-Schatzsucher Blackbeards Flaggschiff auf, die »Queen Anne's Revenge«. Die Firma schlug dem Maritimen Museum in North Carolina ein Gemeinschaftsprojekt vor und verzichtete auf ihren Anteil. Die Schätze sollten allein dem Staat und seinen Bürgern gehören. Im Oktober 2013 bargen Archäologen und Schatzsucher mit vereinten Kräften die Kanonen der »Queen Anne's Revenge«.

Bergung einer Kanone der »Queen Anne's Revenge« im Oktober 2013.

1984 entdeckte der Schatztaucher Barry Clifford die »Whydah«, das Schiff des Piraten Sam Bellamy. Mit ihr wurden diese spanischen Goldartefakte gehoben.

Glossar

Enterhaken warf man auf das gegnerische Schiff, um es näher heranzuziehen.

Achterstück: Typische spanische Münze in der Karibik zur Zeit des Goldenen Zeitalters. Ihr Name leitet sich vermutlich von ihrem Wert ab, da sie acht Real entsprach.

Barbaresken: Muslimische Seeräuber im Mittelmeer (etwa 1500–1830), die in Algier, Tunis und Tripolis ihre Hauptquartiere hatten.

Bukanier: Vom französischen Wort »boucan« (Räucherhütte). Ursprünglich waren sie französische Jäger, die im 17. Jahrhundert in der Karibik mit Fleisch und Häuten handelten. Später wurden sie Piraten in Port Royal und auf der Insel Tortuga. Sie plünderten bevorzugt spanische Schiffe und die Küsten Mittelamerikas.

Chasse-Partie: Französisch für »Anteil an der Jagd«. So hieß der Vertrag, in dem die Bukanier die Aufteilung der Beute festlegten.

Entermesser: Langes Messer mit breiter Klinge. Ab dem 16. Jahrhundert war das Entermesser die bevorzugte Nahkampfwaffe auf See.

Entern: Ein Beuteschiff mit Haken und Seilen erklettern und im Kampf erobern.

Flaggschiff: Das Schiff einer Flotte, auf dem der Kommandant war.

Freibeuter: Sie raubten im Auftrag einer Regierung oder eines Fürsten in Kriegszeiten feindliche Schiffe aus. Einen Teil der Beute durften sie behalten, einen Teil mussten sie beim Auftraggeber abliefern.

Galeere: Ein Ruderschiff mit zusätzlichen Segelmasten. Eine Galeere war wenig seetüchtig, aber schnell. Vom 14. bis zum 18. Jahrhundert war dieser Schiffstyp im Mittelmeer weit verbreitet. 50 Meter lang und fünf bis sechs Meter breit – hier fanden mehrere Hundert Rudersklaven Platz.

Galeone: Spanisches Fracht- und Kriegsschiff mit hohen Aufbauten und großem Frachtraum. Galeonen wurden vor allem für Silbertransporte aus Südamerika genutzt. Wegen der meist kostbaren Ladung und ihrer Schwerfälligkeit waren sie beliebtes Ziel englischer Piraten.

Goldenes Zeitalter: Zeitraum von etwa 1690 bis 1730, in dem die Piraterie in der Karibik in voller Blüte stand.

Hanse: 1241 in Norddeutschland gegründeter Kaufmanns- und Städtebund. Mitglieder waren zum Beispiel Lübeck, Bremen, Hamburg, Wismar, Rostock und Riga. Das Ziel war die Förderung des Handels und der Schutz der Kaufleute. Die Hanse war die schärfste Gegnerin der Piraten in der Nord- und Ostsee.

Jolly Roger: Wahrscheinlich vom französischen »joli rouge« (hübsches Rot) abgeleitete Bezeichnung für die Piratenflagge, die anfangs tatsächlich rot war. Erst ab dem 17. Jahrhundert wehte die schwarze Totenkopfflagge.

Kaperbrief: Ein Dokument, das von einer Regierung ausgestellt wird und dem Kaperfahrer erlaubt, in Kriegszeiten gegnerische Schiffe zu überfallen.

Kogge: Die Kogge war ein seetüchtiges, einmastiges Handelsschiff der Hanse vom 13. bis zum 15. Jahrhundert. Es hatte vorne und achtern (hinten) Kastellaufbauten zur Verteidigung gegen Angreifer.

Korsar: Kaperfahrer im Mittelmeer zur Zeit der Barbaresken. Korsaren wurden die Kaperer auf beiden Seiten genannt – sowohl die muslimischen als auch die christlichen. Der Begriff stammt vom französischen »la course« (Kaperfahrt).

Neue Welt: Bezeichnung der Europäer für die neu entdeckten Kontinente Nord- und Südamerika.

Piraterie: Unerlaubter Seeraub außerhalb der Gesetze auf offener See, an Küsten, in Häfen und auf Flüssen. Heute wird der Begriff auch im übertragenen Sinne verwendet, zum Beispiel für Datenpiraterie im Internet.

Prise: Die Prise ist die Beute, also ein gewaltsam erobertes Schiff mitsamt Ladung.

Schiffbruch: Ein Schiffsunglück auf dem Wasser, bei dem das Schiff aufgegeben werden muss. Ursachen können unter anderem sein: Auflaufen auf Felsen oder Riffe, Kentern, Stranden oder ein Leck.

Strandrecht: Mittelalterliches Recht der Küstenanwohner auf das Hab und Gut Schiffbrüchiger.

Vitalienbrüder: Sie wurden auch Likedeeler (Gleichteiler) genannt. Die Vitalienbrüder waren zunächst Freibeuter im Auftrag König Albrechts von Schweden gegen Dänemark und die Hanse. Sie versorgten die belagerte schwedische Hauptstadt Stockholm mit Lebensmitteln (Vitalien) und richteten sich auf der Insel Gotland ein.

WAS IST WAS

Band 71

Bildquellennachweis: akg-images: 9o (P. Connolly), 39or, **akg-images/De Agostini Picture Lib./G. Dagli Orti:** 8ul, 10mr, **akg-images/North Wind Picture Archives:** 13ur, 21om, 22or, 25u, 32ul, **Alamy:** 4ul (Niday Picture Library), 36l (Garry Gay Photography), 41or (Lebrecht Music and Arts Photo Library), **Archiv Tessloff:** 3um, 6/7 (Hg.), 4ur, 33or, 37u, **bpk - Bildagentur für Kunst, Kultur und Geschichte:** 19ur (Ethnologisches Museum, SMB/C. Obrocki), 27ol (British Museum Images), **Bridgeman Art Library:** 5or (O. Lavasseur, R. Payne (b.1934)/Private Collection/Look and Learn), 12ul (Look and Learn), 23or (Delaware Art Museum, Wilmington, USA), 30ol (Peter Newark Historical Pictures), 34or (H. Pyle/Private Collection), 39ur (Look and Learn), 40or (Peter Newark American Pictures), 42o (Look and Learn), 43ur (Peter Newark Historical Pictures), **Corbis:** 2or (S. Amantini/Atlantide Phototravel), 3mr (J. Rotman), 6ml (Bettmann), 7mr, 7or (Stapleton Collection), 7um (Bettmann), 11um (W. Forman), 12or (Bettmann), 19or (Heritage Images), 19um (K. Garrett/National Geographic Society), 24or (S. Amantini/Atlantide Phototravel), 27mr (Radius Images), 30mr (Bettmann), 34ur (D. Middleton/FLPA/Minden Pictures), 38ol (Bettmann), 38ul (The Print Collector), 39ul (Blue Lantern Studio), 43om (Tria Giovan), 46or (J. Rotman), 46u (J. Blair), 47um (R. T. Nowitz), **Fotolia:** 8or (A. Starostin), 24ul (fergregory), **Getty:** 16or (Culture Club/Hulton Archive), 19ul (Mixtec), 35ol (The New York Historical Society/Kontributor), 39ol (Universal Images Group), 40ur (Rischgitz), 43or (Hulton Archive), **Getty/Culture Club/Kontributor:** 6ul, 23ur, 38or, 40ul, **iStock:** 33ul (mevans), **Original 1. Kölner Piraten vun 1968 k.e.V.:** 35or, **National Maritime Museum London:** 13o, 28ur, **Open Clip Art Library:** 2ol (Flaggenmotive), 37 (Flaggenmotive), **Picture Alliance:** 2ur (Mary Evans Picture Library), 4or (Costa/Leemage), 6mr (Mary Evans Picture Library), 7mm (epa Marine Nationale HO), 7ol (S. Sauer), 10ur (W. Forman), 11or (akg-images/W. Forman), 11ul (M. Gambarini), 14ul (Bildagentur-online/Ohde), 15ml (C. Jaspersen), 15or (obs/Störtebeker Festspiele GmbH & Co. KG), 15ur (D. Reinhardt), 28ul (J. Ege), 28/29m (Mary Evans Picture Library), 33ur (Prismaarchvo), 38ur (Walt Disney Pictures/ZPress), 43om (O. Diez/Arco Images), 44or (B. Roessler), 44ul (A. Yusni), 45o (F. A. Warsameh), 47or (dieKLEINERT.de/Enno Kleiner), 47ur (C. Beckley/AP Images), **Picture Alliance/akg-images:** 9ur, 14r, 16mr, 34ol, 42ur, **Shutterstock:** 2ol (Mast – ayzek), 2ol (Flaggen – DVARG), 2om (Myotis), 4/5 (Hg. – Nagib), 6/7 (4x – A. Smith), 6/7 (Hg. – Roberaten), 6/7 (Hg. – colors), 8ul (strelov), 11mr (S. O'Dwyer), 11ol (G. Johnson), 11ol (strelov), 12o (A. Smith), 12/13 (Hg. – Roberaten), 16/17 (Hg. – Roberaten), 17or (AC Rider), 18ul (Dudchik), 21om (gillmar), 24ml (Myotis), 24/25HG (I. Kalinin), 25or (I. Rasko), 26ur (Ramunas Bruzas), 28ol (chrisbrignell), 28om (Baptist), 29ol (Gemenacom), 30ur (Mana Photo), 32/33 (Hg. – Roberaten), 35ur (Tischenko Irina), 36um (M. F. Acosta), 36ur (lynnette), 37mr (3drenderings), 37 (Hg. – pavila), 37 (Mast – ayzek), 37 (Flaggen – DVARG), 38ol, or, ur (Rahmen – tobkatrina), 38ur (Rahmen – K. Bakalyan), 38ul (gillmar), 38/39 (Hg. – N. Litovchenko), 39or (LiliGraphie), 39ul (tobkatrina), 42/43 (Hg. – Roberaten), 44ur (A. Smith), 46/47 (Hg. – S. B. Goodwin), 48or (3drenderings), **Shutterstock/Ivancovlad:** 4ul, 5or, 6ul, 6um, 7mr, 8ul, 9o, 11ur, 13om, 14r, 14/15u, 16mr, 18o, 19ur, 19or, 20/21, 22/23o, 22or, 23ur, 24o, 25u, 27mr (Hg.), 27ur (Hg.), 28/29 (Hg.), 30ol, 30/31 (Hg.), 32l, 33or, 36 (Hg.) 40ul, 40or, 41 (Hg.), 42o, 43ur, 44/45 (Hg.), 47or, **Smirnov, N.:** 2ml, 10o, 16ml, 17u, 20/21m, 22u, 26o, 31u, **Thinkstock:** 1 (I. Kovalenko), 12mr (Rui Saraiva), 43ol (Suljo), **Wikipedia:** 3ol (x3), 18o (Biblioteca Estense Universitaria, Modena, Italy), 27ur (DEMIS_Mapserver), 44ur

Umschlagfotos: Deal, Bobby: U1; Shutterstock: U1o (RCPPHOTO), U1 (Alex Hinds), U1 Hg. (djgis); Thinkstock: U4 (cosmin4000)

Gestaltung: independent Medien-Design

ISBN 978-3-7886-2062-2

FSC www.fsc.org MIX Papier | Fördert gute Waldnutzung FSC® C002795

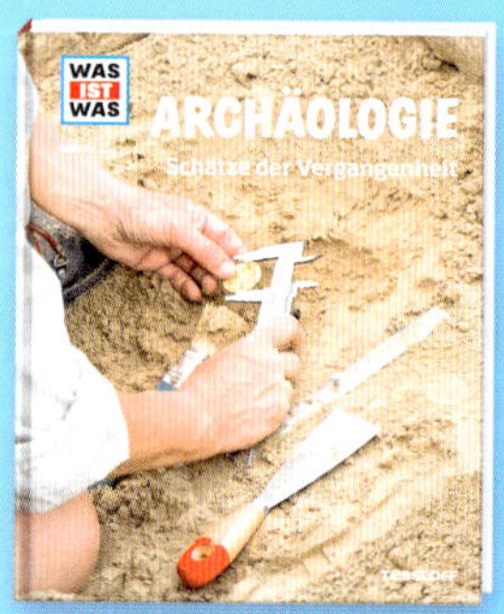

Die Reihe wird fortgesetzt.

2. Auflage 2023

ISBN 978-3-8094-4502-9

Umschlaggestaltung: Atelier Versen, Bad Aibling

FSC
www.fsc.org
MIX
Papier | Fördert gute Waldnutzung
FSC® C010328

Penguin Random House Verlagsgruppe GmbH FSC® N001967

Eberhard Krüger

Der neue Rätseljumbo für Kids 2

Rebus-Rätsel

Finde die gesuchten Begriffe zu den Bildern und trage die ausgewählten Buchstaben dieser Begriffe in den grau unterlegten Streifen im Rätsel als Startwort ein.

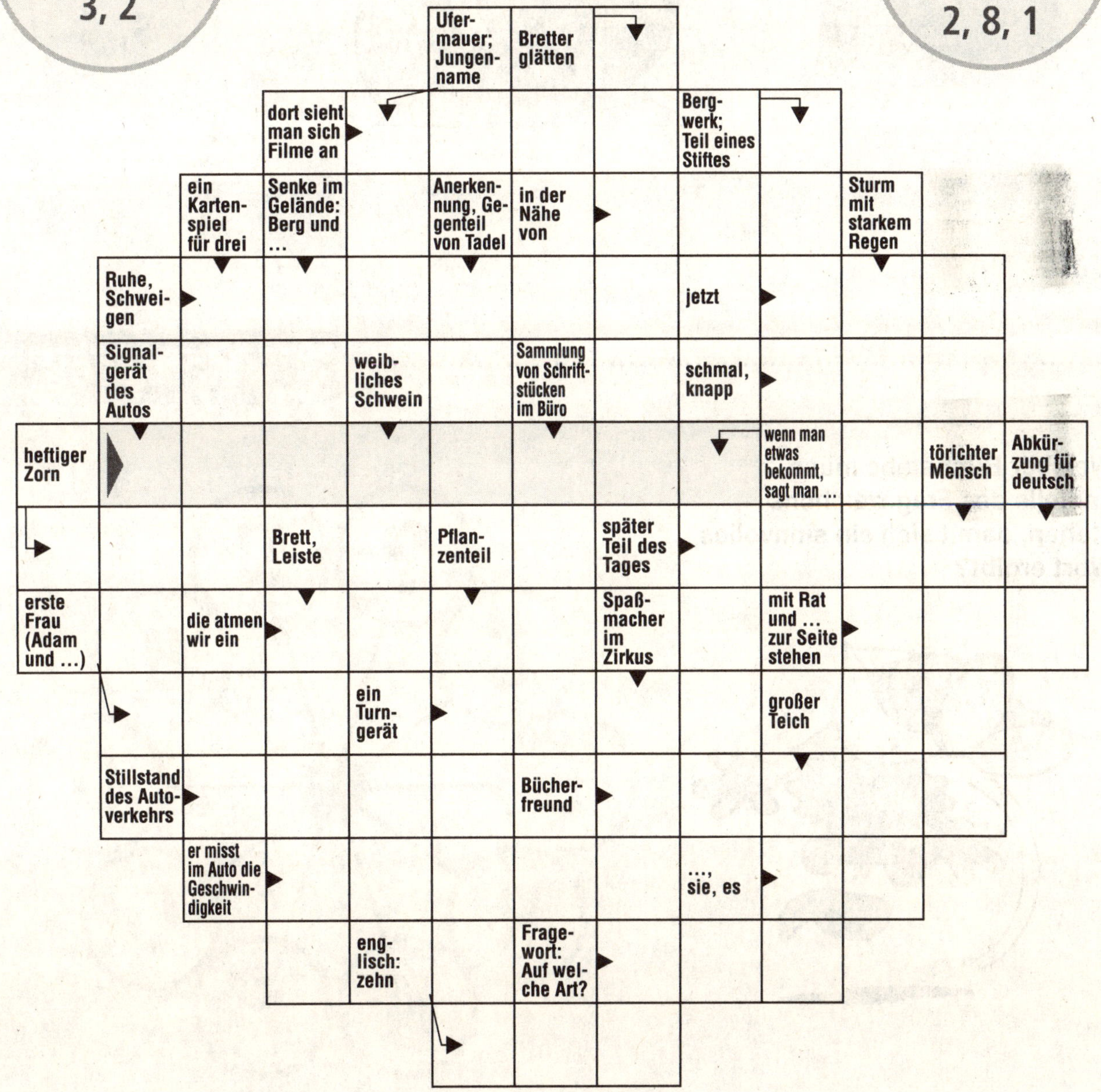

Bilderrätsel

Finde die gesuchten Begriffe zu den Bildern. Die angegebenen Buchstaben ergeben das Lösungswort.

5, 2

1, 2

5, 6

Karussell

Welcher Buchstabe muss anstelle des Fragezeichens stehen, damit sich ein sinnvolles Wort ergibt?

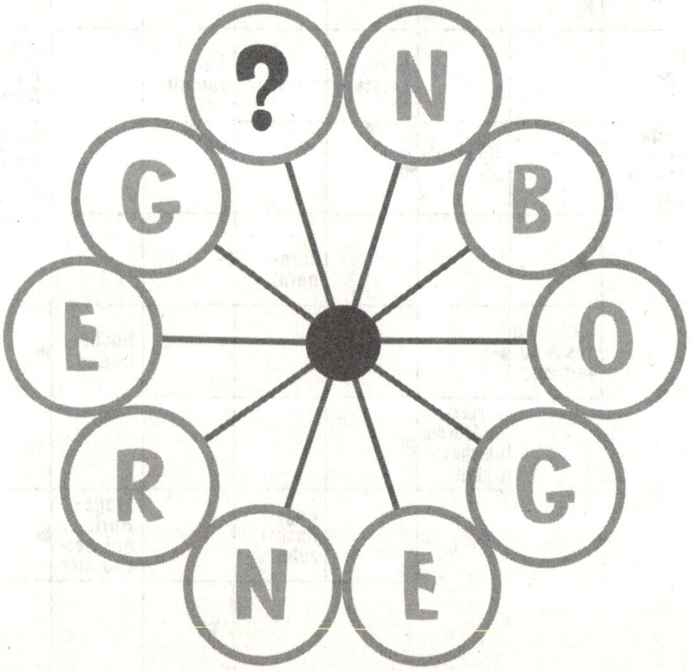

Wörtersalat

Wir haben 17 Wörter zum Thema Farben in diesem Buchstaben-Wirrwarr versteckt. Die Wörter können in jede Richtung laufen, auch diagonal, rückwärts oder von unten nach oben. Und sie können auch andere Wörter schneiden. Kannst du alle finden?

BEIGE – BLAU – DUNKELBRAUN – DUNKELGRAU – DUNKELGRUEN – DUNKELROT – GELB – HELLBRAUN – HELLGRAU – HELLGRUEN – HELLROT – LILA – ORANGE – ROSA – SCHWARZ – TUERKIS – WEISS

J	N	M	U	P	P	H	E	L	L	G	R	U	E	N	N	E	U	P	P
A	H	J	J	A	H	N	H	B	O	J	A	I	L	A	P	C	M	K	Y
V	M	B	L	X	R	Q	G	R	R	O	X	H	A	O	U	G	P	K	J
I	W	I	F	K	Q	P	A	T	O	R	L	E	K	N	U	D	H	I	B
S	L	U	A	W	H	N	O	R	Q	M	I	V	L	A	Y	D	S	J	E
C	U	M	F	J	G	X	U	P	N	Q	F	W	Q	U	U	F	D	O	I
H	J	U	L	E	W	E	P	O	P	G	D	J	V	N	J	G	F	A	G
W	N	A	X	X	C	E	B	U	E	B	S	A	K	T	X	F	E	T	E
N	R	R	A	Y	T	T	I	K	X	O	V	E	H	I	V	X	F	B	J
X	X	G	S	C	Q	D	E	S	Q	B	L	E	G	S	T	M	P	W	N
E	Y	L	U	Q	P	Z	B	M	S	G	U	A	R	G	L	L	E	H	X
H	L	E	Q	W	W	Y	X	A	R	Z	O	F	Q	N	Y	Q	E	B	L
E	Q	K	I	H	V	Q	E	U	X	B	R	R	N	D	T	Q	R	U	C
L	N	N	I	E	W	Y	E	J	G	G	Q	A	B	E	J	G	A	Q	U
L	G	U	A	L	H	N	H	A	G	L	I	H	W	T	C	L	M	M	G
R	V	D	A	L	Q	K	D	G	T	F	G	L	U	H	B	E	X	D	L
O	X	V	C	B	J	Z	F	N	X	Q	X	Y	M	B	C	W	J	P	R
T	J	N	B	R	S	D	V	S	I	K	R	E	U	T	U	S	X	S	O
H	S	N	P	A	S	E	G	O	H	O	J	E	K	F	B	F	G	P	S
V	L	P	Q	U	L	E	C	W	P	A	F	C	P	O	K	D	D	U	A
D	G	Y	F	N	V	N	U	A	R	B	L	E	K	N	U	D	V	C	I

Teekesselchen

Welches Wort mit zwei Bedeutungen wird gesucht?

In meinem Teekesselchen wohnt der König.

Mein Teekesselchen ist ein Teil der Tür.

Memo

Jeweils zwei Bilder ergeben zusammengesetzt ein neues Wort. Welche drei Begriffe suchen wir?

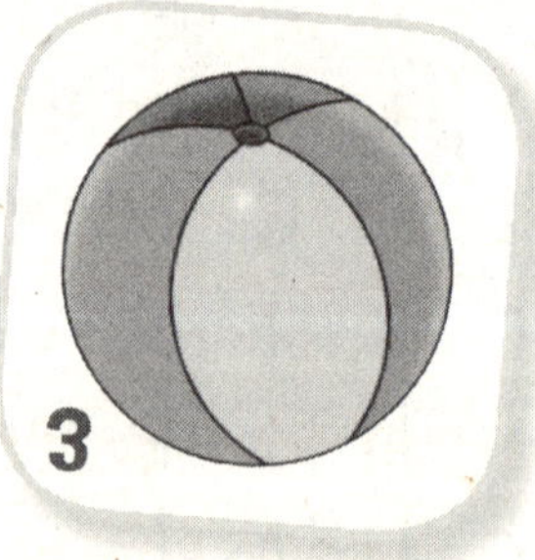

Trage die unten stehenden Wörter so in das Gitter ein, dass du ein komplett ausgefülltes Rätsel erhältst. Als kleine Hilfe ist bereits ein Wort vorgegeben.

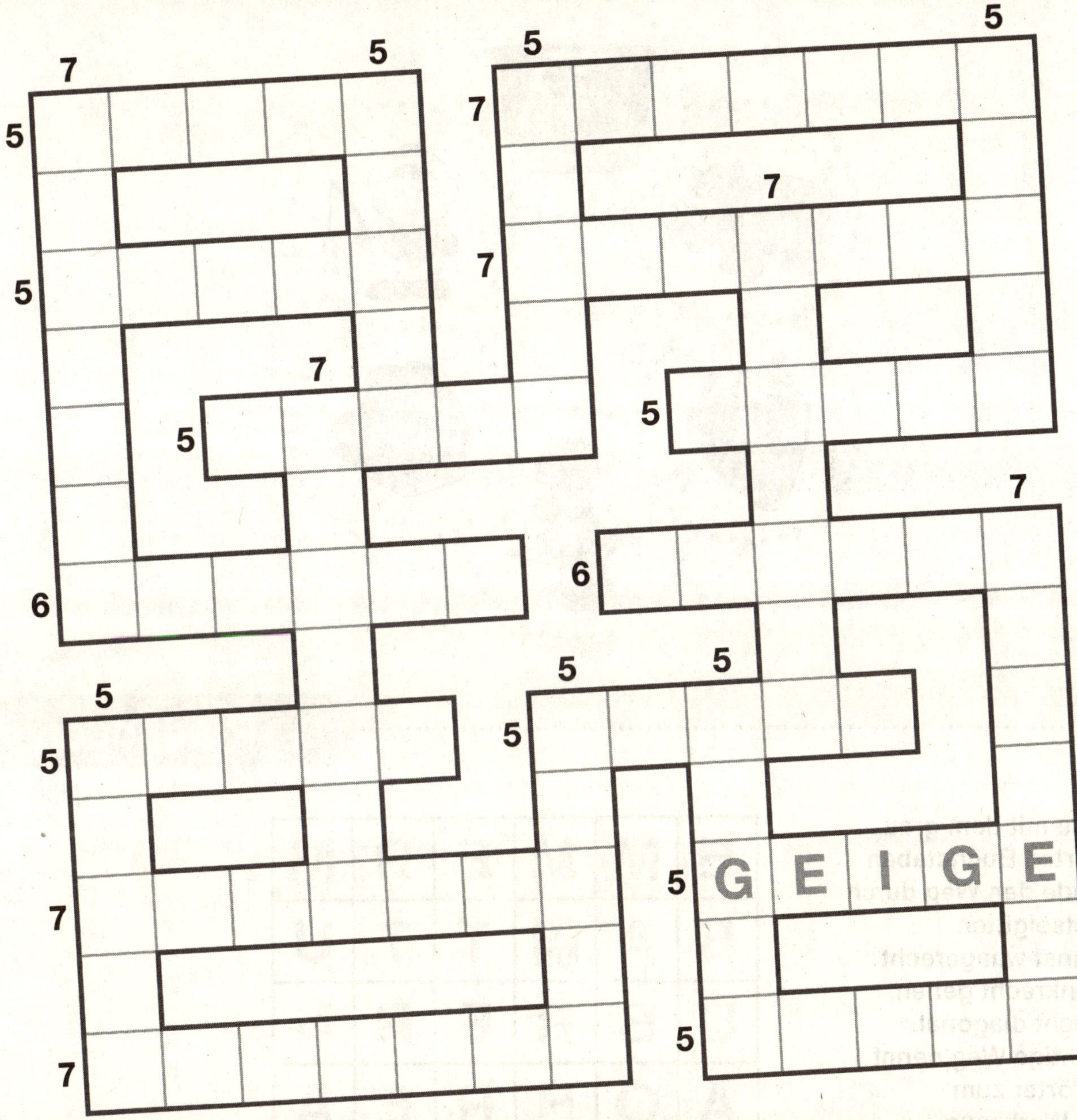

5 Buchstaben:
GURKE – LOBEN – NAGEL – ORKAN – PFLUG – PISTE – RASEN – RHEIN – RINDE – SUMME – TIROL – TULPE – ZUTAT

6 Buchstaben:
KUEREN – NEHMEN

7 Buchstaben:
EISBAHN – HAMBURG – KOSTBAR – NIESELN – ORDNUNG – SORGLOS – TAUSEND – ZITTERN

Bilderrätsel

Finde heraus, welches Wort sich jeweils hinter den Bildern verbirgt. Ihre Anfangsbuchstaben ergeben im Uhrzeigersinn gelesen das Lösungswort. Beginne mit dem Bild oben.

Pfadfinder

Beginne mit dem grau markierten Buchstaben und finde den Weg durch das Rätselgitter. Du kannst waagerecht und senkrecht gehen, aber nicht diagonal. Der richtige Weg nennt dir 6 Wörter zum Thema Werkzeugkiste.

E	M	M	E	R	M
B	A	H	T	T	U
U	B	R	E	R	N
A	O	H	R	E	A
R	S	E	A	Z	G
H	C	G	N	L	E

Scherzfrage

Füllrätsel

Die Wörter folgender Bedeutungen sind waagerecht in das Diagramm einzutragen.

1 Attacke,

2 altes Zeitmessgerät,

3 Sumpfvogel mit langen Beinen und langem Hals,

4 Idee, Einfall,

5 Gardine, Portiere,

6 rücksichtsloser Mann

1	A	N					
2		A	N				
3			A	N			
4				A	N		
5					A	N	
6						A	N

Domino

Drehe die Dominosteine so, dass die oberen und unteren Buchstaben jeweils ein Bundesland ergeben.

Spinnennetz

Beginne beim dunkelgrauen Buchstaben und finde den Weg durch das Spinnennetz. Welches Wort ergibt sich, wenn du jedes Feld im Spinnennetz nur einmal durchlaufen darfst?

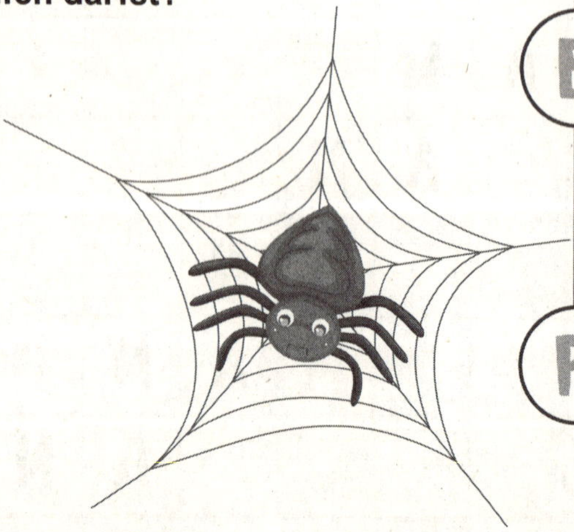

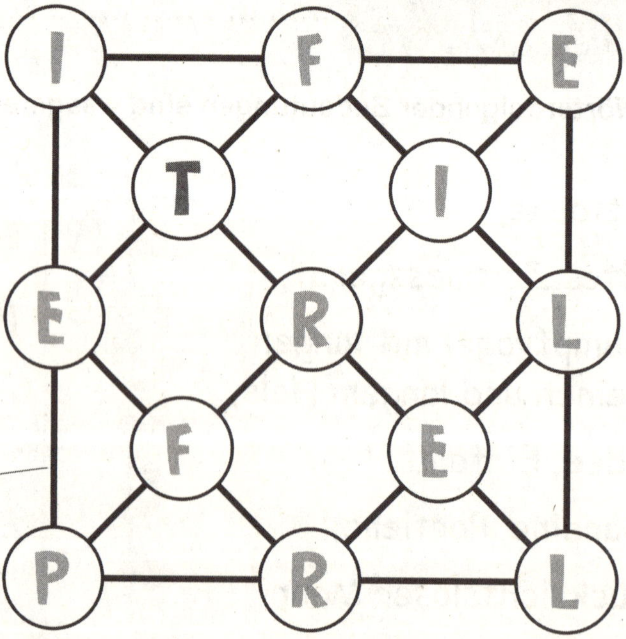

Nur ein Wort passt!

In der Liste stehen jeweils drei Wörter, von denen nur ein Wort ins Diagramm unter derselben Nummer eingetragen werden kann.

1 INNEN LESER EIFER	2 FUND GROB MAHL	3 GAUL AKTE ZWEI
4 SAND GRAU GEIZ	5 BRONZE KUMMER AUSTER	6 MADE KARG LUKE
7 ZWAR ESEL KRUG	8 WABE IGEL BAND	9 KNIE ECHT HELD
10 EI CD AN	11 HOLEN HENNE ZWECK	12 ZANK TANZ DREI
13 FUNK HECK LUMP	14 OHRRING SUBJEKT SKILIFT	15 STURM ANRUF BLATT
16 GOTT BREI MUND	17 LIEB FACH RAND	18 HUPE EINE LEID
19 INSEL LIEGE ZIEGE	20 LIST URNE PLAN	21 AST TON TUN
22 HEIM ALLE LOHN	23 WIRT TANK REUE	24 KNABE BRETT HOTEL

Sortierquiz

Welche Figur wohnt wo? Wenn du richtig zugeordnet hast, ergeben die Buchstaben von oben nach unten gelesen ein anderes Wort für Schloss.

○	Harry Potter	gallisches Dorf	A
○	Asterix	gallisches Dorf	A
○	Jim Knopf	Villa Kunterbunt	S
○	Obelix	Hogwarts	P
○	Pippi Langstrumpf	Eiserne Burg	T
○	Ritter Rost	Laden von Frau Waas	L

Bilderrätsel

Finde heraus, welches Wort sich jeweils hinter den Bildern verbirgt. Die Zahl neben dem Bild gibt an, welchen Buchstaben des Wortes du brauchst. Der Reihe nach ergeben diese Buchstaben das Lösungswort.

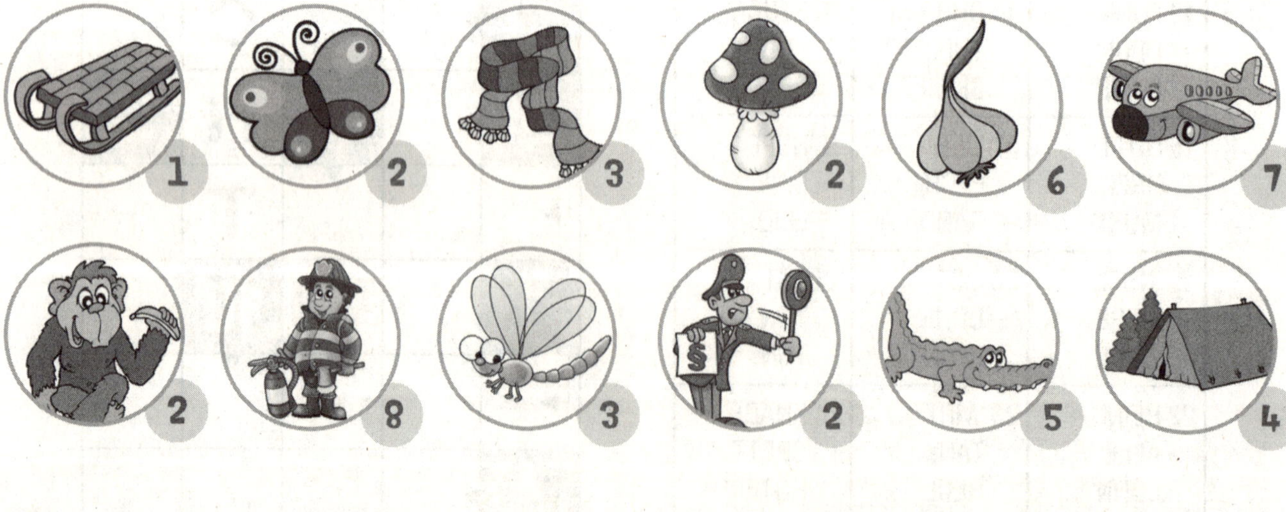

Buchstaben-Chaos

In welcher europäischen Stadt befindet sich diese Häuserzeile.
Den Ort erfährst du, wenn du die Buchstaben in die richtige Reihenfolge bringst.

Quiz

1

Welcher Baum verliert im Spätherbst seine Nadeln?

a) Kiefer
b) Fichte
c) Lärche

2

Bei welchem Spiel wird der Ball über ein Netz gespielt?

a) Tennis
b) Handball
c) Eishockey

3

Was hält Sponge-Bob Schwammkopf als Haustier?

a) Wurm
b) Qualle
c) Schnecke

Kreuzworträtsel

Bewohner von Asien

Himmelsrichtung

Behälter

gewaltsames Wegnehmen

Lenkvorrichtung

Keimträger einer Pflanze

Polstermöbelstück, Couch

grüne Gemüsepflanze: Kopf…

das junge Getreide

Fahrzeug mit vier Rädern und Motor

kleine Metallschlinge

keuchend, abgehetzt

Bereich, Fläche

großer Greifvogel

ein Maß für Flüssigkeiten ist der …

Helfer in der Not

Hunderasse

Blume mit Stacheln

sehr feucht

afrikanischer Fluss

flach, ohne Hügel

Wurf-, Sportgerät

Abschiedsgruß, Lebewohl

ein Frühlingsmonat

feindlich, anti

Licht-, Ton- oder Verkehrszeichen

zart, sanft

ein Turngerät

Stützungsteil; Regal

der Planet, auf dem wir leben

fruchtbare Wüsteninsel

ohne Milde, hart

Sandstreifen am Meer

mehrere Folgen bilden eine TV-…

nicht klein

vierblättriger … bringt Glück

großartig, hervorragend

großes Gebirge in Europa

männlicher Nachkomme

rissig, nicht glatt

ein Kartenspiel für drei

nämlich

höchste Spielkarte

so klingt es, wenn ein Hund bellt

Kurzwort für Abitur

Vater (Kosename)

Jacke mit passender Hose

prahlen, protzen

anderes Wort für Kuh

Buchstaben-Wirrwarr

In diesem Buchstaben-Wirrwarr sind 14 Wörter versteckt. Sie können in jede Richtung laufen, auch diagonal, rückwärts oder von unten nach oben. Wenn du sie alle gefunden hast, ergeben die übrig gebliebenen Buchstaben das Lösungswort.

M	H	C	A	H	C	S	Y	S
U	S	P	U	T	A	L	R	C
E	I	C	A	N	O	L	O	A
H	R	K	R	P	O	D	M	N
L	S	O	O	A	A	E	E	A
E	O	N	M	K	B	M	M	S
L	O	T	I	M	A	B	S	T
M	P	M	T	D	E	A	L	A
O	N	I	M	O	D	S	S	E

CANASTA
DAME
DOMINO
HALMA
LOTTO
MEMORY
MIKADO
MONOPOLY
MUEHLE
ROMME
SCHACH
SCRABBLE
SKAT
UNO

Land gesucht

„Land der teuren Vasen" wird das Land in einem Kinderlied genannt. Tatsächlich ist es das Ursprungsland des Porzellans, das hier wahrscheinlich schon im 7. Jahrhundert hergestellt wurde, rund 1000 Jahre bevor das den Europäern gelang. Heute ist das „Reich der Mitte" eine aufstrebende Wirtschaftsmacht und das bevölkerungsreichste Land der Erde. Touristen lieben es aber vor allem wegen seiner prächtigen Pagoden, farbenfrohen Drachenfeste oder frei lebenden Pandas. Wie heißt das Land?

Logikrätsel

Ines und Holger fahren mit ihren Eltern im Zug in den Urlaub. Am Ziel angekommen, versuchen sie, sich an die Mitreisenden zu erinnern. Besonders interessant war eine lustige Gruppe von älteren Damen. Jedes der Kinder erinnert sich an bestimmte Details. Hilf den beiden, anhand dieser Hinweise herauszufinden, welche Dame auf welchem Sitzplatz saß, was sie zum Frühstück hatte und welches ihr besonderes Merkmal war.

Beobachtungen im Zug

		Brunhilde	Hannelore	Inge	Marita	Apfel	Brötchen	Ei	Kaffee	Großer Hut	Haare am Kinn	Lilafarbene Haare	Warze auf der Nase
Platznummer	21												
	22												
	23												
	24												
Merkmal	Großer Hut												
	Haare am Kinn												
	Lilafarbene Haare												
	Warze auf der Nase												
Frühstück	Apfel												
	Brötchen												
	Ei												
	Kaffee												

1 Die Dame auf dem Platz mit der Nummer 23 wurde mit Hannelore angeredet

2 Die Frau auf Platz 24 trank nur Kaffee. Sie war nicht diejenige mit der Warze auf der Nase.

3 Die Frau mit dem Vornamen Marita aß ein Brötchen. Ihre Platznummer war höher als die der Dame mit dem großen Hut auf dem Kopf.

4 Eine der Damen, die mit den Haaren am Kinn, aß ein Ei.

5 Brunhilde war nicht diejenige von den vieren, die den Apfel aß.

Tier gesucht

Kannst du erraten, welches Tier sich hier verbirgt?

Tauschrätsel

In jeder Zeile darf nur jeweils ein Buchstabe getauscht werden, um ein neues Wort zu erhalten, und damit aus einer Dose einen Halt werden zu lassen.

D	O	S	E
H	A	L	T

Kreuzwort-Puzzle

Wir haben eine Kreuzworträtsel-Auflösung zerschnitten. Dann haben wir die Einzelteile durcheinandergebracht. Ein Teil steht bereits an der richtigen Stelle. Die Einzelteile von außen sollt ihr nun innen so ergänzen, dass eine vollständige Kreuzworträtsel-Auflösung entsteht.

M	I	T
	L	
L	B	E

I	E	R
L		B
A	S	E

R		F
I	R	A
N		N

L		G
A	B	E
U		N

N	E	
E	I	N
	S	A

F	E	R
	L	
W	A	S

A	N	G
T		O
E	S	T

E	G	A
H		G
E	F	E

C	H	O						
H		P						
E	B	E						

Schüttel-Buchstaben

Die Buchstaben, in die richtige Reihenfolge hintereinandergestellt, ergeben vom Lehrer aufgetragene Hausarbeit.

Einer stört!

Einer der vier Begriffe passt nicht zu den anderen. Welcher ist es?

Biene | **Mücke**

?

Fliege | **Bussard**

Bilder-Kreuzworträtsel

von großem Gewicht	großes Land in Asien	beweg- lich be- festigen		unend- lich: für immer und …		Zirkus- künstler	Gurken- kraut		Laub- baum	in der … (nicht weit weg)	fertig gekocht
						starker innerer Antrieb					
ein Meeres- raubfisch				ein Stück vom Ganzen							
			3	ungefähr		ein Körper- organ					
Gewinn, Erfolg							6	viele kleine Steine			Arbeits- entgelt: … und Gehalt
						das gibt es zu Würst- chen	Grund- balken eines Schiffes				
Holz- blas- instru- ment	jeder ohne Ausnahme		vorneh- mes Wort für Frau		Aus- drucks- form			2		Gedicht- zeile	
							Einfall, Gedanke		nicht billig		
		Schul- ab- schluss- prüfung		Berg- weide	Eier legen und aus- brüten						4
					Zupf- instru- ment			die Verei- nigten Staaten			später Teil des Tages
						eine Zahl		kurzer, heftiger Regen- schauer			
Auf- ständi- scher	Behörde		Zirkus- arena		5					zu keiner Zeit	
				von da an: … hier			Stimm- zettel- behälter: Wahl…				
nicht mehr hungrig			Buch mit vielen Land- karten					1	modern, angesagt (englisch)		
lebhaf- tes oder lustiges Treiben							Himmels- richtung				

1	2	3	4	5	6

Scherzfrage

Welches hohe Tier in der Marine kann fliegen?

Quiz

Welche Farbe hat Christophs Pulli in „Die Sendung mit der Maus"?

a) Rot
b) Grün
c) Gelb

1

Wie heißt die Dampfwalze von Bob, dem Baumeister?

a) Rollo
b) Nono
c) Benno

2

Wo sind Ernie und Bert zu Hause?

a) Sesamstraße
b) Körnerstraße
c) Semmelstraße

3

Spannende Nächte

Sabine ist eine richtige Leseratte. Wenn sie ein besonders spannendes Buch hat, kann sie es nicht lassen und liest die ganze Nacht durch. Ihre Eltern sehen das natürlich nicht gern, konnten ihre Tochter aber bisher nicht ertappen. Denn Sabine hat gute Ohren und macht immer schnell die Lampe aus, wenn ihre Eltern sich nähern. Was sollten die Eltern tun?

Brückenrätsel

Ein Fischer hat seine Netze von einem Ufer zum anderen gespannt. Gesucht werden Wörter, die in die Bojen passen und Begriffe ergeben, die das linke Uferwort ergänzen und dem rechten Uferwort vorangesetzt werden können. Die Buchstaben in den hellblauen Bojen ergeben das Lösungswort.

Rebus-Rätsel

Finde die gesuchten Begriffe zu den Bildern und trage die ausgewählten Buchstaben dieser Begriffe in den grau unterlegten Streifen im Rätsel als Startwort ein.

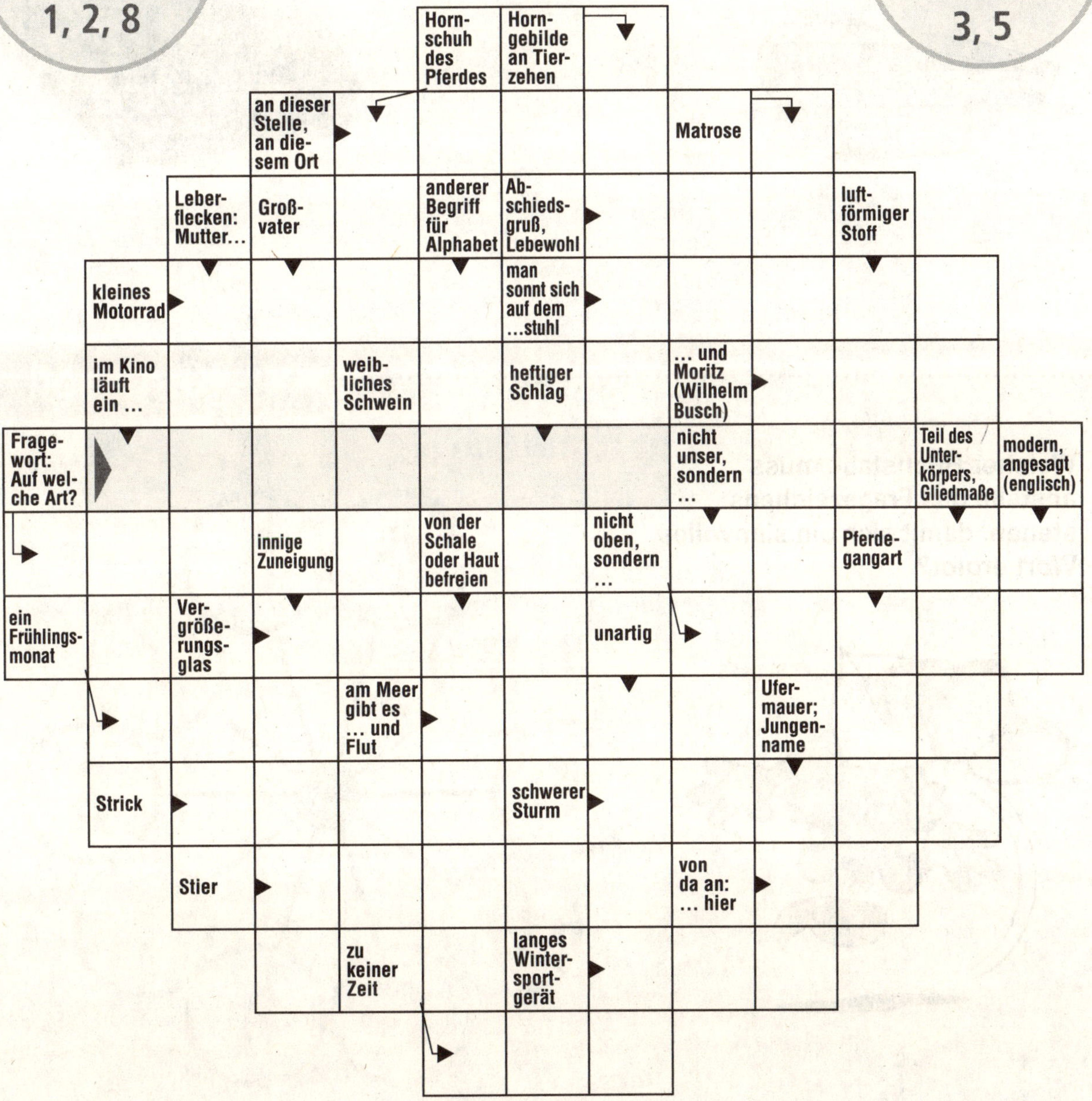

Bilderrätsel

Finde die gesuchten Begriffe zu den Bildern. Die angegebenen Buchstaben ergeben das Lösungswort.

1, 9

2, 1

3

Karussell

Welcher Buchstabe muss anstelle des Fragezeichens stehen, damit sich ein sinnvolles Wort ergibt?

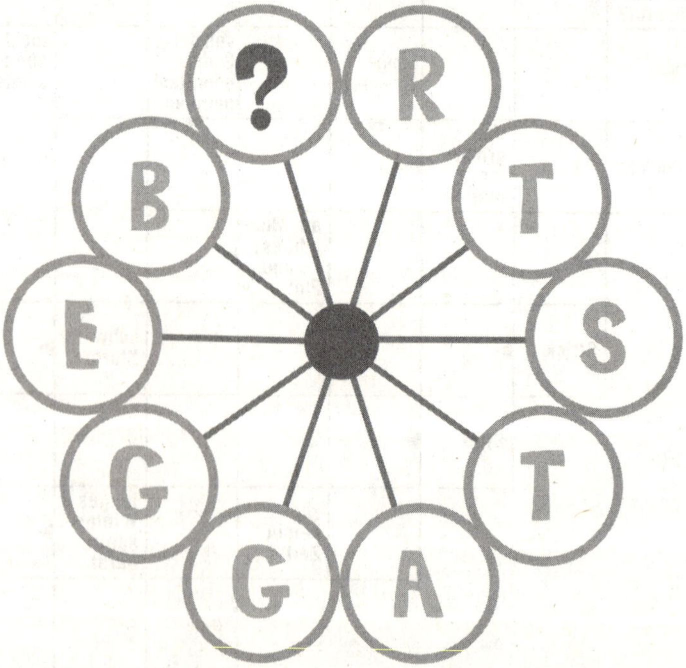

Wörtersalat

Wir haben 18 Wörter zum Thema Wetter in diesem Buchstaben-Wirrwarr versteckt. Die Wörter können in jede Richtung laufen, auch diagonal, rückwärts oder von unten nach oben. Und sie können auch andere Wörter schneiden. Kannst du alle finden?

BLITZ – DONNER – FOEHN – FROST – GEFRIERPUNKT – GEWITTER – KAELTE – LUFTDRUCK – LUFTFEUCHTIGKEIT – MINUSGRADE – MONSUN – REGEN – SCHNEE – STURM – TAIFUN – TEMPERATUR – THERMOMETER – WIND

E	K	W	N	E	G	E	R	D	U	F	X	P	H	D	V	K	Y	X	Z
W	G	W	W	D	R	R	W	C	G	A	X	W	W	S	J	M	E	T	F
M	I	N	U	S	G	R	A	D	E	I	I	Q	L	L	N	L	I	D	U
R	D	V	C	Q	H	C	P	P	D	N	J	M	T	U	M	L	O	P	M
U	S	F	O	E	H	N	W	R	D	O	E	H	H	F	B	U	C	U	O
T	U	A	E	V	S	U	Y	L	T	Y	X	S	O	T	K	F	A	O	N
A	M	C	T	K	I	P	B	T	J	G	E	G	T	D	X	T	H	K	S
R	A	Q	G	Y	E	E	N	H	C	S	W	E	Q	R	A	F	E	Q	U
E	P	J	Q	G	D	U	O	T	L	Q	S	Q	G	U	B	E	P	B	N
P	W	K	J	K	X	G	N	R	J	J	F	M	T	C	B	U	U	G	N
M	Y	M	R	U	T	S	V	E	T	E	R	R	Y	K	U	C	J	E	G
E	R	E	Q	D	E	E	B	T	U	F	U	T	O	L	B	H	G	F	C
T	H	M	N	T	L	P	M	E	B	O	E	G	H	S	T	T	B	R	C
J	B	D	L	U	I	F	L	M	W	R	V	F	Y	U	T	I	Q	I	E
A	U	E	D	R	S	N	M	O	T	W	E	R	L	P	O	G	J	E	J
L	A	S	L	W	U	S	C	M	T	B	E	N	V	X	Q	K	T	R	M
K	W	A	B	F	A	Y	B	R	A	D	L	E	N	C	M	E	V	P	S
S	Q	T	I	B	X	O	F	E	J	C	S	U	F	O	O	I	Q	U	L
F	A	A	O	I	D	L	E	H	P	L	M	W	A	B	D	T	T	N	C
Q	T	U	E	K	R	E	T	T	I	W	E	G	C	Y	X	F	P	K	O
O	J	D	H	N	M	F	J	D	V	H	P	I	L	A	S	D	M	T	S

Teekesselchen

Welches Wort mit zwei Bedeutungen wird gesucht?

An meinem Teekesselchen turnt man.

Mein Teekesselchen ist ein Quader aus Metall, zum Beispiel aus Gold.

Memo

Jeweils zwei Bilder ergeben zusammengesetzt ein neues Wort.
Welche drei Begriffe suchen wir?

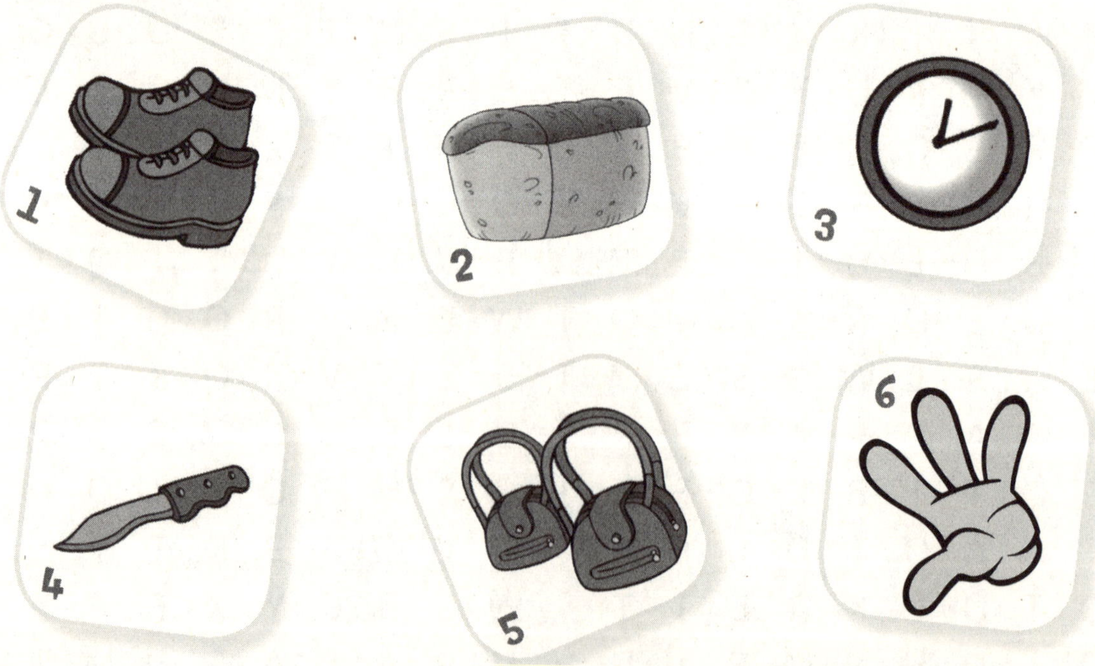

Trage die unten stehenden Wörter so in das Gitter ein, dass du ein komplett ausgefülltes Rätsel erhältst. Als kleine Hilfe ist bereits ein Wort vorgegeben.

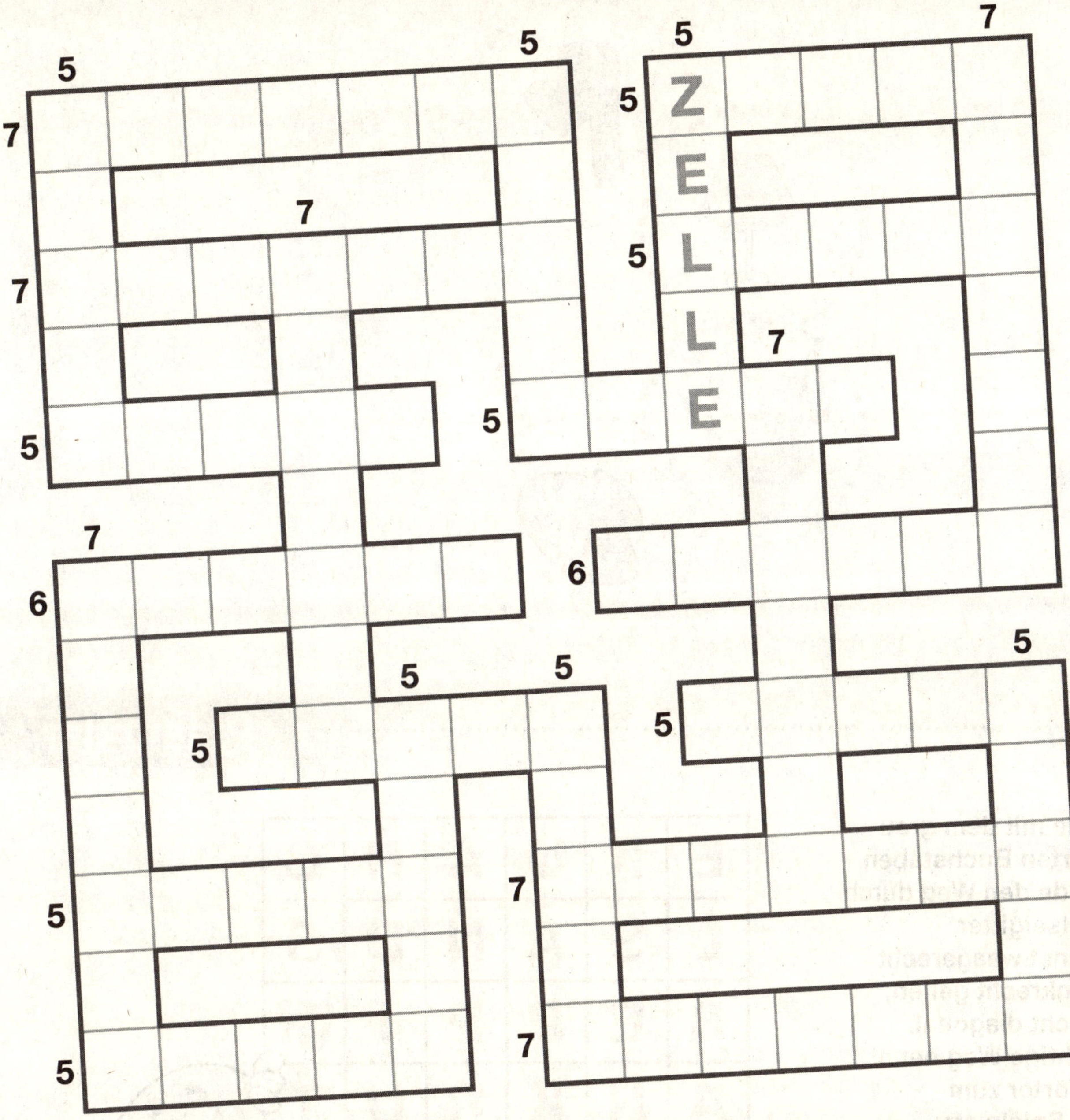

5 Buchstaben:
FRECH – GEBOT – KRAUT – LABOR – LUNGE – MENGE – NOTIZ – RAUCH – STAMM – TAFEL – UNFUG – ZACKE – ZWERG

6 Buchstaben:
BLEICH – SAUBER

7 Buchstaben:
ANDACHT – ANGEBEN – BAHNHOF – EHRLICH – RUEHREN – SAMMLER – SEEMANN – TROMMEL

Bilderrätsel

Finde heraus, welches Wort sich jeweils hinter den Bildern verbirgt. Ihre Anfangsbuchstaben ergeben im Uhrzeigersinn gelesen das Lösungswort. Beginne mit dem Bild oben.

Pfadfinder

Beginne mit dem grau markierten Buchstaben und finde den Weg durch das Rätselgitter. Du kannst waagerecht und senkrecht gehen, aber nicht diagonal. Der richtige Weg nennt dir 6 Wörter zum Thema Spielplatz.

E	K	U	A	H	C
L	S	A	N	D	S
B	E	P	P	I	W
A	N	K	R	U	T
E	S	E	H	C	S
I	L	B	A	H	N

Scherzfrage

Warum sind in Handschuhen so häufig Nägel?

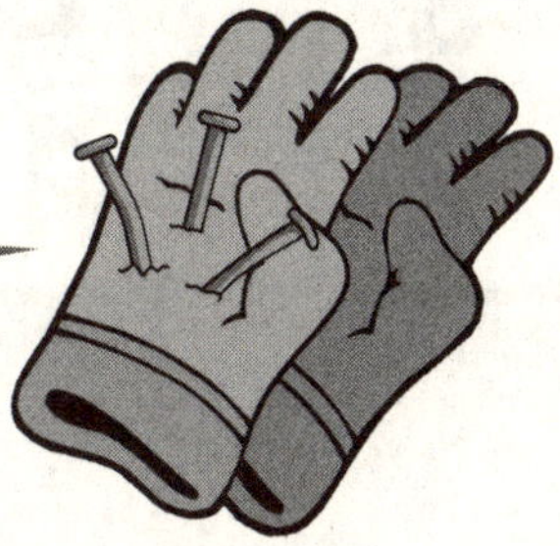

Füllrätsel

Die Wörter folgender Bedeutungen sind waagerecht in das Diagramm einzutragen.

1 nicht schwierig,
2 Mitgliedszahlung,
3 rotieren, sich drehen,
4 Kontrollfahrt- oder -gang,
5 Pass, Urkunde,
6 Sicherheitsbehörde

1	E	I					
2		E	I				
3			E	I			
4				E	I		
5					E	I	
6						E	I

Domino

Drehe die Dominosteine so, dass die oberen und unteren Buchstaben jeweils einen Vogel ergeben.

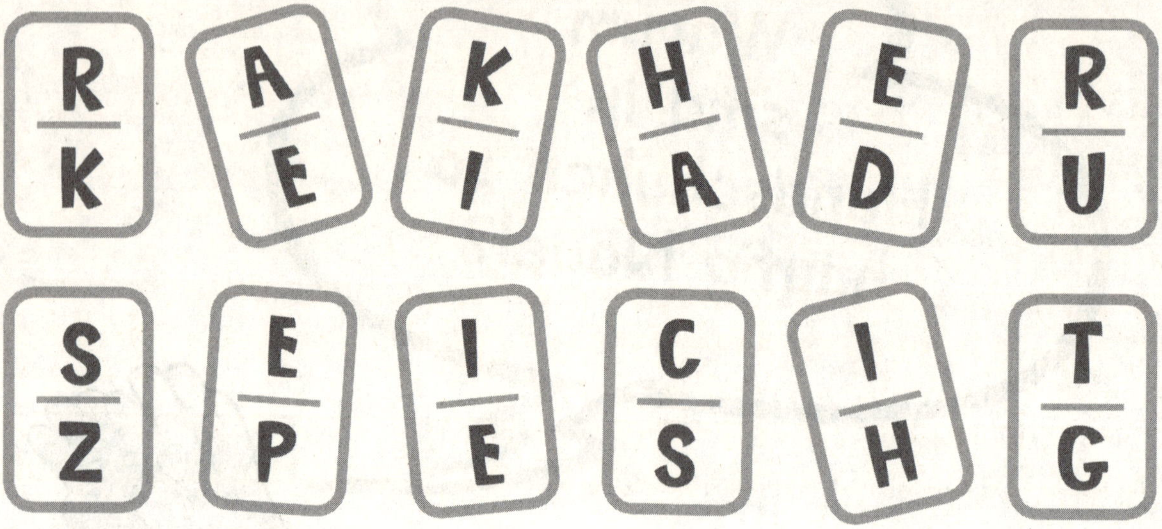

Spinnennetz

Beginne beim dunkelgrauen Buchstaben und finde den Weg durch das Spinnennetz. Welches Wort ergibt sich, wenn du jedes Feld im Spinnennetz nur einmal durchlaufen darfst?

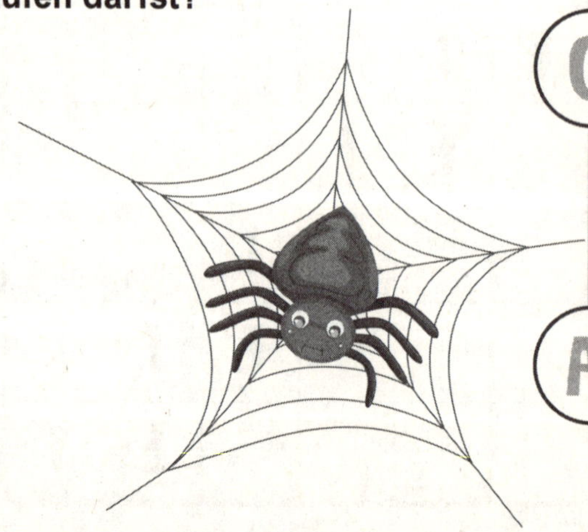

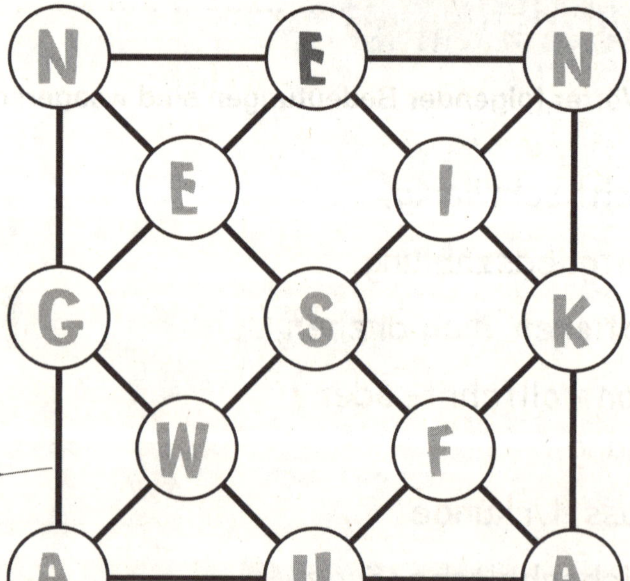

Nur ein Wort passt!

In der Liste stehen jeweils drei Wörter, von denen nur ein Wort ins Diagramm unter derselben Nummer eingetragen werden kann.

1 MALEN MORAL TIGER	2 HIRN NEID ENDE	3 ERDE KLEE GELB
4 RAD OMA EID	5 IGEL EMIL PONY	6 HERB DUFT NERV
7 GRUSS TOBEN ARMEE	8 UHR BOB TOR	9 EGAL HEXE WIND
10 KARG ZELT SAGE	11 URNE LOHN HELM	12 SEHR KORN NAPF
13 DAMPF TREUE EISEN	14 SIPPE TANTE ESSEN	15 EI JA OK
16 MAGEN MEIST SEHNE	17 EIN REH ORT	18 DEICH KEGEL UEBEN
19 WELLE LEBER REIBE	20 SAME REIS ERBE	21 LAUBE UNSER DOLCH
22 ART EHE FEE	23 ELTERN LETTER FOHLEN	24 UHU DAY SEE

Sortierquiz

Welcher Gegenstand gehört in welches Märchen? Wenn du richtig zugeordnet hast, ergeben die Buchstaben von oben nach unten gelesen einen der Bremer Stadtmusikanten.

◯	Aschenputtel	Käsestück	A
◯	Das tapfere Schneiderlein	Schuh	K
◯	Frau Holle	Spieglein	E
◯	Rotkäppchen	Weinflasche	Z
◯	Schneewittchen	Spule	T

Bilderrätsel

Finde heraus, welches Wort sich jeweils hinter den Bildern verbirgt. Die Zahl neben dem Bild gibt an, welchen Buchstaben des Wortes du brauchst. Der Reihe nach ergeben diese Buchstaben das Lösungswort.

Buchstaben-Chaos

Beim Abschmecken merkt Meisterköchin Conny, dass noch ein wichtiges Gewürz fehlt. Welches das ist, erfährst du, wenn du die Buchstaben in die richtige Reihenfolge bringst.

B U N
H K A
L C O

Quiz

1

Welcher Zettel ist bei Klassenarbeiten verboten?

a) Spickzettel
b) Packzettel
c) Denkzettel

2

Wie heißt Biene Majas Freund?

a) Billi
b) Milli
c) Willi

3

Gute Freunde halten zusammen wie Pech und ...

a) Teer
b) Schwefel
c) Kleister

Kreuzworträtsel

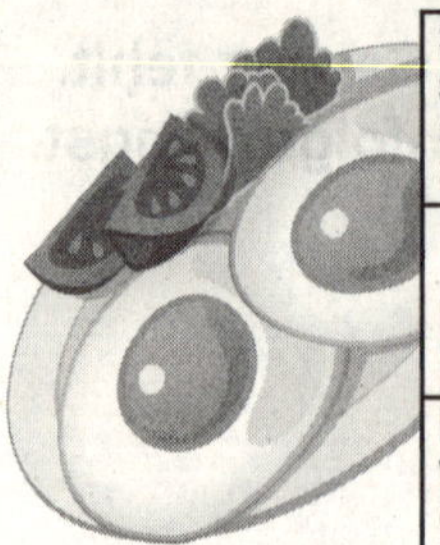

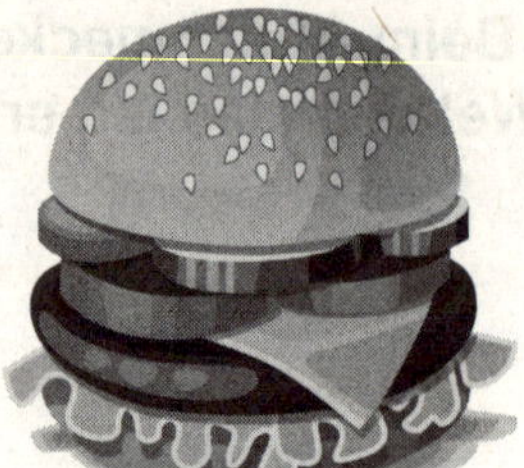

Schlafstelle auf Schiffen
Bildergeschichte (Kurzwort)
Assistent
Protestzug, Kundgebung
wenn zwei heiraten, führen sie eine …
Einzelvortrag (Instrument)
Leberfleck: Mutter…
bewusst falsche Aussage
er, …, es
langes Wintersportgerät
winziges Tier, lebt im Fell von Tieren
kleine Brücke
Verkaufshaus (Zeitungen, Süßigkeiten)
männlicher Nachkomme
schüchtern
Behörde
weibliches Schwein
Maus und Haus ist ein …
die Vereinigten Staaten
selbstsüchtiger Mensch
Gesamtheit der Staatsbürger
Schiffsvorderteil
schnelles Kraftfahrzeug
afrikanischer Fluss
Abschiedsgruß, Lebewohl
ein Planet
nicht hoch, sondern …
Heer, Verbund von Soldaten
Empfehlung
großer Stein
nicht sauer, sondern …
zu keiner Zeit
nicht kurz, sondern …
Gewebe, gesäumtes Stück Stoff
Kinderfernsehsender (Abk.)
Vortrag, Ansprache
an dieser Stelle, dort
ein Metall
Froschlurch
Fehllos bei der Lotterie
Mietauto mit Fahrer
Ansehen
Hast
Ruhepause
Anerkennung, Gegenteil von Tadel
Senke im Gelände: Berg und …
ein Laubbaum
ein Huhn legt ein …
modern, angesagt (englisch)
Heilige Schrift
Raum im Eisenbahnwagen
unbestimmter Artikel (ein, …)

Buchstaben-Wirrwarr

In diesem Buchstaben-Wirrwarr sind 12 Wörter versteckt. Sie können in jede Richtung laufen, auch diagonal, rückwärts oder von unten nach oben. Wenn du sie alle gefunden hast, ergeben die übrig gebliebenen Buchstaben das Lösungswort.

M	A	G	D	E	B	U	R	G
B	A	B	R	E	M	E	N	M
E	Z	D	E	U	S	T	L	U
R	N	T	S	U	B	E	T	E
L	I	R	D	T	I	M	T	N
I	A	U	E	K	O	G	A	C
N	M	F	N	A	R	P	T	H
N	I	R	E	W	H	C	S	E
W	I	E	S	B	A	D	E	N

BERLIN
BREMEN
DRESDEN
ERFURT
HAMBURG
KIEL
MAGDEBURG
MAINZ
MUENCHEN
POTSDAM
SCHWERIN
WIESBADEN

Land gesucht

Im zweitgrößten Land der Erde spricht man Englisch, aber auch Französisch. Es grenzt ans Nordpolarmeer. Die Winter sind lang und kalt. Auf der Flagge des waldreichen Landes ist das Ahornblatt zu sehen. Staatsoberhaupt ist die englische Königin. Der Name des Landes ist indianischen Ursprungs und bedeutet so viel wie „Dorf".

Heute ist an Estefanias Schule Sporttag. In der 3. und 4. Stunde haben alle 6er-Klassen zusammen Sport. Nur gut, dass die Sporthalle so groß ist, dass keiner dem anderen in die Quere kommt. Findest du heraus, wie viele Schüler die verschiedenen Klassen besuchen, wie die Sportlehrer heißen und welches Training sie gerade machen?

Schul-Sport

		Schüleranzahl				Lehrer				Sportart			
		18	19	22	23	Herr Brenken	Frau Giebel	Herr Schulz	Frau Wirtz	Handball	Laufen	Turnen	Zirkeltraining
Klasse	6a												
	6b												
	6c												
	6d												
Sportart	Handball												
	Laufen												
	Turnen												
	Zirkeltraining												
Lehrer	Herr Brenken												
	Frau Giebel												
	Herr Schulz												
	Frau Wirtz												

1 Herr Schulz macht mit seiner Klasse Zirkeltraining. In dieser Klasse von Herrn Schulz sind nicht so viele Schüler wie in der 6c.

2 Die Klasse von Frau Giebel turnt heute am Reck.

3 In Frau Wirtz Klasse gibt es genau 23 Schüler.

4 Die Klasse 6d übt das Laufen.

5 Herr Brenken unterrichtet die Klasse 6c in Sport.

6 Genau 22 Schüler besuchen die Klasse 6b, die heute kein Zirkeltraining macht.

Tier gesucht

Kannst du erraten, welches Tier hier wohnt?
Ein kleiner Tipp: Es zieht sich im Winter zurück.

Tauschrätsel

In jeder Zeile darf nur jeweils ein Buchstabe getauscht werden, um ein neues Wort zu erhalten, und damit aus einem Beil ein Garn werden zu lassen.

B	E	I	L
G	A	R	N

Kreuzwort-Puzzle

Wir haben eine Kreuzworträtsel-Auflösung zerschnitten. Dann haben wir die Einzelteile durcheinandergebracht. Ein Teil steht bereits an der richtigen Stelle. Die Einzelteile von außen sollt ihr nun innen so ergänzen, dass eine vollständige Kreuzworträtsel-Auflösung entsteht.

A	S	E
S		A
E	L	M

N		N
T	W	A
E		H

F	E	E
	I	
E	S	S

K	O	R
O		E
P	L	U

N	E	I
T		E
E	R	B

T	U	R
R		A
E	F	T

B		S
U	T	E
S		H

	B	E
T	U	N
I	G	

						U	L	E
							U	
						O	S	T

Schüttel-Buchstaben

Die Buchstaben, in die richtige Reihenfolge hintereinandergestellt, ergeben den Schutzraum eines Tieres.

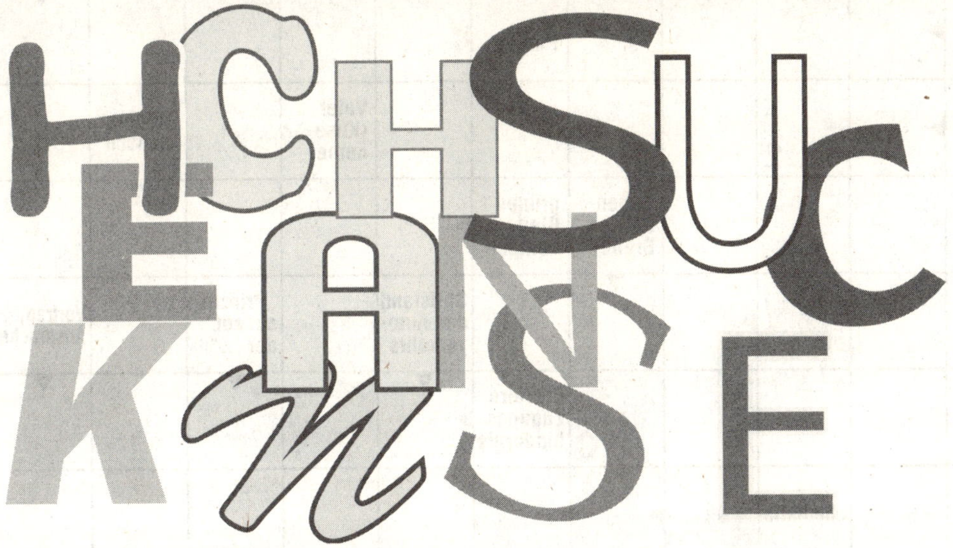

Einer stört!

Einer der vier Begriffe passt nicht zu den anderen. Welcher ist es?

Ottern

Vipern

?

Nattern

Echsen

Bilder-Kreuzworträtsel

wenigstens; dennoch		gefrorenes Wasser	Überstürzung, Eile		an ... und Stelle		Lehrgang		Mietauto mit Fahrer		Brauch
in größerer Menge					ein Planet						
Wohnungsnehmer		2					Vater (Kosename)		törichter Mensch		
				Gegenteil von Breite	grünes Blattgemüse						
Klassenarbeit						Stillstand des Autoverkehrs		„Prinzessin auf der ...“		Vortrag, Ansprache	
				3	Barriere, Zugangshindernis		1				
vermuten, vorhersehen		ebenfalls									eine Zahl
					großes Werbebild, Poster		locker, wacklig		an dieser Stelle, dort		
wer unbarmherzig ist, kennt keine ...	Wassersportart		Zutat beim Backen	Aderschlag				4	kraftlos, ohne jeden Schwung		
						flüssiges Fett				nicht laut	
				Raum im Haus zum Kochen		ein Laubbaum		nicht jung, sondern ...			
Sand- oder Schneeanhäufung		zu keiner Zeit		Empfehlung							Klang, Laut
						6	..., sie, es	nicht ohne, sondern ...			
ein hoher Offizier			Luft holen						auf diese Weise		
dort brüten Vögel Eier aus					Früchte einbringen					5	

Scherzfrage

Quiz

Wie lange dauert es, bis sich die Erde einmal um sich selbst gedreht hat?

a) 1 Tag
b) 1 Woche
c) 1 Monat

1

Wie heißt der helle Sternstreifen am Nachthimmel?

a) Saftstraße
b) Kakaostraße
c) Milchstraße

2

Welcher Planet ist der größte in unserem Sonnensystem?

a) Venus
b) Jupiter
c) Uranus

3

Schafe

Zwei Schäfer treffen sich. Sagt der erste Schäfer zum zweiten: „Gib mir 8 Schafe von dir, dann habe ich doppelt so viele wie du." Da sagt aber Schäfer zwei zu eins: „Gib du mir 8 Schafe von deinen, dann haben wir gleich viele." Wie viele Schafe hat jeder Schäfer?

Brückenrätsel

Ein Fischer hat seine Netze von einem Ufer zum anderen gespannt. Gesucht werden Wörter, die in die Bojen passen und Begriffe ergeben, die das linke Uferwort ergänzen und dem rechten Uferwort vorangesetzt werden können. Die Buchstaben in den hellblauen Bojen ergeben das Lösungswort.

Rebus-Rätsel

Finde die gesuchten Begriffe zu den Bildern und trage die ausgewählten Buchstaben dieser Begriffe in den grau unterlegten Streifen im Rätsel als Startwort ein.

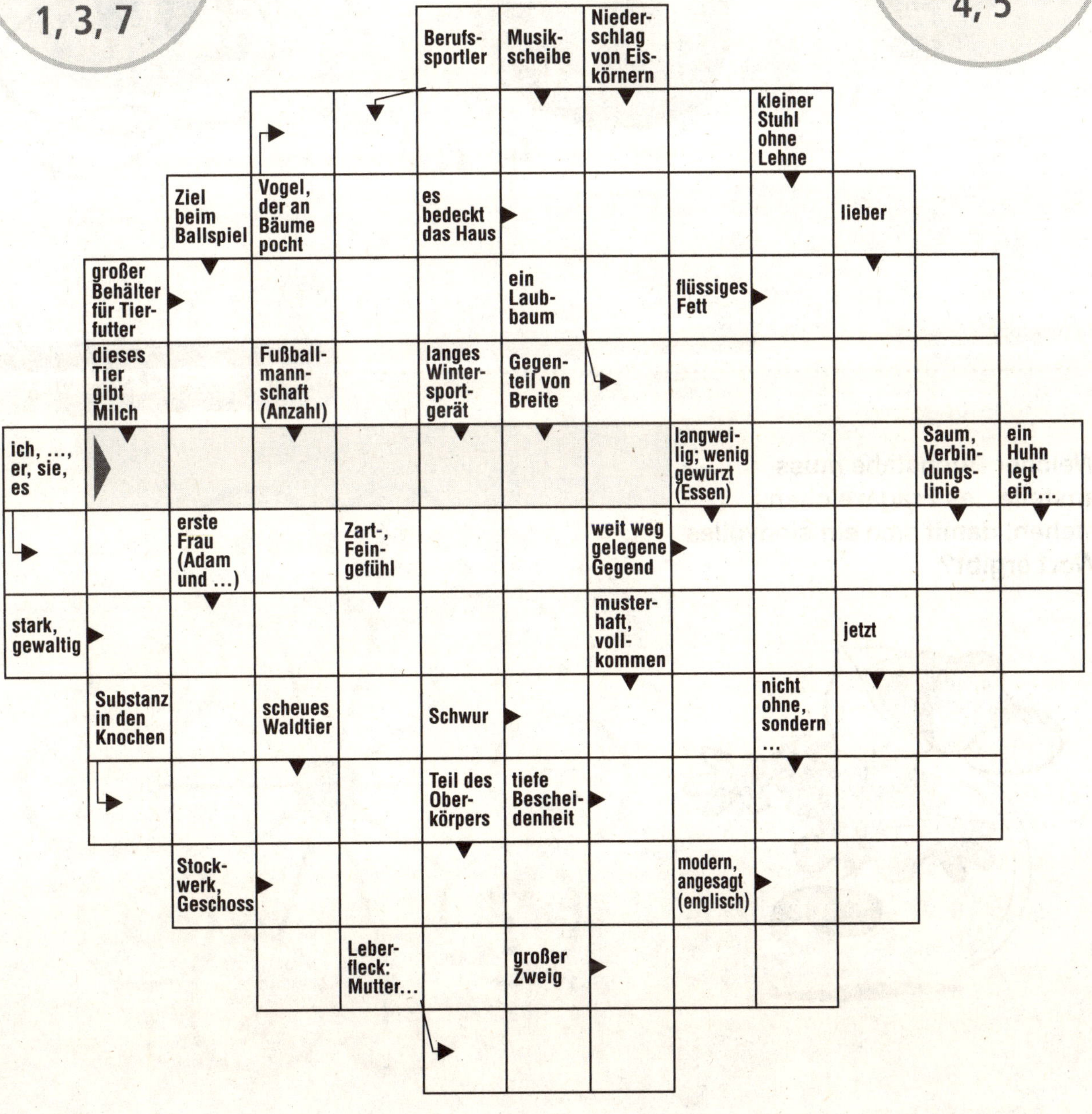

Bilderrätsel

Finde die gesuchten Begriffe zu den Bildern. Die angegebenen Buchstaben ergeben das Lösungswort.

Karussell

Welcher Buchstabe muss anstelle des Fragezeichens stehen, damit sich ein sinnvolles Wort ergibt?

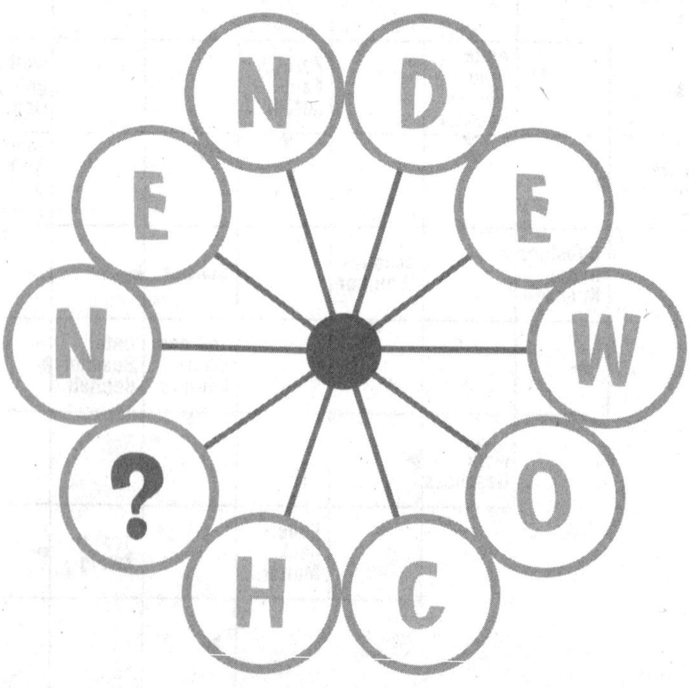

Wörtersalat

Wir haben 19 Wörter zum Thema Süßigkeiten in diesem Buchstaben-Wirrwarr versteckt. Die Wörter können in jede Richtung laufen, auch diagonal, rückwärts oder von unten nach oben. Und sie können auch andere Wörter schneiden. Kannst du alle finden?

BUTTERKEKS – CHRISTSTOLLEN – GUMMIBAERCHEN – KARAMELLBONBON – KARTOFFELCHIPS – KAUBONBON – KOKOSMAKRONE – LAKRITZE – LUTSCHER – MARZIPANSCHWEIN – PFEFFERKUCHENHAUS – PLAETZCHEN – SAHNEPUDDING – SALZSTANGEN – SPEISEEIS – VOLLMILCHSCHOKOLADE – ZIMTSTERN – ZUCKERSTANGE – ZUCKERWATTE

A	N	Y	L	S	A	L	Z	S	T	A	N	G	E	N	U	O	N	H	M
A	V	O	D	G	Q	A	N	C	E	R	O	J	Q	K	P	W	I	W	N
V	O	L	L	M	I	L	C	H	S	C	H	O	K	O	L	A	D	E	R
E	N	Q	N	I	E	W	H	C	S	N	A	P	I	Z	R	A	M	Z	E
G	O	W	I	W	Q	L	K	H	S	K	H	G	D	E	H	Q	Q	S	T
B	B	T	P	F	E	F	F	E	R	K	U	C	H	E	N	H	A	U	S
P	N	U	J	H	K	A	R	T	O	F	F	E	L	C	H	I	P	S	T
L	O	N	K	G	I	W	G	F	J	Z	Y	O	V	N	J	H	N	R	M
A	B	F	R	D	Q	E	G	N	A	T	S	R	E	K	C	U	Z	P	I
E	U	B	I	Y	U	I	R	B	J	F	W	V	E	R	W	M	E	O	Z
T	A	S	A	H	N	E	P	U	D	D	I	N	G	H	A	X	B	S	U
Z	K	F	Z	X	K	G	U	Q	O	S	C	N	R	X	C	L	R	M	E
C	O	J	A	Y	V	T	B	L	J	P	K	H	V	Y	S	S	J	Z	W
H	G	U	M	M	I	B	A	E	R	C	H	E	N	T	K	Q	T	N	E
E	W	U	F	W	K	X	J	P	H	C	T	Y	K	I	G	I	G	U	K
N	E	L	L	O	T	S	T	S	I	R	H	C	W	R	R	A	D	C	L
S	H	S	I	E	E	S	I	E	P	S	K	Y	W	K	E	U	O	S	W
X	N	O	B	N	O	B	L	L	E	M	A	R	A	K	V	T	G	E	W
I	B	T	G	Q	V	I	F	L	H	Q	M	L	I	P	O	J	T	V	P
F	P	U	E	X	C	E	T	T	A	W	R	E	K	C	U	Z	O	U	J
K	O	K	O	S	M	A	K	R	O	N	E	W	J	I	H	N	C	S	B

Teekesselchen

Welches Wort mit zwei Bedeutungen wird gesucht?

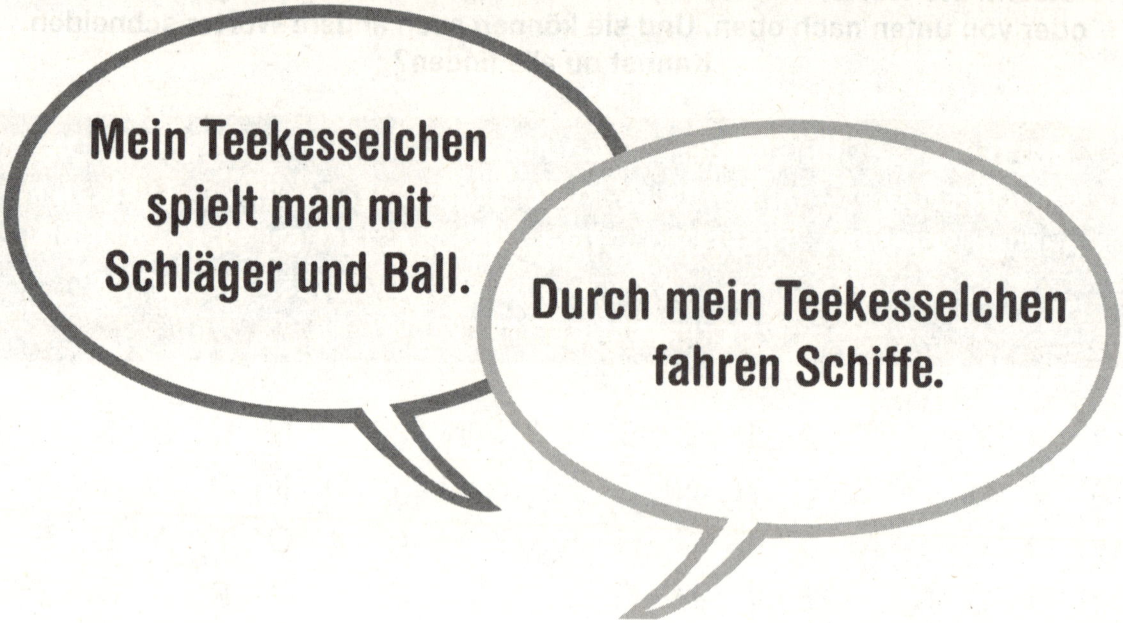

Memo

Jeweils zwei Bilder ergeben zusammengesetzt ein neues Wort. Welche drei Begriffe suchen wir?

Gitterrätsel

Trage die unten stehenden Wörter so in das Gitter ein, dass du ein komplett ausgefülltes Rätsel erhältst. Als kleine Hilfe ist bereits ein Wort vorgegeben.

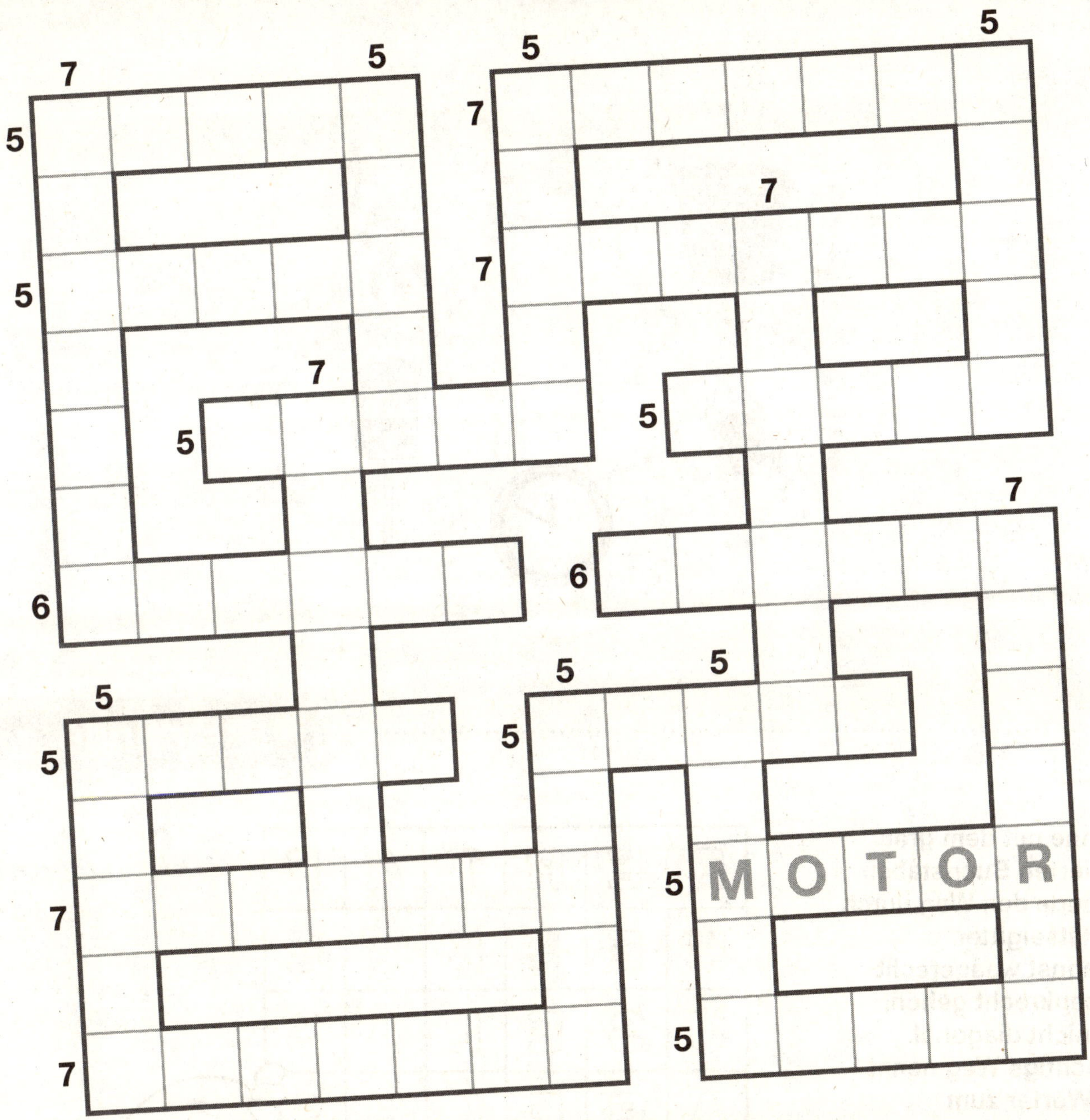

5 Buchstaben:
ACKER – HALLE – HEBEL – HOBBY – HUMOR – IMMER – LADEN – LEHNE – PARTY – PIZZA – RUHIG – STOCK – VATER

6 Buchstaben:
HOBELN – TALENT

7 Buchstaben:
ATEMLOS – BIEGSAM – BUSSARD – GLAUBEN – HEXEREI – LINDERN – NIEDRIG – PASSANT

Bilderrätsel

Finde heraus, welches Wort sich jeweils hinter den Bildern verbirgt. Ihre Anfangsbuchstaben ergeben im Uhrzeigersinn gelesen das Lösungswort. Beginne mit dem Bild oben.

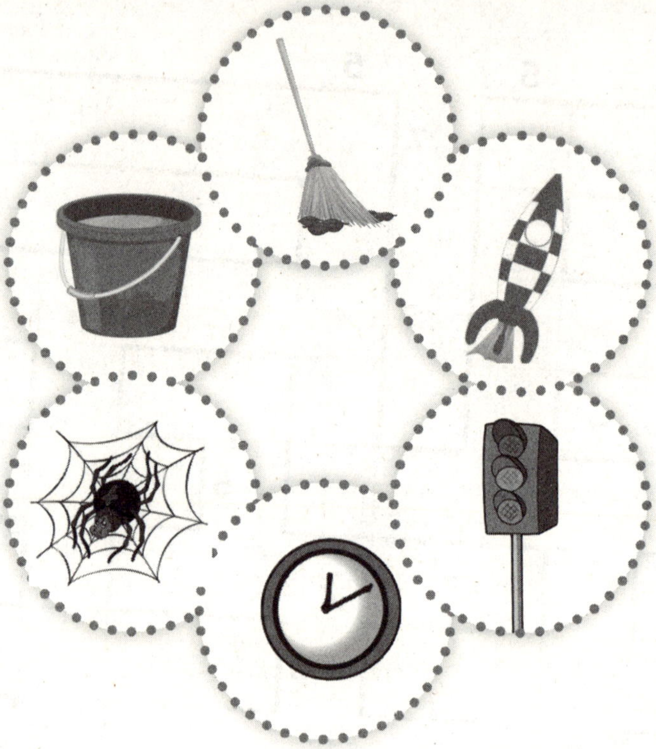

Pfadfinder

Beginne mit dem grau markierten Buchstaben und finde den Weg durch das Rätselgitter. Du kannst waagerecht und senkrecht gehen, aber nicht diagonal. Der richtige Weg nennt dir 7 Wörter zum Thema Schule.

R	E	R	T	A	F
H	E	**L**	K	L	E
U	S	E	L	A	S
A	R	E	L	H	S
P	N	E	N	C	E
E	T	O	N	A	F

Scherzfrage

Füllrätsel

Die Wörter folgender Bedeutungen sind waagerecht in das Diagramm einzutragen.

1 Kontinent,

2 Reklame, Propaganda,

3 Gartenfrucht,

4 Frau, die mit Pinsel und Farbe Kunst schafft,

5 „das ... ist des Müllers Lust",

6 Angeber

1	E	R					
2		E	R				
3			E	R			
4				E	R		
5					E	R	
6						E	R

Domino

Drehe die Dominosteine so, dass die oberen und unteren Buchstaben jeweils einen Staat in Europa ergeben.

Spinnennetz

Beginne beim dunkelgrauen Buchstaben und finde den Weg durch das Spinnennetz. Welches Wort ergibt sich, wenn du jedes Feld im Spinnennetz nur einmal durchlaufen darfst?

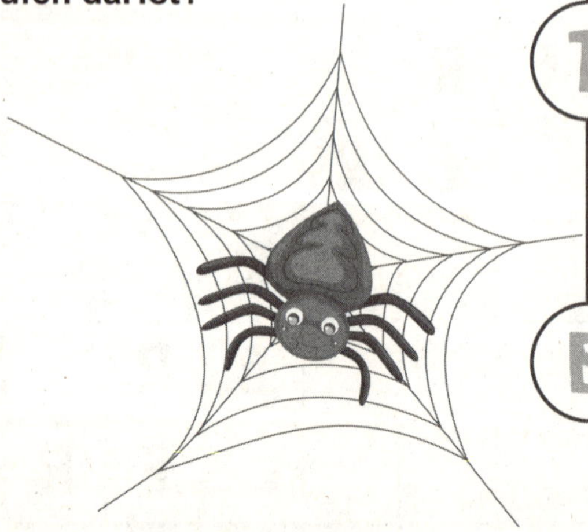

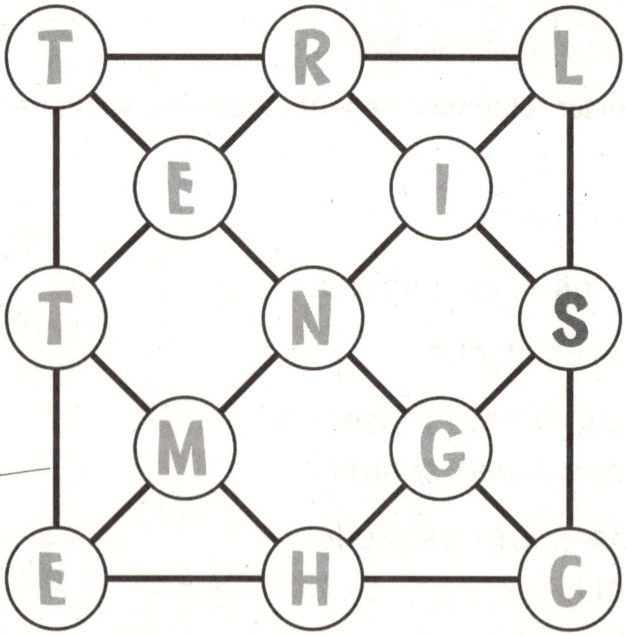

Nur ein Wort passt!

In der Liste stehen jeweils drei Wörter, von denen nur ein Wort ins Diagramm unter derselben Nummer eingetragen werden kann.

1 SCHLAU NACKEN HERBST	**2** OK ES UM	**3** ORT LAU EID
4 FOTO RISS ECHO	**5** VASE RAPS REDE	**6** TENOR KNICK LINSE
7 STARK OSTEN KNALL	**8** KRUG KOHL ZWEI	**9** ROM BUG VOR
10 FLUSS LIEBE UEBEN	**11** LEID VERB DOSE	**12** SPURT MORAL TORTE
13 SATT JUNG WILD	**14** PUDEL TRITT STAHL	**15** STAND ALTER FRACK
16 UHU RED POP	**17** BITTE DOLCH SORGE	**18** DOM ARA HOF
19 NEUN KITZ QUIZ	**20** KAJAK MONAT GLANZ	**21** FREI ENDE SUED
22 URNE NETT KAHL	**23** KURS NAPF WACH	**24** AUF EIN ARM

Sortierquiz

Kannst du die deutschen und englischen Zahlen richtig zuordnen? Dann ergeben die Buchstaben von oben nach unten gelesen das englische Wort für Nummer.

◯ eins	four B
◯ zwei	five E
◯ drei	three M
◯ vier	one N
◯ fünf	six R
◯ sechs	two U

Bilderrätsel

Finde heraus, welches Wort sich jeweils hinter den Bildern verbirgt. Die Zahl neben dem Bild gibt an, welchen Buchstaben des Wortes du brauchst. Der Reihe nach ergeben diese Buchstaben das Lösungswort.

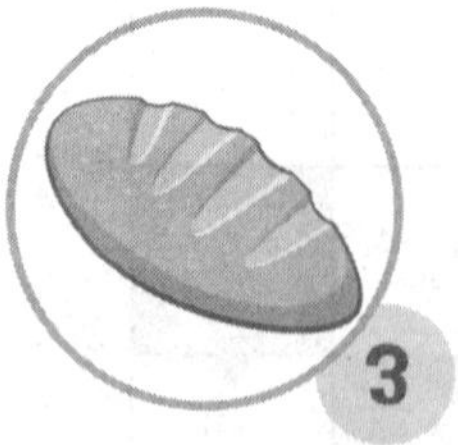
3

3

3

1

4

3

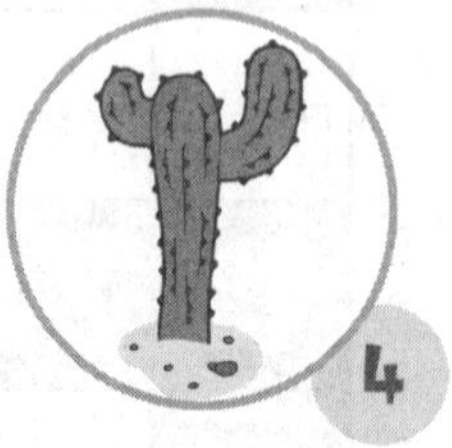
4

5

1

Buchstaben-Chaos

Uff, klingelt der Wecker heute früh. Peter ist noch richtig müde. Warum er so früh aufstehen muss, erfährst du, wenn du die Buchstaben in die richtige Reihenfolge bringst.

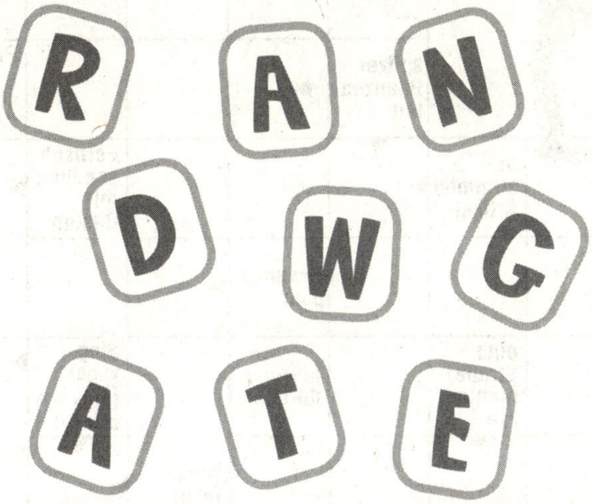

Quiz

1

Welche Farbe erhält man, wenn man Rot und Blau mischt?

a) Violett
b) Braun
c) Grün

2

Wie viele Ringe sind auf der Fahne der Olympischen Spiele zu sehen?

a) 4
b) 5
c) 6

3

Die Schwester meines Vaters ist meine …

a) Cousine
b) Tante
c) Oma

Kreuzworträtsel

			gebogen, gebeugt	Ufermauer; Jungenname	männlicher Hund		großes Fahrzeug zum Personentransport	Kuhlaut				
			nicht an, sondern …									
			spitzer Pflanzenteil				Polstermöbelstück, Couch					
Einzelvortrag in der Musik		bestimmter Artikel				Fernsehsendung mit Gästen					kreisen lassen; wenden	
				Gesangspaar				sich täuschen	persönl. Fürwort (zweite Person)			
später Teil des Tages		eine Straße planieren		hierdurch		Singvogel / Überbringer					Ton- und Datenträger (Abk.)	
					Nachtlokal				…, du, er, sie, es			
ein Sprengstoff			Dauerbezug (Kurzwort)				Außenschicht bei Bäumen					
							Schutzstoffe verabreichen		ein Märchen heißt „Die …soldaten“		mäßig warm	
im Kanu sitzt ein …	Lebenshauch		Weltmacht (Abkürzung)		Gattin, Gemahlin							freundlich
						Tennis: Spiel zw. zwei Gegnern		Staat in Nahost, Persien				
Stockwerk		Wink, Hinweis		ein Signal geben, tuten						großer, kräftiger Rassehund		
Koseform für Großmutter						Entdeckung, Ausgrabung					dünn, zart	
			Verhältniswort					Fußballmannschaft (Anzahl)	häufig, mehrfach			
				menschenähnliches Säugetier		leer werden (zu … gehen)						Zeichen für Kilogramm
							Folgerichtigkeit					
		höchste Karte im Kartenspiel							schmal; begrenzt			

Buchstaben-Wirrwarr

In diesem Buchstaben-Wirrwarr sind 14 Wörter versteckt. Sie können in jede Richtung laufen, auch diagonal, rückwärts oder von unten nach oben. Wenn du sie alle gefunden hast, ergeben die übrig gebliebenen Buchstaben das Lösungswort.

F	E	N	S	T	E	R	T	H
U	B	A	K	F	L	U	R	G
S	A	D	A	C	H	K	E	A
S	L	H	M	U	B	E	P	R
B	K	O	I	S	A	L	P	A
O	O	F	N	S	D	L	E	G
D	N	Z	I	M	M	E	R	E
E	W	A	N	D	C	R	H	U
N	K	U	E	C	H	E	H	E

BAD
BALKON
DACH
FENSTER
FLUR
FUSSBODEN
GARAGE
HOF
KAMIN
KELLER
KUECHE
TREPPE
WAND
ZIMMER

Sport-Rätsel

Die „Königsklasse“ im Rudern ist der „Achter“. Wie viele Sportler sind in diesem Rennruderboot unterwegs?

Logikrätsel

Die Kinder der Familie Salzner essen alle am liebsten eine bestimmte Bonbonsorte, allerdings bevorzugt jedes eine andere Geschmacksrichtung in einem anderen Bonbonpapier. Jedes Kind hat die gleiche Anzahl an Bonbons bekommen, aber der ein oder andere hat schon ein wenig mehr genascht. Kannst du herausfinden, welches Kind welche Bonbonsorte am liebsten mag, in welche Papierfarbe das Bonbon eingewickelt ist und wie viele Bonbons jedes Kind jeweils noch hat?

Kunter-bunte Bonbons

		Blau	Gelb	Grün	Rot	Karamell	Nussnougat	Schokolade	Vanille	3	4	5	6
Name	Cora												
	Mia												
	Tim												
	Vivian												
Anzahl	3												
	4												
	5												
	6												
Geschmack	Karamell												
	Nussnougat												
	Schokolade												
	Vanille												

1 Mia mag am liebsten Karamell. Von den Karamellbonbons sind noch mehr da als von den roten Bonbons. Die roten Bonbons findet Cora am leckersten.

2 Tim hat noch genau 3 Bonbons übrig. Nussnougat ist nicht so sehr sein Geschmack.

3 Die Nussnougat-Bonbons sind nicht in rotes Bonbonpapier gewickelt.

4 Von den gelben Bonbons sind noch genau 5 übrig.

5 Die Schokoladenbonbons haben ein blaues Bonbonpapier.

Sportart gesucht

Kannst du erraten, von welchem Sport Tobi träumt?

Tauschrätsel

In jeder Zeile darf nur jeweils ein Buchstabe getauscht werden, um ein neues Wort zu erhalten, und damit aus einem Reim einen Hals werden zu lassen.

R	E	I	M
H	A	L	S

Kreuzwort-Puzzle

Wir haben eine Kreuzworträtsel-Auflösung zerschnitten.
Dann haben wir die Einzelteile durcheinandergebracht.
Ein Teil steht bereits an der richtigen Stelle. Die Einzelteile von außen sollt ihr nun innen so ergänzen, dass eine vollständige Kreuzworträtsel-Auflösung entsteht.

T	I	G
	T	
O	E	D

R		E
A	N	N
S		G

H	I	E
A		W
R	E	I

L	O	S
	L	
L	E	N

S		K
I	T	E
E		N

B	E	R
E		U
I	P	S

P	L	U
E		T
R	U	T

I	N	O
L		T
A	S	E

			E	R				
			R	O	H			
				M	A			

Schüttel-Buchstaben

Die Buchstaben, in die richtige Reihenfolge hintereinandergestellt, ergeben die Oberfläche eines Gewässers.

Einer stört!

**Einer der vier Begriffe passt nicht zu den anderen.
Welcher ist es?**

Kartoffel

Gurke

Radieschen

Trüffel

eintreffen		nicht an, sondern …		Vergeltung für Unrecht		wer etwas wissen will, stellt eine …		aufwärts, nach oben	dicht bei, nicht fern		Schwindel, Benommenheit
seltene Pflanzen stehen unter …schutz						Teil des Jahres					
Erholungsurlaub nach Krankheit				Beifall						3	
		4		jeder ohne Ausnahme		auf dem Kopf trägt man einen …		Flachland			deutlich
blassroter Farbton		Schiff zum Übersetzen							langschwänziger Papagei		
					Schluss						
		kostbar, wertvoll	englisch: Brief							rissig, nicht glatt	
					6	Bergweide	törichter Mensch				
aus einer weichen Masse formen	schneidig (ugs.)		großer Behälter für Tierfutter	vornehmes Wort für Frau							weibliches Schwein
kleines Blatt Papier							ebenfalls	großes Fahrzeug zum Personentransport			
					Kinderbuchfigur (Biene)					Romanfigur: „… und die Detektive“	
Leberfleck: Mutter…		landwirtschaftlicher Betrieb		2		großer Teich		Gegenteil von alt			
kannenartiges Gefäß					Gefühl des Bloßgestelltseins		1				ich, du, er, sie, …
	5			eine Verletzung tut …				zu keiner Zeit			
Wink, Hinweis		Gegenteil von Breite					hartes Gestein				

Scherzfrage

Quiz

Reden ist Silber, Schweigen ist ...

a) Gold
b) Eisen
c) Beton

1

Der frühe Vogel fängt den ...

a) Fisch
b) Wurm
c) Nachtisch

2

Der Esel nennt sich immer ...

a) zuletzt
b) zwischendurch
c) zuerst

3

Alter Seebär?

Stell dir vor, du bist der Kapitän eines Frachtschiffes, das 30 Meter lang und fünf Meter breit ist. Voll beladen hat es einen Tiefgang von zwei Metern, nicht beladen nur von einem Meter. Seine Höchstgeschwindigkeit beträgt 18 Knoten. Wie alt ist der Kapitän?

Brückenrätsel

Ein Fischer hat seine Netze von einem Ufer zum anderen gespannt. Gesucht werden Wörter, die in die Bojen passen und Begriffe ergeben, die das linke Uferwort ergänzen und dem rechten Uferwort vorangesetzt werden können. Die Buchstaben in den hellblauen Bojen ergeben das Lösungswort.

Rebus-Rätsel

Finde die gesuchten Begriffe zu den Bildern und trage die ausgewählten Buchstaben dieser Begriffe in den grau unterlegten Streifen im Rätsel als Startwort ein.

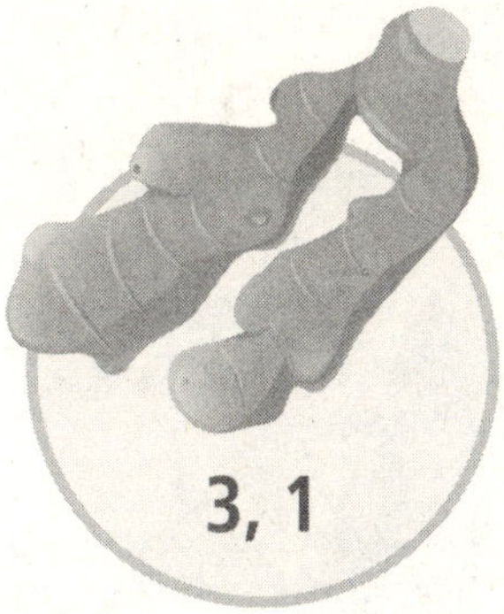

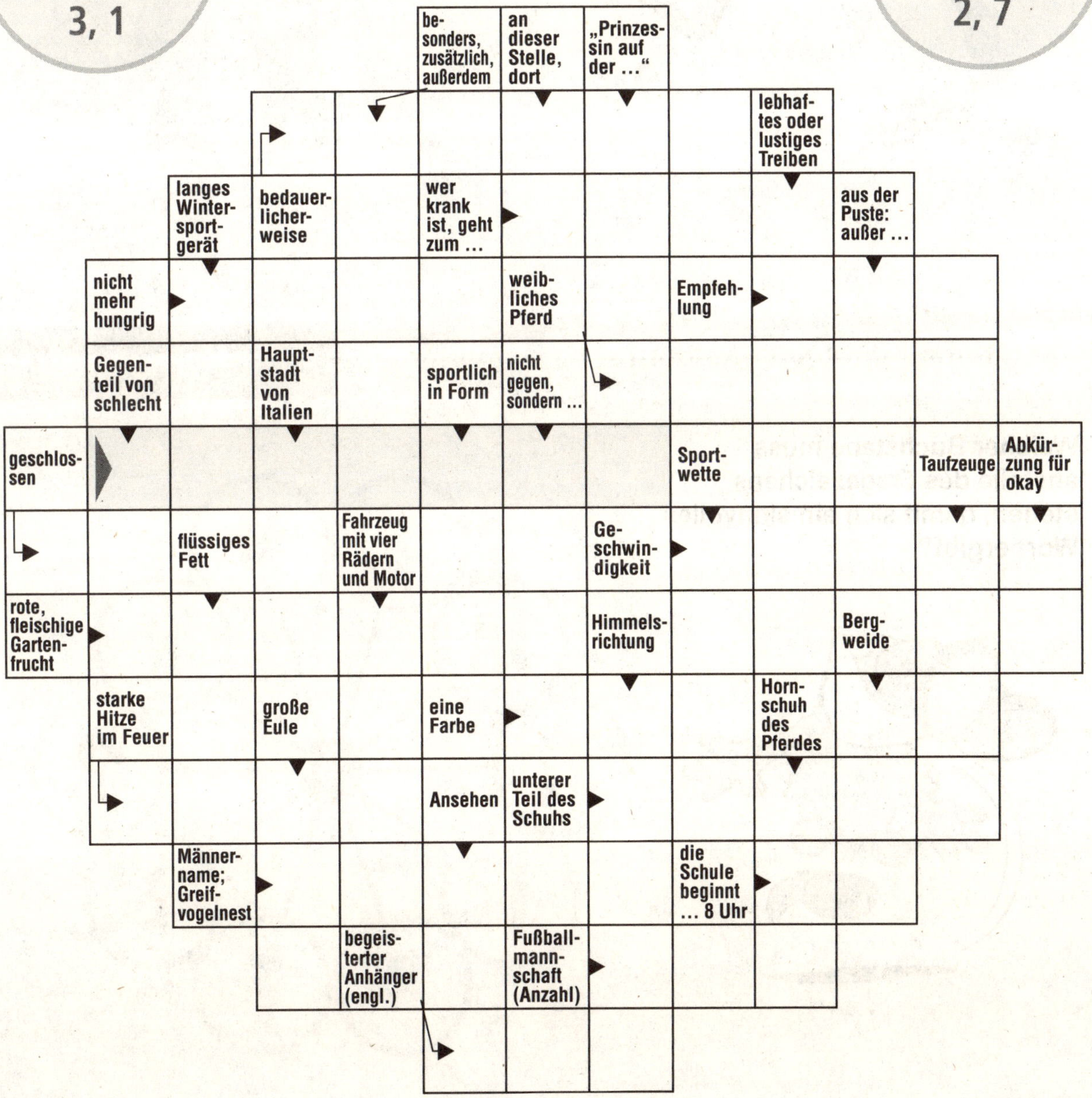

Bilderrätsel

Finde die gesuchten Begriffe zu den Bildern. Die angegebenen Buchstaben ergeben das Lösungswort.

1, 2

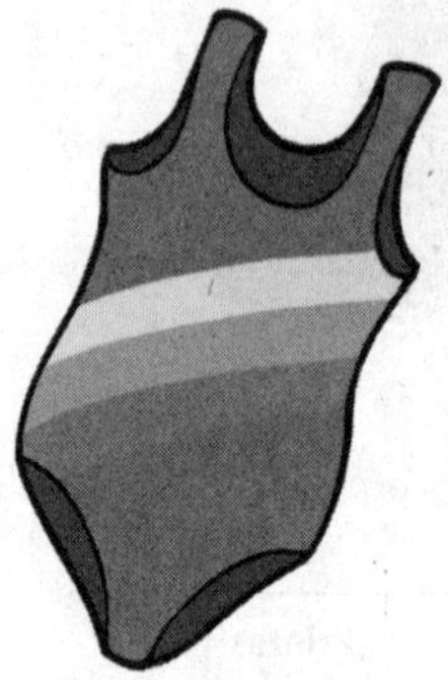

6, 9

7, 9, 3

Karussell

Welcher Buchstabe muss anstelle des Fragezeichens stehen, damit sich ein sinnvolles Wort ergibt?

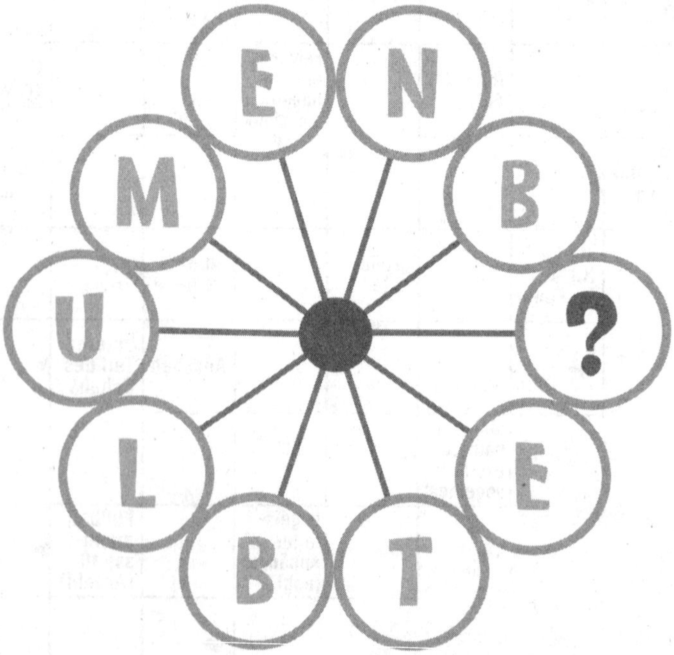

Wörtersalat

Wir haben 18 Wörter zum Thema Flüsse in diesem Buchstaben-Wirrwarr versteckt. Die Wörter können in jede Richtung laufen, auch diagonal, rückwärts oder von unten nach oben. Und sie können auch andere Wörter schneiden. Kannst du alle finden?

AMAZONAS – DONAU – ELBE – GANGES – INN – ISAR – MAIN – MISSISSIPPI – MOLDAU – NECKAR – NIL – ODER – RHEIN – SAALE – SPREE – THEMSE – WESER – WOLGA

W	S	G	J	N	L	Q	D	Y	O	I	N	Q	R	M	T	X	W	W	W
R	A	V	A	U	V	C	S	B	M	G	I	E	O	V	L	U	H	H	B
U	M	C	J	F	U	Y	J	W	D	L	S	M	O	N	A	S	K	C	O
L	A	S	S	K	Q	M	N	V	A	E	N	L	K	D	D	I	O	A	E
C	Z	M	Y	R	N	N	I	N	W	D	E	V	L	D	C	X	T	T	T
J	O	C	L	D	O	V	E	O	O	S	T	O	Y	N	B	J	H	M	B
I	N	G	W	N	B	S	H	R	F	E	M	Q	D	C	I	N	E	Y	D
F	A	R	A	Y	W	K	R	T	Q	G	L	R	U	P	H	O	M	I	W
Y	S	F	I	N	F	H	N	F	D	Q	L	A	P	X	F	K	S	S	W
S	K	U	L	F	G	G	X	O	W	J	O	I	A	O	N	A	E	B	R
G	C	V	H	V	W	E	N	Z	A	C	S	K	F	S	Y	D	Q	E	A
Q	C	N	B	X	M	A	S	C	V	S	A	M	C	L	B	H	V	B	K
F	S	B	I	Q	U	O	I	M	I	Y	U	B	I	E	P	H	O	V	C
C	S	L	Q	Y	C	O	G	S	W	O	F	V	V	X	P	I	P	X	E
U	O	F	U	A	N	Y	S	T	B	P	D	L	D	O	S	A	J	H	N
N	F	T	G	O	C	I	A	V	N	G	V	E	E	A	F	S	O	Y	O
J	E	S	X	U	M	H	L	U	N	I	M	F	R	A	I	L	U	F	P
L	L	L	O	P	Y	L	Q	C	U	P	A	T	S	U	J	J	I	I	K
B	B	F	M	P	U	N	O	A	R	K	J	M	S	R	V	E	U	B	Q
W	E	F	F	T	U	P	C	W	Y	P	H	V	W	O	L	G	A	G	F
R	C	X	C	D	F	E	E	R	P	S	E	H	J	Q	U	U	I	Q	G

Teekesselchen

Welches Wort mit zwei Bedeutungen wird gesucht?

Mein Teekesselchen hat man am Finger.

Mit meinem Teekesselchen befestigt man Bilder an der Wand.

Memo

**Jeweils zwei Bilder ergeben zusammengesetzt ein neues Wort.
Welche drei Begriffe suchen wir?**

Gitterrätsel

Trage die unten stehenden Wörter so in das Gitter ein, dass du ein komplett ausgefülltes Rätsel erhältst. Als kleine Hilfe ist bereits ein Wort vorgegeben.

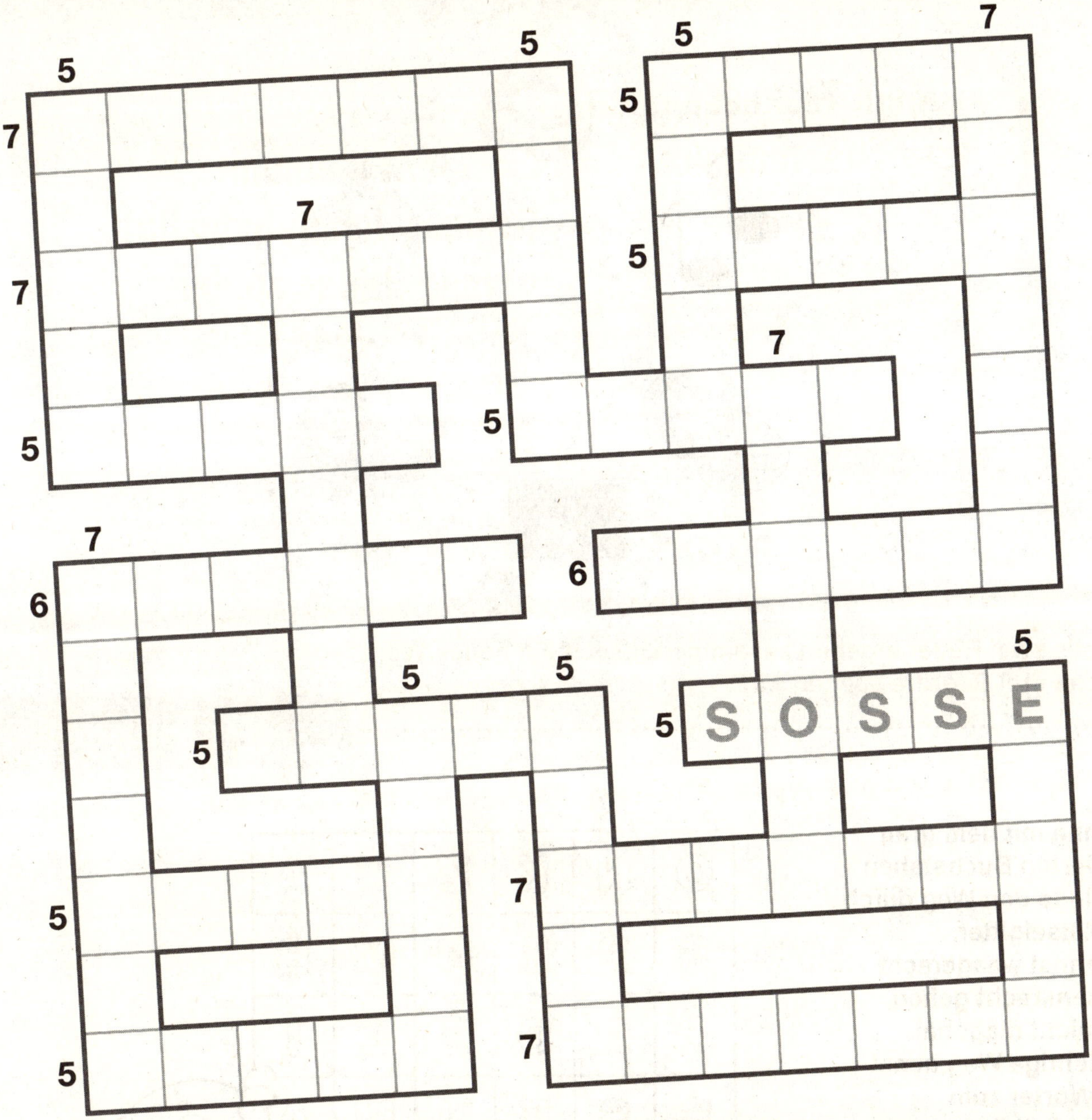

5 Buchstaben:
DURST – ECKIG – EINST – ENGEL – GATTE – HARFE – HOLEN – LESER – NACKT – NARBE – NEBEL – ORDEN – TENOR

6 Buchstaben:
POESIE – SCHUTZ

7 Buchstaben:
BESTECK – EHRGEIZ – GESTERN – LEITUNG – PFOSTEN – PIEPSER – SCHROTT – TOEPFER

Bilderrätsel

Finde heraus, welches Wort sich jeweils hinter den Bildern verbirgt. Ihre Anfangsbuchstaben ergeben im Uhrzeigersinn gelesen das Lösungswort. Beginne mit dem Bild oben.

Pfadfinder

Beginne mit dem grau markierten Buchstaben und finde den Weg durch das Rätselgitter. Du kannst waagerecht und senkrecht gehen, aber nicht diagonal. Der richtige Weg nennt dir 6 Wörter zum Thema Frühling

O	N	K	Z	U	A
S	P	E	N	M	B
O	R	D	E	L	I
S	S	E	N	M	A
R	**K**	L	R	E	T
O	K	U	S	O	S

Scherzfrage

Füllrätsel

Die Wörter folgender Bedeutungen sind waagerecht in das Diagramm einzutragen.

1 mit dem Schwert kämpfen,

2 Baustütze,

3 Aufträge, Anordnungen,

4 gekaufte Waren bringen, zustellen,

5 Schiffstyp,

6 ein Tier aus Afrika mit einem langen Hals

1	F	E					
2		F	E				
3			F	E			
4				F	E		
5					F	E	
6						F	E

Domino

Drehe die Dominosteine so, dass die oberen und unteren Buchstaben jeweils eine Stadt ergeben.

Spinnennetz

Beginne beim dunkelgrauen Buchstaben und finde den Weg durch das Spinnennetz. Welches Wort ergibt sich, wenn du jedes Feld im Spinnennetz nur einmal durchlaufen darfst?

Hinweis: *Ö = OE*

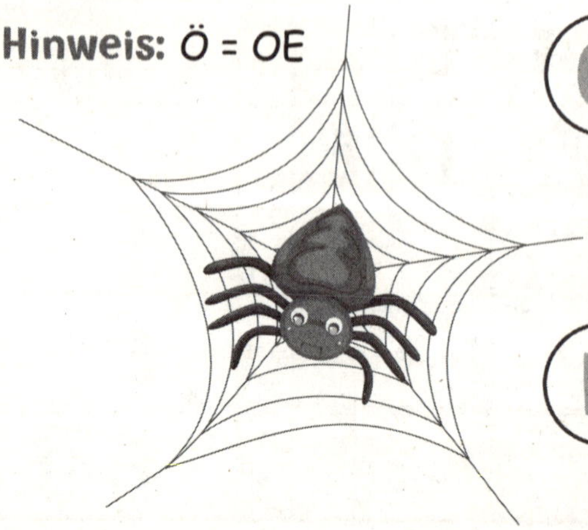

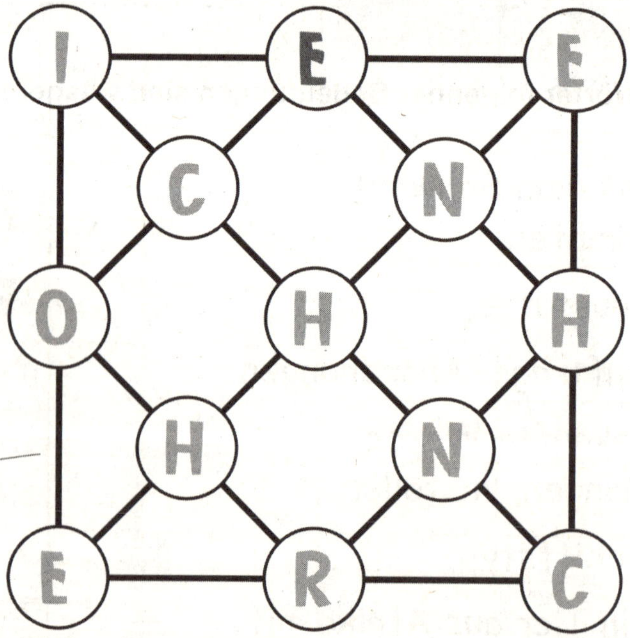

Nur ein Wort passt!

In der Liste stehen jeweils drei Wörter, von denen nur ein Wort ins Diagramm unter derselben Nummer eingetragen werden kann.

1 STIFTEN KENTERN ABWASCH	2 WURF HAIR WABE	3 BUNT KIKA LOCH
4 RUEBE RINNE LUNGE	5 UFER RISS RABE	6 MALEN DEICH JACKE
7 BUDE SAGE REUE	8 HALM EILE ROSE	9 IN AN EI
10 OHNE FLAU BISS	11 MINE LUST KOCH	12 ASIAT HAKEN SPALT
13 FELL ACHT TREU	14 TAU USA SIX	15 FANG BRUT EBBE
16 LILA GLAS HAND	17 HAUCH ACKER PIZZA	18 GONG BUBE ABER
19 NASE ERST VORN	20 POCHEN ISRAEL STABIL	21 SUCHE HETZE GRIMM
22 TEST SUED BAUM	23 DOLL IGLU LOSE	24 SEHR GRAS NARR

Sortierquiz

Welche Insel gehört zu welchem Land? Wenn du richtig zugeordnet hast, ergeben die Buchstaben von oben nach unten gelesen einen Himmelskörper.

Kreta	Italien E
Mallorca	Deutschland N
Rügen	Deutschland N
Sylt	Spanien O
Sizilien	Griechenland S

Bilderrätsel

Finde heraus, welches Wort sich jeweils hinter den Bildern verbirgt. Die Zahl neben dem Bild gibt an, welchen Buchstaben des Wortes du brauchst. Der Reihe nach ergeben diese Buchstaben das Lösungswort.

Buchstaben-Chaos

Ritter Kuno hat seine Rüstung angelegt. Er will die Prinzessin aus dem Schloss befreien. Wen er vorher besiegen muss, erfährst du, wenn du die Buchstaben in die richtige Reihenfolge bringst.

Quiz

1

Wer hält keinen Winterschlaf?

a) Fledermaus
b) Igel
c) Fuchs

2

In welcher Himmelsrichtung geht die Sonne unter?

a) Norden
b) Westen
c) Süden

3

Was ist eine Donauwelle?

a) Haarschnitt
b) Wasserwelle
c) Kuchen

Kreuzworträtsel

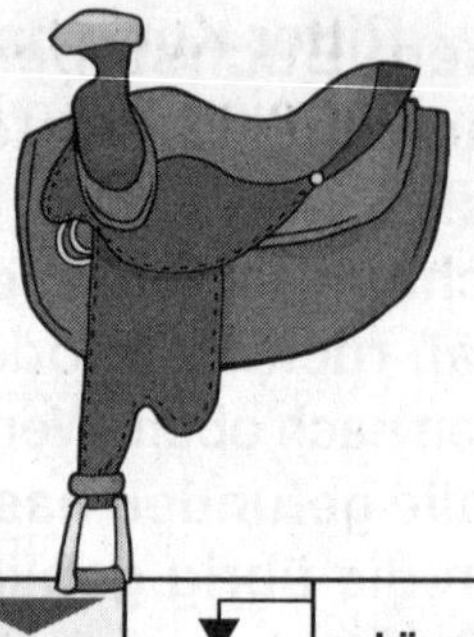

Farblosigkeit
Gegenteil von Wasser
Sand- oder Schneeanhäufung
auf diese Weise
Überzug; Deckschicht

aufhören
leer, ohne Inhalt

Gewichtseinheit
Gegenteil von Breite
Musikzeichen
großer Zweig
anhänglich

Schriftstück für Sportgewinner
europäischer Staat

Heer, Verbund von Soldaten
Zauber-, Geheimkunst
ein Schiff stürmen
machen
man riecht mit der …

Fahrzeug mit vier Rädern und Motor
langschwänziger Papagei
Fährte, Abdruck

darauf, danach
Milchprodukt, Brotbelag
Richterspruch

Abkürzung für Hawaii (USA)
ein Freudenschrei
Spazierfahrt, Ausflug (franz.)
Additionszeichen

sehr dünn
flink, schnell
Ausruf der Verwunderung
Ansage auf Kontra (Skat)

ein Adelstitel
flüssiges Pflegemittel
Empfehlung
ungehobelter Mensch, Rüpel

Rasenpflanze
Fische fangen
großer Teich
Schreibflüssigkeit

Sorte, Gattung
Vortrag, Ansprache
Ausdrucksform

anderer Begriff für Alphabet
sie misst die Zeit
Hast

…, sie, es

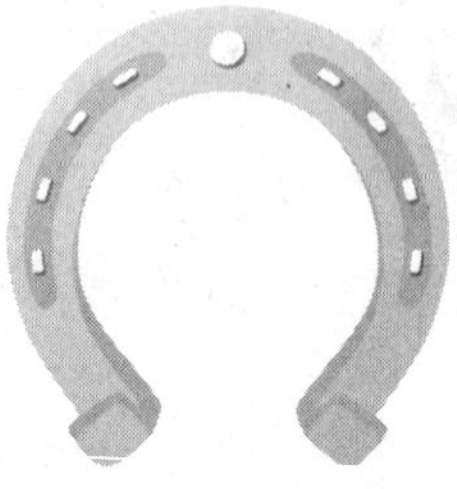

Farbe von Gras
Gotteshaus, große Kirche
heißes Getränk

ein guter Freund ist ein Pfunds…

Buchstaben-Wirrwarr

In diesem Buchstaben-Wirrwarr sind 12 Wörter versteckt. Sie können in jede Richtung laufen, auch diagonal, rückwärts oder von unten nach oben. Wenn du sie alle gefunden hast, ergeben die übrig gebliebenen Buchstaben das Lösungswort.

S	C	H	N	E	E	R	W	S
C	K	F	R	G	O	I	R	K
H	A	E	L	D	N	U	E	I
L	L	A	E	T	T	I	I	F
I	T	L	E	S	P	Z	S	A
T	N	R	C	I	E	L	L	H
T	I	H	S	T	I	S	A	R
E	E	T	P	F	A	S	U	E
N	E	S	T	B	O	B	F	N

BOB
EISLAUF
GLATT
KALT
LIFT
PISTE
RODELN
RUTSCHEN
SCHLITTEN
SCHNEE
SKIFAHREN
WINTER

Lexikon-Rätsel

Im Lexikon findet sich unter dem Stichwort „Telefonitis" folgender Eintrag:

Te|le|fo|ni|tis, die; -, ...i|ti|den (Med.): allerg. Reaktion auf die von Fernsprechgeräten, insbesondere Mobilfunkgeräten ausgehenden UV-Strahlen.

Ist das wirklich wahr?

Es ist Abend in der Jugendherberge. Uli langweilt sich ein bisschen, und so streift er durch die Gegend, um andere Kinder kennenzulernen. Die anderen Kinder hatten dieselbe Idee, und so hat sich irgendwann eine Gruppe zusammengetan und spielt nun gemeinsam im Aufenthaltsraum. Wie heißen die Kinder, die Uli kennengelernt hat, mit Vor- und Nachnamen, wie alt sind sie jeweils und in welcher Stadt wohnen sie?

Kennen-lernen

		Eilert	Jäger	Müller	Rustmann	7	8	9	10	Berlin	Essen	Hamburg	München
Vorname	Arno												
	David												
	Emma												
	Gina												
Wohnort	Berlin												
	Essen												
	Hamburg												
	München												
Alter	7												
	8												
	9												
	10												

1 Emma ist jünger als der Junge mit dem Nachnamen Eilert.
2 Das 10-jährige Kind ist ein Mädchen und kommt aus Berlin.
3 In München wohnt das Kind mit dem Nachnamen Müller.
4 David wohnt in Hamburg.
5 Emma ist nicht das Kind mit dem Nachnamen Jäger.
6 Arno wohnt nicht in Essen
7 Das jüngste Kind heißt mit Nachnamen Rustmann.
8 Das Kind aus Hamburg ist nicht genau 8 Jahre alt.

Beruf gesucht

Kannst du erraten, von welchem Beruf Tobi träumt?

Tauschrätsel

In jeder Zeile darf nur jeweils ein Buchstabe getauscht werden, um ein neues Wort zu erhalten, und damit aus kahl den Ort Bonn werden zu lassen.

K	A	H	L
B	O	N	N

Kreuzwort-Puzzle

Wir haben eine Kreuzworträtsel-Auflösung zerschnitten. Dann haben wir die Einzelteile durcheinandergebracht. Ein Teil steht bereits an der richtigen Stelle. Die Einzelteile von außen sollt ihr nun innen so ergänzen, dass eine vollständige Kreuzworträtsel-Auflösung entsteht.

N	U	R
	P	
F	E	R

E	I	S
	L	
H	O	F

O	L	L
F		E
E	S	E

M		E
I	L	L
T		E

E		D
N	R	U
K		O

E	N	
L	I	D
	E	I

A	T	E
L		R
B	U	N

D	A	M
O		A
S	P	U

						U	R	O
						E		S
						R	D	E

Schüttel-Buchstaben

Die Buchstaben, in die richtige Reihenfolge hintereinandergestellt, ergeben ein anderes Wort für Campingwagen.

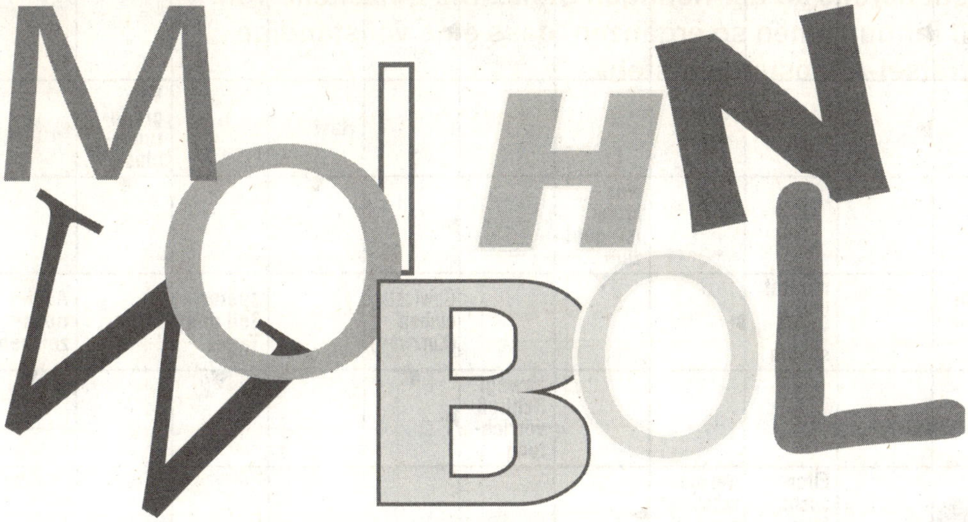

Einer stört!

Einer der vier Begriffe passt nicht zu den anderen. Welcher ist es?

Geige

Banjo

?

Harfe

Laute

Bilder-Kreuzworträtsel

Adressant		man hört mit dem …	großer Festtagskuchen		…, die, das		Oberbegriff für Früchte		kleine Axt	wenn zwei heiraten, führen sie eine …	Jugendstadium mancher Tiere
Überbringer								5			
kurze Hose							Hast		Vergrößerungsglas		
	3			wer krank ist, geht zum …							
Anrede für einen Mann		mit Rat und … zur Seite stehen				Gewichtseinheit (Kurzwort)		später Teil des Tages		Additionszeichen	
					bewegl. Schließvorrichtung		1				
		Eifersucht, Missgunst	wer sie schneidet, muss oft weinen					4			in größerer Menge
					kleben		Tier mit langen Ohren		die Schule beginnt … 8 Uhr		
nicht fröhlich	Zirkusarena		gelblich braune Erde	Arbeitsentgelt: … und Gehalt					unsere Währung		
Güte, Nachsicht		2				Abschiedsgruß, Lebewohl				große Gruppe von Tieren	
				anderes Wort für Karotte		Gegenteil von mit					
langweilig; wenig gewürzt (Essen)		wir, …, sie		Fragewort: Auf welche Art?							Senke im Gelände: Berg und …
							ein Huhn legt ein …	an … und Stelle			
Sehnsucht nach zu Hause			nicht außen			6			an dieser Stelle, dort		
Laubbaum					Baumfrucht						

Scherzfrage

Quiz

Wie lange kann ein Eisbär unter Wasser die Luft anhalten?

a) 2 Minuten
b) 20 Minuten
c) 2 Stunden

1

Wie viele Beine hat eine Spinne?

a) 8
b) 10
c) 12

2

Welches Tier ist kein Wiederkäuer?

a) Kuh
b) Pferd
c) Schwein

3

Kochkunst!

„Weich, aber nicht zu weich!" Damit Sophie ihr Frühstücksei genau so bekommt, wie sie es mag, kocht ihre Mutter es exakt vier Minuten. Wie viele Minuten bräuchte sie, wenn sie zwei weitere Eier, eines für Vater und eines für sich, kochen würde?

Brückenrätsel

Ein Fischer hat seine Netze von einem Ufer zum anderen gespannt. Gesucht werden Wörter, die in die Bojen passen und Begriffe ergeben, die das linke Uferwort ergänzen und dem rechten Uferwort vorangesetzt werden können. Die Buchstaben in den hellblauen Bojen ergeben das Lösungswort.

Rebus-Rätsel

Finde die gesuchten Begriffe zu den Bildern und trage die ausgewählten Buchstaben dieser Begriffe in den grau unterlegten Streifen im Rätsel als Startwort ein.

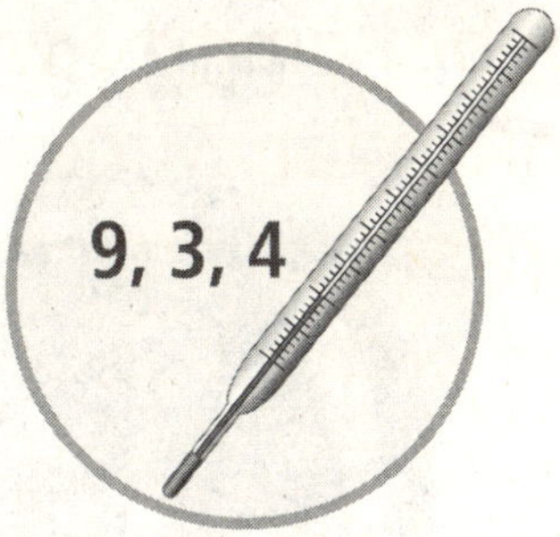

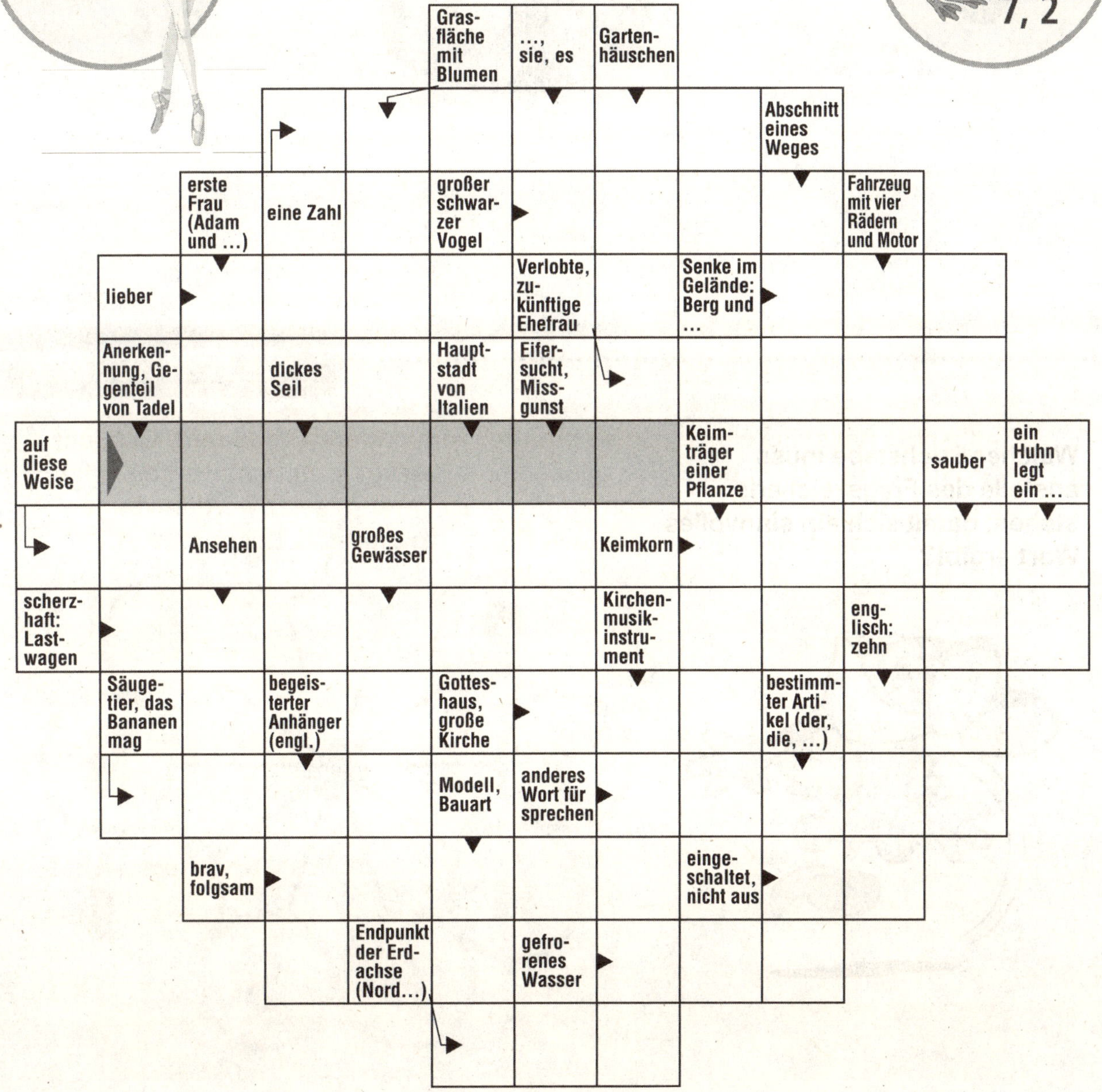

Bilderrätsel

Finde die gesuchten Begriffe zu den Bildern. Die angegebenen Buchstaben ergeben das Lösungswort.

1, 2, 3

6, 2, 8

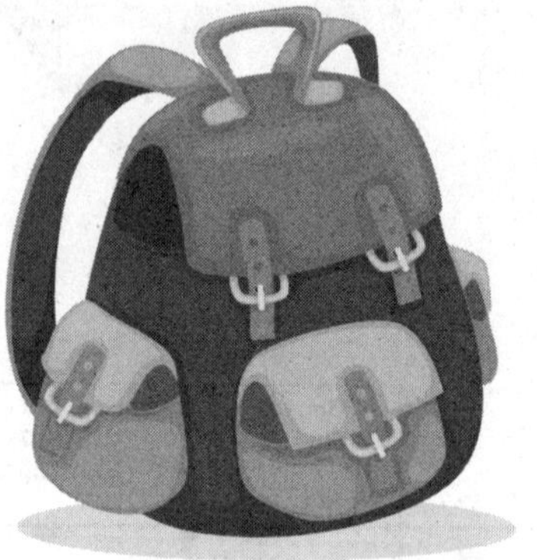

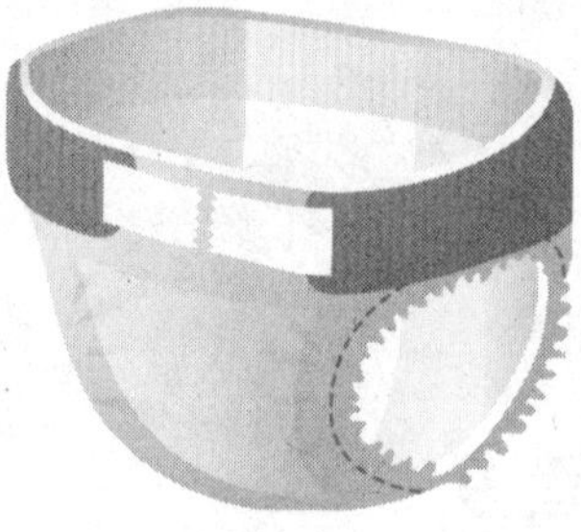
5, 6

Karussell

Welcher Buchstabe muss anstelle des Fragezeichens stehen, damit sich ein sinnvolles Wort ergibt?

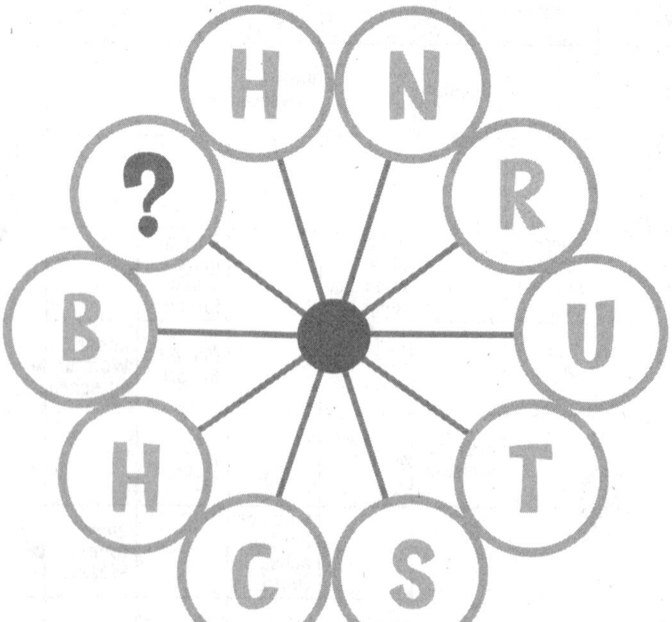

Wörtersalat

Wir haben 18 Wörter zum Thema Herbst in diesem Buchstaben-Wirrwarr versteckt. Die Wörter können in jede Richtung laufen, auch diagonal, rückwärts oder von unten nach oben. Und sie können auch andere Wörter schneiden. Kannst du alle finden?

BLAETTER – ERNTEDANK – GUMMISTIEFEL – HALLOWEEN – HERBSTFERIEN – IGEL – KASTANIENBAUM – KUERBIS – LATERNENUMZUG – LAUBBESEN – MARTINSTAG – NEBEL – NOVEMBER – OKTOBER – REGENSCHIRM – REGENWETTER – STUERMISCH – WANDERN

N	X	E	B	T	W	K	U	E	R	B	I	S	H	G	V	L	L	T	I
C	R	E	U	K	Q	I	V	T	U	O	J	M	S	K	Y	A	L	E	F
X	N	E	B	E	L	J	K	F	W	E	I	L	C	T	U	S	A	H	T
S	Q	H	G	P	C	K	U	R	X	K	E	I	N	B	B	O	T	L	D
I	W	N	M	E	A	X	F	H	M	G	G	J	B	Z	F	N	E	A	Z
K	U	O	U	E	N	E	V	G	I	T	E	E	I	U	H	X	R	L	K
E	N	M	D	C	O	S	A	Z	U	H	S	G	B	C	H	E	N	M	T
R	N	A	T	Q	L	R	C	B	Z	E	X	A	S	V	E	B	E	U	T
G	E	L	D	D	G	M	O	H	N	O	A	I	E	S	R	Q	N	A	N
A	O	T	B	E	O	U	X	R	I	G	M	R	L	N	B	R	U	B	R
T	H	T	T	C	T	X	M	O	F	R	O	A	Z	K	S	J	M	N	E
S	N	W	O	E	T	N	E	M	E	R	M	R	A	N	T	X	Z	E	B
N	V	A	J	Y	A	M	R	U	I	U	G	F	G	G	F	U	U	I	M
I	B	N	N	K	Q	L	T	E	H	S	M	W	Q	F	E	D	G	N	E
T	P	D	Q	A	F	S	B	J	A	E	T	P	W	N	R	G	R	A	V
R	D	E	R	X	T	B	X	Z	M	C	E	I	F	E	I	Y	M	T	O
A	S	R	Y	Z	S	A	M	F	B	X	O	B	E	A	E	B	H	S	N
M	C	N	R	E	G	E	N	W	E	T	T	E	R	F	N	X	V	A	F
R	O	L	X	O	O	V	T	B	D	G	C	E	N	H	E	G	E	K	W
K	I	D	Y	F	C	J	K	J	B	N	E	E	W	O	L	L	A	H	M
Z	J	U	R	E	B	O	T	K	O	K	G	Y	V	G	R	R	T	J	V

Teekesselchen

Welches Wort mit zwei Bedeutungen wird gesucht?

Mein Wort bezeichnet eine Frucht, die an Bäumen wächst.

Mein Wort bezeichnet eine Glühlampe.

Memo

Jeweils zwei Bilder ergeben zusammengesetzt ein neues Wort.
Welche drei Begriffe suchen wir?

Gitterrätsel

Trage die unten stehenden Wörter so in das Gitter ein, dass du ein komplett ausgefülltes Rätsel erhältst. Als kleine Hilfe ist bereits ein Wort vorgegeben.

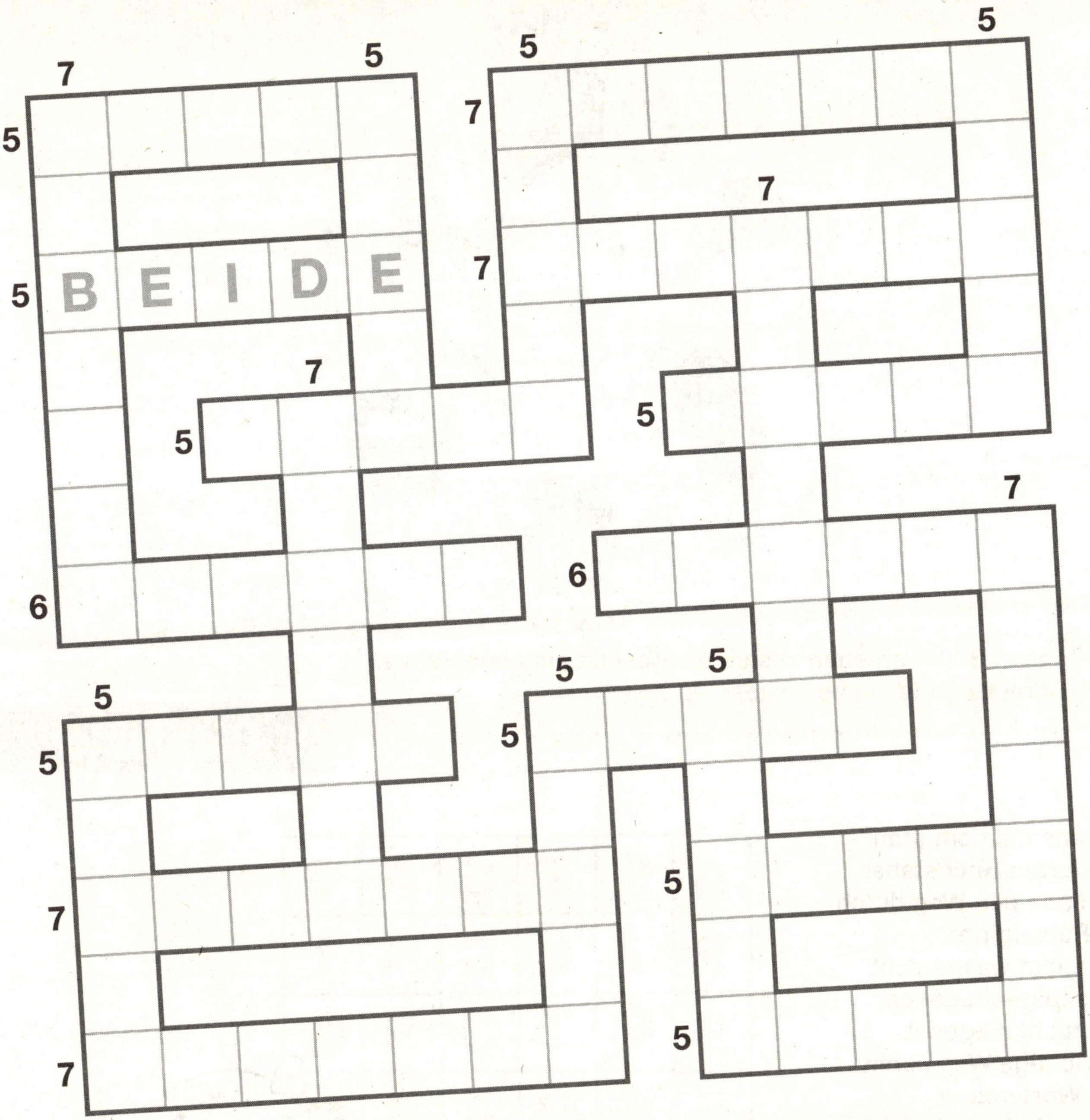

5 Buchstaben:
GUETE – KANAL – KRONE – LEHRE – LOTTO – NEFFE – ORGEL – OZEAN – REIBE – SEGEL – SOSSE – TANNE – WESPE

6 Buchstaben:
MUENZE – TOENEN

7 Buchstaben:
AENDERN – EINOEDE – ERDTEIL – LEBHAFT – LIEFERN – SCHLAFF – SPANNEN – WAERMEN

Bilderrätsel

Finde heraus, welches Wort sich jeweils hinter den Bildern verbirgt. Ihre Anfangsbuchstaben ergeben im Uhrzeigersinn gelesen das Lösungswort. Beginne mit dem Bild oben.

Pfadfinder

Beginne mit dem grau markierten Buchstaben und finde den Weg durch das Rätselgitter. Du kannst waagerecht und senkrecht gehen, aber nicht diagonal. Der richtige Weg nennt dir 7 Wörter zum Thema Frühstück.

A	K	T	S	A	O
F	I	L	C	H	T
F	M	T	O	R	B
E	E	M	A	R	M
T	E	D	A	L	E
E	E	S	A	F	T

Scherzfrage

Füllrätsel

Die Wörter folgender Bedeutungen sind waagerecht in das Diagramm einzutragen.

1 Rollschuh mit vier Rollen hintereinander,

2 Tor, Tür, Portal,

3 böse, spöttisch lächeln,

4 Sportlehrer im Verein,

5 Suppenschüssel,

6 grober, jedoch im Grunde gutmütiger Mensch

1	I	N					
2		I	N				
3			I	N			
4				I	N		
5					I	N	
6						I	N

Domino

Drehe die Dominosteine so, dass die oberen und unteren Buchstaben jeweils ein Gemüse ergeben.

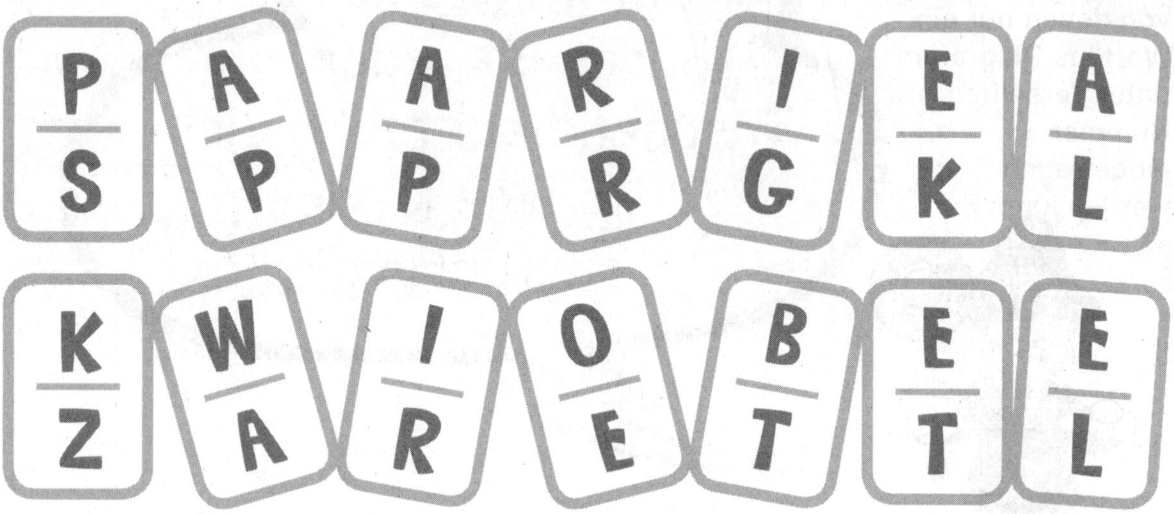

Spinnennetz

Beginne beim dunkelgrauen Buchstaben und finde den Weg durch das Spinnennetz. Welches Wort ergibt sich, wenn du jedes Feld im Spinnennetz nur einmal durchlaufen darfst?

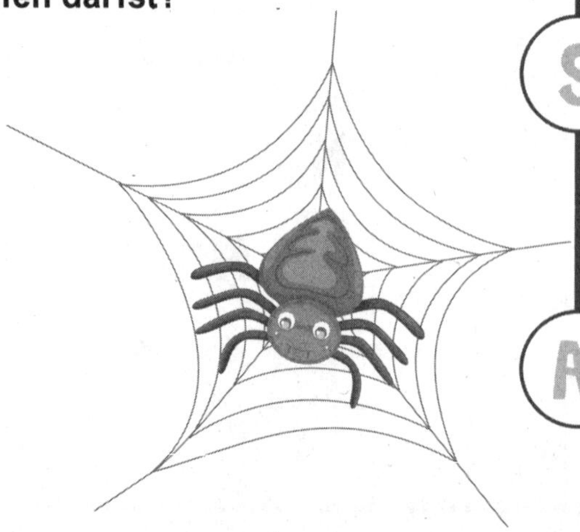

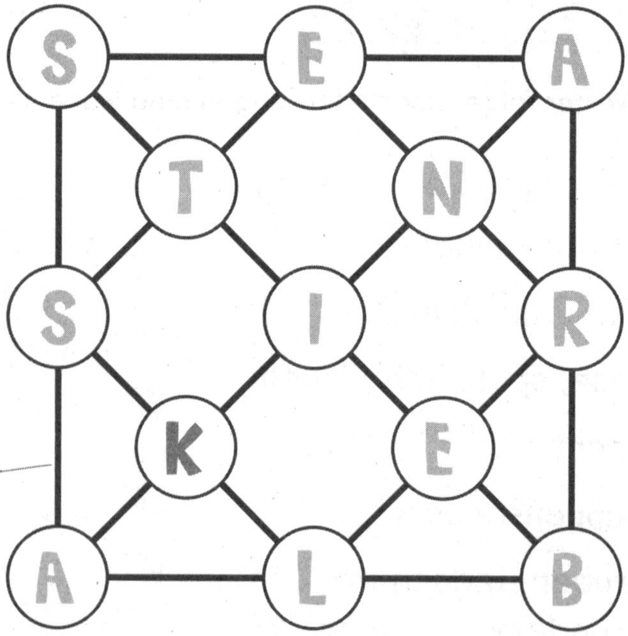

Nur ein Wort passt!

In der Liste stehen jeweils drei Wörter, von denen nur ein Wort ins Diagramm unter derselben Nummer eingetragen werden kann.

1 MZ DU CD	2 WACH KOCH EBEN	3 REIM ETWA WADE
4 HAST DOLL UFER	5 MIXER SONNE ZEBRA	6 OMNIBUS GENERAL KONTAKT
7 SEHEN LOEWE PIZZA	8 KUFE GIPS TEER	9 MULDE SCHON FUENF
10 FAN WER PIG	11 LEIM SEIT VENE	12 STUR FERN HAIR
13 SAAL SEHR AKTE	14 NETZ FOTO LUFT	15 BAUCH ZWIST EITEL
16 BREI PELZ NOTE	17 ZELT KALK NAHT	18 BIBEL ZEUGE STUFE
19 GERN SAND MEER	20 MUND ABER ZOLL	21 URNE TAXI EILE
22 CHEMIE FABRIK BESITZ	23 ZAHL EUER HIER	24 STEG VIEH JUNG

Sortierquiz

Welcher Künstler kommt aus welchem Land? Wenn du richtig zugeordnet hast, ergeben die Buchstaben von oben nach unten gelesen eine Tonkunst.

◯ Adele	Deutschland I
◯ Helene Fischer	Kolumbien K
◯ Justin Bieber	Kanada S
◯ Lena Meyer-Landrut	England M
◯ Shakira	Russland U

Bilderrätsel

Finde heraus, welches Wort sich jeweils hinter den Bildern verbirgt. Die Zahl neben dem Bild gibt an, welchen Buchstaben des Wortes du brauchst. Der Reihe nach ergeben diese Buchstaben das Lösungswort.

Buchstaben-Chaos

Mareike liebt das Wasser. Am liebsten taucht sie bis auf den Grund. Was sie dort sucht, erfährst du, wenn du die Buchstaben in die richtige Reihenfolge bringst.

Quiz

1

Wie heißt der böse Zauberer, der die Schlümpfe ärgert?

a) Merlin
b) Krabat
c) Gargamel

2

Welche Farbe haben reife Preiselbeeren?

a) blau
b) rot
c) gelb

3

Regnet es stark, dann regnet es in ...

a) Flüssen
b) Strömen
c) Bächen

Kreuzworträtsel

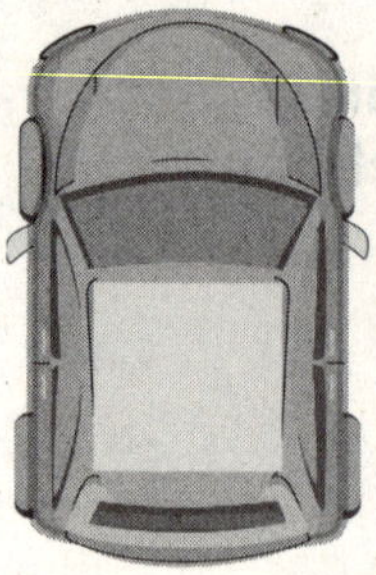

- e. hohen Laut ausstoßen (Schwein)
- Ostseeheilbad in Mecklenburg-Vorp.
- Gnom; Knirps
- Vorgesetzter
- eine Verletzung tut …
- gewaltsames Wegnehmen
- heftiger Windstoß
- oberhalb von etwas
- männlicher Hund
- Ansehen
- franz. männlicher Artikel
- altes Wort für Zimmer
- Nachtvogel
- schnelle Fortbewegungsart, 100-m-…
- munter, lebhaft
- Auf die Plätze, fertig, …!
- dieses Tier gibt Milch
- mehrere Sätze ergeben einen …
- Holzleiste, Latte
- Geldschein
- ein Huhn legt ein …
- französisch: oder
- drohendes Unheil
- ein Laubbaum
- Erdteil südlich von Europa
- eine Farbe
- Kauf, Anschaffung
- Laufgerät, hohe Stange
- wenn zwei heiraten, führen sie eine …
- ein Europäer
- Metallabfälle
- tiefer Gram, Kummer
- Himmelsrichtung
- Spur einer verheilten Wunde
- unbestimmter Artikel (…, eine)
- Schlackenberg
- ein Meeresraubfisch
- Fehlbetrag, Verlust
- männliches Borstentier
- eingeschaltet, nicht aus
- oberster Teil des Getreidehalms
- Zutat beim Backen
- Gegenteil von dunkel
- nicht gegen, sondern …
- Kennzeichen
- ein Frühlingsmonat
- Bestand, tatsächlicher Vorrat
- heißes Getränk
- Hänsel … Gretel
- Fehllos bei der Lotterie
- große Eule
- Vater und Mutter
- Griff; Stängel
- englisch: rot

Buchstaben-Wirrwarr

In diesem Buchstaben-Wirrwarr sind 19 Wörter versteckt. Sie können in jede Richtung laufen, auch diagonal, rückwärts oder von unten nach oben. Wenn du sie alle gefunden hast, ergeben die übrig gebliebenen Buchstaben das Lösungswort.

H	A	N	D	K	K	O	P	F
F	M	Z	U	N	G	E	L	I
U	A	R	M	O	B	E	I	N
S	B	A	U	C	H	U	D	G
S	Z	E	H	H	K	N	I	E
H	A	U	T	E	O	A	K	R
A	H	S	K	N	H	S	I	E
L	N	H	A	A	R	E	N	L
S	L	I	P	P	E	N	N	N

BAUCH
BEIN
FINGER
FUSS
HAARE
HALS
HAND
HAUT
KINN
KNIE
KNOCHEN
KOPF · LID
LIPPEN
NASE · OHR
ZAHN · ZEH
ZUNGE

Lexikon-Rätsel

Im Lexikon findet sich unter dem Stichwort „Geigerzähler" folgender Eintrag:

Gei|ger|zäh|ler

der, im 17. Jh. aufgekommene scherzh. Berufsbez. für den Theater- und Konzertagenten, der für Künstler Verträge abschließt u. Geschäfte führt; heute: bei Theater, Film, Hörfunk und Fernsehen.

Ist das wirklich wahr?

Logikrätsel

Babsi soll in der Stadt ein paar Einkäufe erledigen. Ihre Mutter möchte die Waren immer von bestimmten Geschäften haben und hat ihr eine Liste mit den Adressen und ihren Wünschen mitgegeben. Leider hat Babsi diese aber doch zu Hause liegen lassen. An einige Dinge auf der Liste kann sie sich aber noch erinnern. Könnt ihr Babsi helfen, die Liste wieder zusammenzustellen? Welches Geschäft ist in welcher Straße und was soll sie dort in welcher Anzahl kaufen?

Die vergessene Einkaufsliste

		Adresse				Ware				Anzahl			
		Heimstiege	Kirchstraße	Marktgasse	Oberplatz	Bananen	Brötchen	Eier	Würstchen	4	5	6	8
Geschäft	Albrecht												
	Drossel												
	Prinz												
	Wessel												
Anzahl	4												
	5												
	6												
	8												
Ware	Bananen												
	Brötchen												
	Eier												
	Würstchen												

1 Das Geschäft Drossel befindet sich in der Kirchstraße.

2 Bei Prinz soll Babsi 5 Teile kaufen, wovon, das weiß sie nicht mehr. Aber sie weiß noch, dass Prinz nicht am Oberplatz ist.

3 In der Marktgasse soll sie 6 Teile kaufen. Dort befindet sich nicht das Geschäft Wessel.

4 Am Oberplatz gibt es Bananen.

5 Von den Brötchen soll sie 8 Stück mitbringen.

6 In der Heimstiege ist nicht das Geschäft mit den Eiern.

Beruf gesucht

Kannst du erraten, welchen Beruf Peter ausübt?
Ein kleiner Tipp: Er sorgt für Recht und Ordnung.

Tauschrätsel

In jeder Zeile darf nur jeweils ein Buchstabe getauscht werden, um ein neues Wort zu erhalten, und damit aus einer Rebe einen Gast werden zu lassen.

R	E	B	E
G	A	S	T

Kreuzwort-Puzzle

Wir haben eine Kreuzworträtsel-Auflösung zerschnitten. Dann haben wir die Einzelteile durcheinandergebracht. Ein Teil steht bereits an der richtigen Stelle. Die Einzelteile von außen sollt ihr nun innen so ergänzen, dass eine vollständige Kreuzworträtsel-Auflösung entsteht.

E	N	D
R	■	E
G	O	L

S	A	G
O	■	A
L	O	S

■	S	P
F	E	E
R	E	■

U	E	R
G	■	Z
E	T	T

E	E	R
■	H	■
A	R	A

E	S	T
N	■	O
T	A	U

O	F	T
■	F	■
B	E	E

E	■	W
H	N	E
E	■	S

			E	■	E			
			M	S	I			
			D	■	N			

Schüttel-Buchstaben

Die Buchstaben, in die richtige Reihenfolge hintereinandergestellt, ergeben ein gepanzertes Kriechtier.

Einer stört!

Einer der vier Begriffe passt nicht zu den anderen. Welcher ist es?

Auto

Motorrad

?

Fahrrad

Jacht

Bilder-Kreuzworträtsel

mit Farbe anstreichen		geziertes Benehmen		Sturz	Speise, Mahlzeit		englisch: eins		Würde, Ansehen (Ruhm und ...)		
							klebrige Absonderung von Holz				
sich nicht zu helfen wissend				die Note 1 ist ... gut					ein Backwerk		bezeichnen, einen Namen geben
					4	auf der Welt sein	flach, ohne Hügel				
Suppenschüssel			wir, ..., sie	Fußballmannschaft (Anzahl)				Ungeziefer auf Pflanzen (Blatt...)		Bitte eintreten!	
							Arbeitsentgelt: ... und Gehalt		1		
Tierspur	aus der Puste: außer ...		Blechblasinstrument		Fleischgericht						
						6			schmelzen (Schnee)		
fegen, mit dem Besen reinigen		Flugzeuge fliegen am ...			Eier legen und ausbrüten			2			
						Vogel mit langen Schwanzfedern		Hänsel ... Gretel			Sandhügel am Meer
sehr kurzer Rock					Taufzeuge			ein Straßenbelag			
vornehmes Wort für Frau	Abschiedsgruß, Lebewohl		Ritze, schmaler Durchgang							luftförmiger Stoff	
				ein Huhn legt ein ...			Gegenteil von Breite				
Staat in Westeuropa			Stockwerk, Geschoss		3				eingeschaltet, nicht aus		
	5						Blume mit Stacheln				

Scherzfrage

Was macht ein Pirat am liebsten an einem Computer?

Quiz

Welcher Superheld ist in Gotham City zu Hause?
a) Spiderman
b) Superman
c) Batman
1

Wer ist Donald Ducks Cousin?
a) Gustav Gans
b) Alfred J. Kwak
c) Darkwing Duck
2

Wie heißt die Comicreihe, in der Mutanten eine Rolle spielen?
a) X-Men
b) Y-Men
c) Z-Men
3

Jemand zugestiegen?

Im 10-Uhr-Zug von Stuttgart nach Ulm ist nie viel los, sodass der Schaffner Zeit hat, jeden einzelnen Fahrgast zu kontrollieren. In Stuttgart steigen vier Personen ein, in Plochingen noch einmal fünf. In Göppingen steigen drei Personen aus und sechs ein. Wie viele Menschen sind jetzt im Zug?

Brückenrätsel

Ein Fischer hat seine Netze von einem Ufer zum anderen gespannt. Gesucht werden Wörter, die in die Bojen passen und Begriffe ergeben, die das linke Uferwort ergänzen und dem rechten Uferwort vorangesetzt werden können. Die Buchstaben in den hellblauen Bojen ergeben das Lösungswort.

Rebus-Rätsel

Finde die gesuchten Begriffe zu den Bildern und trage die ausgewählten Buchstaben dieser Begriffe in den grau unterlegten Streifen im Rätsel als Startwort ein.

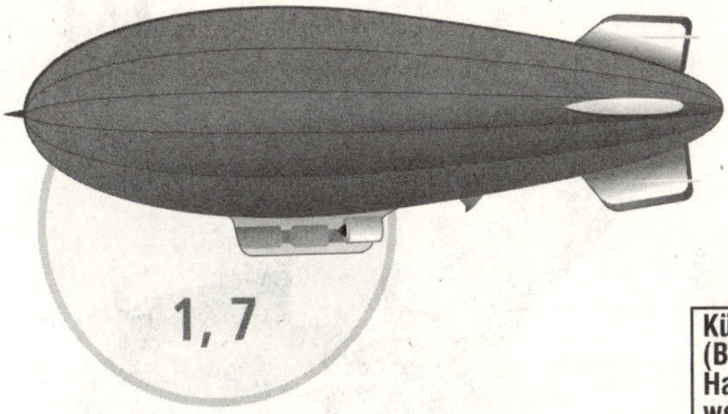

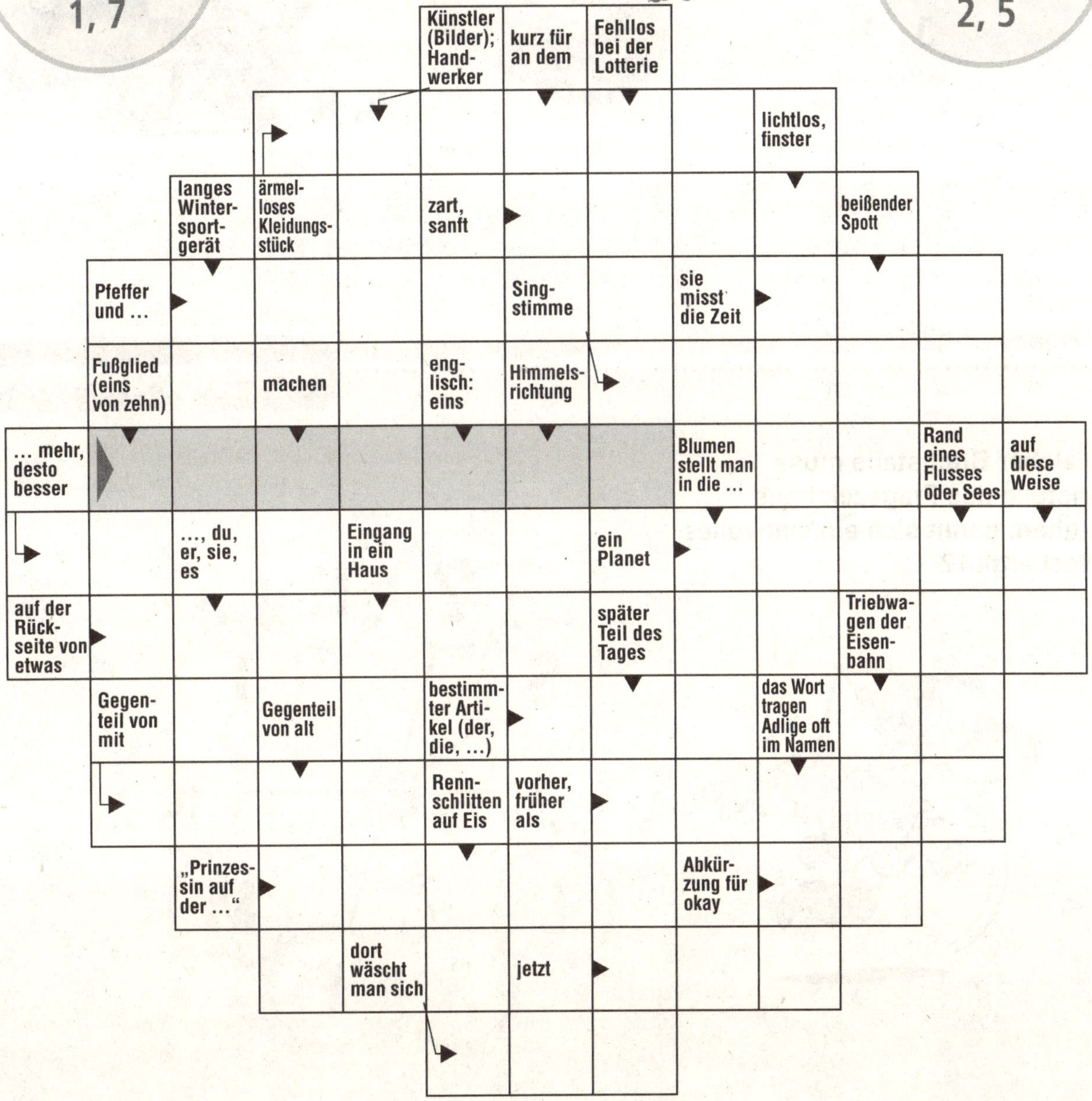

Bilderrätsel

Finde die gesuchten Begriffe zu den Bildern. Die angegebenen Buchstaben ergeben das Lösungswort.

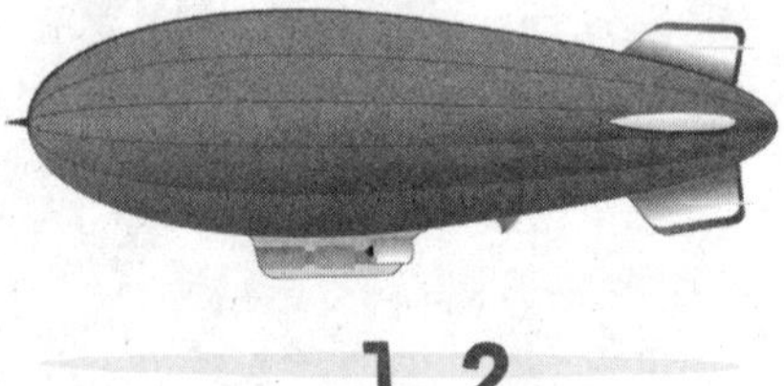

1, 2

1, 5

4, 8

Karussell

Welcher Buchstabe muss anstelle des Fragezeichens stehen, damit sich ein sinnvolles Wort ergibt?

Wörtersalat

Wir haben 21 Wörter zum Thema Küche in diesem Buchstaben-Wirrwarr versteckt. Die Wörter können in jede Richtung laufen, auch diagonal, rückwärts oder von unten nach oben. Und sie können auch andere Wörter schneiden. Kannst du alle finden?

BACKOFEN – BESTECKKASTEN – BROTKORB – GABEL – GESCHIRRSPUELER – HAENGESCHRANK – HERDPLATTE – KAFFEEMUEHLE – KOCHTOPF – KUEHLSCHRANK – LOEFFEL – MIKROWELLE – MILCHTOPF – OBSTSCHALE – SCHNEEBESEN – SCHUERZE – SPUELE – TEEKANNE – TOPFLAPPEN – UNTERTASSE – WASSERHAHN

V	U	S	E	H	A	E	N	G	E	S	C	H	R	A	N	K	Q	U	O
B	L	V	S	R	Q	E	W	B	E	N	N	A	K	E	E	T	J	G	T
L	C	K	X	P	F	E	F	F	B	K	G	J	X	C	O	U	D	E	A
D	K	L	G	O	U	L	S	F	I	K	O	N	U	B	C	D	L	S	R
K	G	Q	K	L	O	E	H	J	D	L	E	C	S	N	A	L	V	C	W
H	B	C	X	E	N	H	L	P	Y	T	I	T	H	P	U	A	F	H	K
Z	A	S	F	Y	L	U	U	E	S	F	S	E	D	T	M	P	T	I	N
B	D	F	K	E	E	Z	R	A	F	C	L	Q	R	G	O	J	O	R	A
F	E	G	B	B	M	I	K	Z	H	H	G	Z	O	T	Q	P	P	R	R
L	E	A	H	U	T	K	X	A	E	A	B	T	H	T	V	C	F	S	H
H	G	B	A	Y	C	X	L	U	M	R	E	C	F	J	N	F	L	P	C
L	L	G	D	E	M	E	M	H	O	I	L	N	Q	L	E	A	A	U	S
I	U	J	T	A	G	E	S	K	E	I	K	R	V	H	S	S	P	E	L
Y	V	S	U	D	E	G	T	O	M	Y	X	R	M	E	E	N	P	L	H
Y	E	R	W	F	S	O	M	M	W	H	A	I	O	R	B	J	E	E	E
B	I	C	F	K	R	K	R	S	N	W	C	T	B	W	E	Z	N	R	U
D	M	A	E	B	Y	X	F	J	C	R	I	I	Y	E	E	V	H	S	K
S	K	V	Z	E	S	S	A	T	R	E	T	N	U	O	N	L	C	R	K
H	W	A	S	S	E	R	H	A	H	N	R	I	H	U	H	E	L	T	C
S	C	H	U	E	R	Z	E	R	W	Q	J	A	D	E	C	I	R	E	G
M	H	E	R	D	P	L	A	T	T	E	W	Z	N	F	S	S	E	Z	A

Teekesselchen

Welches Wort mit zwei Bedeutungen wird gesucht?

Mein Wort bezeichnet einen Punkt auf einem Würfel.

Mein Wort bezeichnet etwas, womit man sehen kann.

Memo

Jeweils zwei Bilder ergeben zusammengesetzt ein neues Wort.
Welche drei Begriffe suchen wir?

Gitterrätsel

Trage die unten stehenden Wörter so in das Gitter ein, dass du ein komplett ausgefülltes Rätsel erhältst. Als kleine Hilfe ist bereits ein Wort vorgegeben.

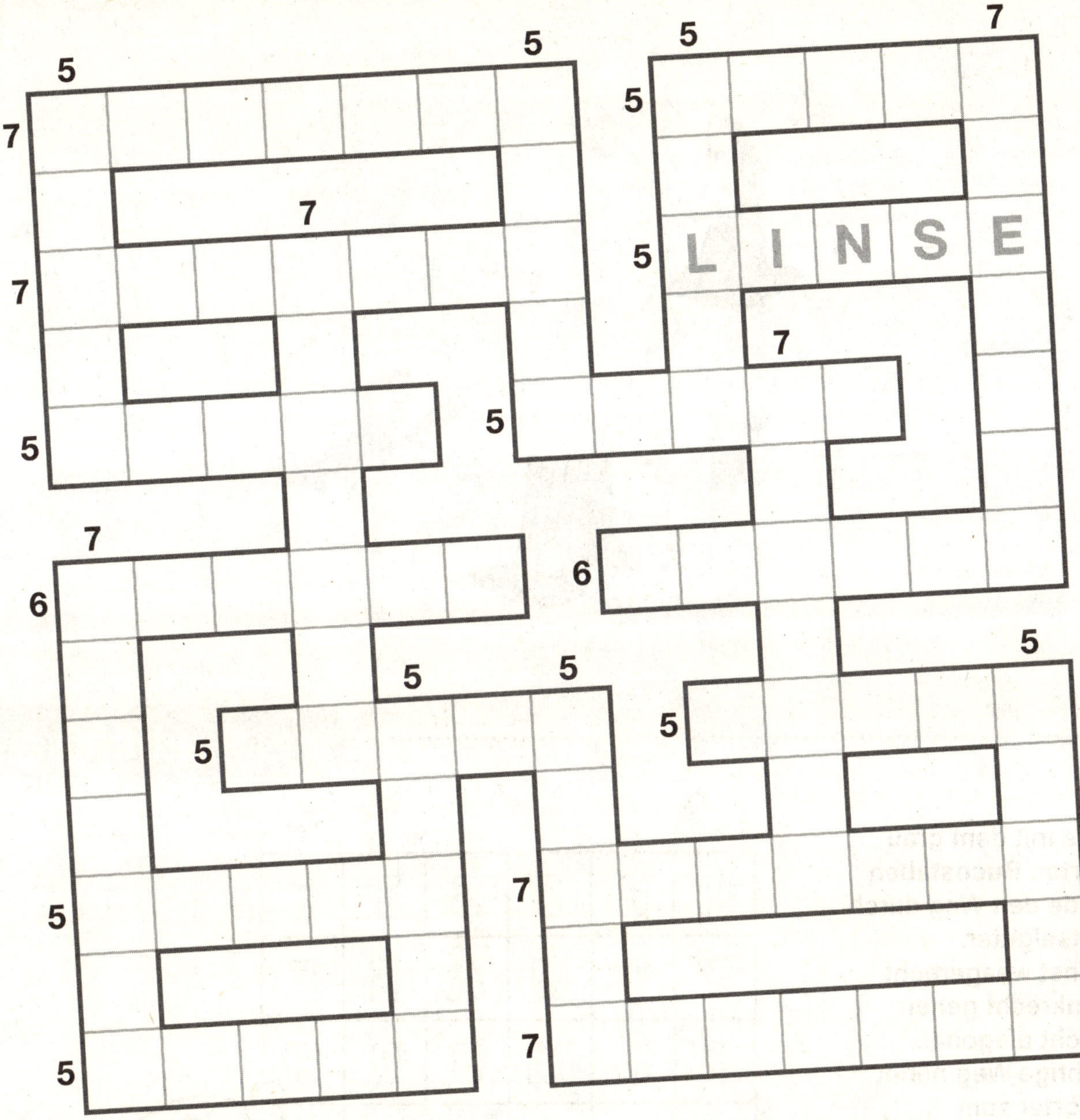

5 Buchstaben:
ADLER – EIMER – FELGE – FRUEH – HEBEL – LATTE – LITER – NAGEL – PILOT – PREIS – RUFEN – RUHIG – SIRUP

6 Buchstaben:
GEHEGE – GIPFEL

7 Buchstaben:
BRUMMER – GENERAL – GERIPPE – HAENSEL – HILFLOS – HUNGRIG – IMPFUNG – MITLEID

Bilderrätsel

Finde heraus, welches Wort sich jeweils hinter den Bildern verbirgt. Ihre Anfangsbuchstaben ergeben im Uhrzeigersinn gelesen das Lösungswort. Beginne mit dem Bild oben.

Pfadfinder

Beginne mit dem grau markierten Buchstaben und finde den Weg durch das Rätselgitter. Du kannst waagerecht und senkrecht gehen, aber nicht diagonal. Der richtige Weg nennt dir 5 Wörter zum Thema Musik.

H	R	S	S	T	S
Y	T	H	A	E	E
S	U	M	B	R	H
T	E	T	**O**	R	C
R	P	E	O	L	I
O	M	V	I	E	N

Scherzfrage

Füllrätsel

Die Wörter folgender Bedeutungen sind waagerecht in das Diagramm einzutragen.

1 Servierbrett,
2 große Anlage für sportliche Wettkämpfe,
3 Saiteninstrument,
4 Berührung oder Berührungspunkt,
5 Begleiter von Robinson Cruseo,
6 Bootswettfahrt

1	T	A					
2		T	A				
3			T	A			
4				T	A		
5					T	A	
6						T	A

Domino

Drehe die Dominosteine so, dass die oberen und unteren Buchstaben jeweils einen Vornamen ergeben.

Spinnennetz

Beginne beim dunkelgrauen Buchstaben und finde den Weg durch das Spinnennetz. Welches Wort ergibt sich, wenn du jedes Feld im Spinnennetz nur einmal durchlaufen darfst?

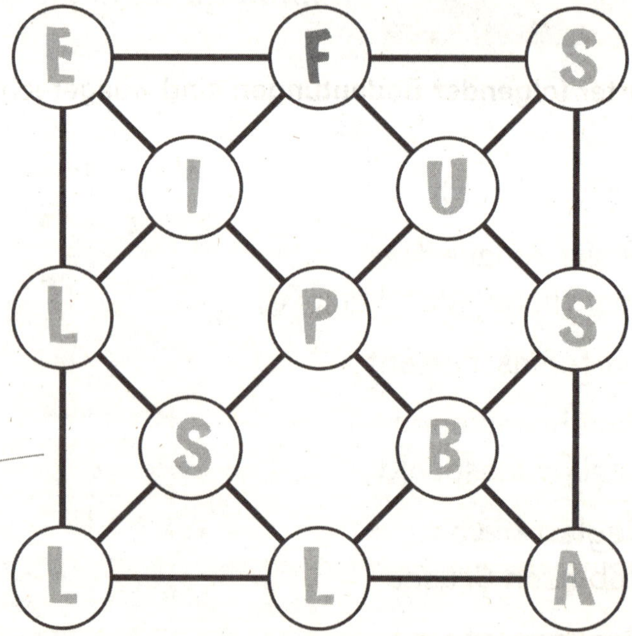

Nur ein Wort passt!

In der Liste stehen jeweils drei Wörter, von denen nur ein Wort ins Diagramm unter derselben Nummer eingetragen werden kann.

1 BRUT GANS NEUN	2 SUESS DECKE STAND	3 DORT PULS ROST
4 BLAU OESE DUMM	5 PULT IGLU MARS	6 RED SAU AUS
7 BREI RITT SEIT	8 MILD IGEL KRAN	9 TEER KIEL WIRT
10 BEITRAG VIOLINE SCHRECK	11 LIEB DENN ZEHN	12 MUSSE TATZE STADT
13 MENSCH EUROPA PRANKE	14 NINE GAUL MOOS	15 EBER PONY SOLO
16 PFAD EHER KOJE	17 ROSS STAB TOLL	18 SIPPE MAGEN BRAND
19 SIEB HELD AKTE	20 CD ER DU	21 TREU FALL AFFE
22 BLATT LAUTE HAFEN	23 JAPAN KNICK EBENE	24 WALL GERN ZANK

Sortierquiz

Welches Tier lebt in welchem „Haus". Wenn du richtig zugeordnet hast, ergeben die Buchstaben von oben nach unten gelesen eine Tierunterkunft.

○ Biene	Höhle (A)
○ Eichhörnchen	Kobel (T)
○ Eisbär	Nest (L)
○ Igel	Nest (L)
○ Vogel	Stock (S)

Bilderrätsel

Finde heraus, welches Wort sich jeweils hinter den Bildern verbirgt. Die Zahl neben dem Bild gibt an, welchen Buchstaben des Wortes du brauchst. Der Reihe nach ergeben diese Buchstaben das Lösungswort.

Buchstaben-Chaos

Am Wegrand sucht Willem nach Blättern und Blüten. Wofür er sie braucht, erfährst du, wenn du die Buchstaben in die richtige Reihenfolge bringst.

Quiz

1

Welche Telefonnummer hat die Feuerwehr?
a) 110
b) 111
c) 112

2

Eine Film- und Hörspielserie heißt „Bibi und ...".
a) Mona
b) Tina
c) Nena

3

Wiederverwendbare Verpackungen sind gekennzeichnet durch den Grünen ...
a) Punkt b) Strich c) Bogen

Kreuzworträtsel

- Sportboot zum Paddeln
- männliches Rind, Bulle
- Stacheltier
- brav, folgsam
- Knecht Ruprecht hat eine …
- ein Meeresraubfisch
- Auf die Plätze, fertig, …!
- Stillstand des Autoverkehrs
- Stille
- fertig gekocht
- grüne Gemüsepflanze: Kopf…
- böse, schlimm
- Kinderbuchfigur (Biene)
- nicht geschlossen
- angenommen, dass
- Spaghetti und Spätzle sind …gerichte
- in ihr fließt Blut
- wärmeloser Zustand
- tiefe Bescheidenheit
- langschwänziger Papagei
- Abschiedsgruß, Lebewohl
- singbare Tonfolge
- Hänsel … Gretel
- eingebildet
- nicht jung, sondern …
- heftiger Schlag
- ein Erdteil
- feines Gewebe
- …, Drossel, Fink und Star
- Form von müssen (er, sie, es …)
- wenn zwei heiraten, führen sie eine …
- dort arbeitet der Bürgermeister
- Trennlinie
- Zierlatte
- Wurf-, Sportgerät
- zwei Dinge oder zwei Menschen
- Gegenteil von schlecht
- höchste Spielkarte
- ein inneres Körperorgan
- die Vereinigten Staaten
- davon gibt es viel am Strand
- am … geht die Sonne unter
- sehr warm
- englisch: zehn
- mit Rat und … zur Seite stehen
- großer Zweig
- zu keiner Zeit
- …, sie, es
- Würde, Ansehen (Ruhm und …)
- heißes Getränk
- Gewittergrollen

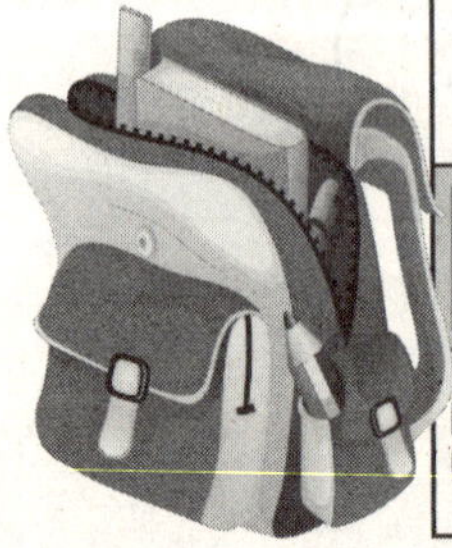

Buchstaben-Wirrwarr

In diesem Buchstaben-Wirrwarr sind 15 Wörter versteckt. Sie können in jede Richtung laufen, auch diagonal, rückwärts oder von unten nach oben. Wenn du sie alle gefunden hast, ergeben die übrig gebliebenen Buchstaben das Lösungswort.

P	R	E	N	I	A	R	T	R
R	F	F	I	F	P	A	I	D
L	E	G	E	R	B	A	O	N
L	K	T	R	S	F	C	K	A
E	T	I	E	Z	B	L	A	H
I	A	I	V	M	L	U	R	L
P	T	R	O	T	F	B	T	I
S	L	A	T	T	E	L	E	G
A	N	S	T	O	S	S	E	A

ANSTOSS •
CLUB •
ELFMETER •
FAIR •
HALBZEIT •
HAND •
KARTE •
LATTE •
LIGA •
PFIFF •
REGEL •
ROT •
SPIEL •
TRAINER •
VEREIN

Land gesucht

Als die Spanier das Land vor rund 500 Jahren eroberten, vermuteten sie dort reiche Silbervorkommen. Deshalb benannten sie es nach dem lateinischen Wort für das wertvolle Metall: „argentum“. Der Name ist zwar geblieben, doch mit dem Silber wurde es nichts: Stattdessen wurde das zweitgrößte Land Südamerikas zu einem der größten Fleischproduzenten der Welt! Außerdem ist das Land bekannt für seine vielen großartigen Fußballspieler. Unter ihnen: Lionel Messi! Wie heißt das Land?

Solche Schultage müsste es immer geben. Nur vier Stunden, weil die Lehrer eine Konferenz haben. Magdalena freut sich, dass sie heute viel Freizeit hat. Aber zuerst muss sie die vier Stunden hinter sich bringen. In welcher Stunde hat sie welches Fach bei welchem Lehrer und in welchem Raum findet der jeweilige Unterricht statt?

Kurzer Schultag

		Fach				Lehrperson				Raumnummer			
		Geschichte	Englisch	Mathematik	Physik	Frau Dahlhaus	Frau Schneider	Herr Solmann	Herr Werner	5	9	18	23
Schulstunde	1.												
	2.												
	3.												
	4.												
Raumnummer	5												
	9												
	18												
	23												
Lehrperson	Frau Dahlhaus												
	Frau Schneider												
	Herr Solmann												
	Herr Werner												

1 In der 3. Stunde hat Magdalena Mathematik, aber nicht bei Frau Dahlhaus. Frau Dahlhaus unterrichtet heute in Raum 9.

2 Herr Werner gibt Physik. Der Unterricht bei ihm wird direkt nach dem Englischunterricht stattfinden.

3 In der 1. Stunde hat Magdalena Frau Schneider, aber nicht in Raum 5.

4 Wenn der Unterricht in Raum 18 beendet ist, geht Magdalena direkt zu ihrem Geschichtskurs.

Buch gesucht

Mats ist eine richtige Leseratte. Stundenlang liest er in seinen Büchern. Was er im Moment liest, erfährst du, wenn du die Buchstaben in die richtige Reihenfolge bringst.

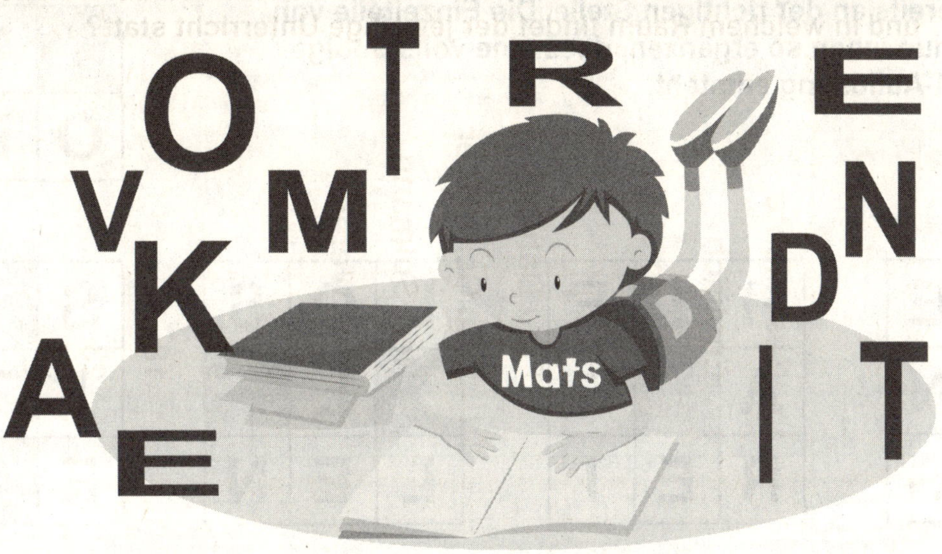

Tauschrätsel

In jeder Zeile darf nur jeweils ein Buchstabe getauscht werden, um ein neues Wort zu erhalten, und damit aus dem Fett eine Rose werden zu lassen.

F	E	T	T
R	O	S	E

Kreuzwort-Puzzle

Wir haben eine Kreuzworträtsel-Auflösung zerschnitten. Dann haben wir die Einzelteile durcheinandergebracht. Ein Teil steht bereits an der richtigen Stelle. Die Einzelteile von außen sollt ihr nun innen so ergänzen, dass eine vollständige Kreuzworträtsel-Auflösung entsteht.

T	I	G
	T	
O	E	D

R		E
A	N	N
S		G

H	I	E
A		W
R	E	I

L	O	S
	L	
L	E	N

S		K
I	T	E
E		N

B	E	R
E		U
I	P	S

P	L	U
E		T
R	U	T

I	N	O
L		T
A	S	E

			E	R				
			R	O	H			
				M	A			

Schüttel-Buchstaben

Die Buchstaben, in die richtige Reihenfolge hintereinandergestellt, ergeben eine unterrichtsfreie Zeit.

Einer stört!

Einer der vier Begriffe passt nicht zu den anderen. Welcher ist es?

Monat

Tag

?

Datum

Jahr

Bilder-Kreuzworträtsel

Anrede v. Kaisern und Königen	Doppelkontinent mit zwei Erdteilen	Spaß, Scherz		kleines Blatt Papier		Amsel, Drossel, Fink und …	flüssiger Rohstoff aus dem Boden				fleißiges Insekt
									Abkürzung für Mehrzahl		
Tapferkeit			4	telefon. Verbindung aufnehmen			1				
						Fischatmungsorgan			in der Küche steht ein Back…		die Note 1 ist … gut
mehrere Sätze ergeben einen …		Meer im Norden Deutschlands			Riese, Ungetüm						
	3							weibliches Märchenwesen			
naturwissenschaftliches Schulfach			Ort, Platz							Rand eines Flusses oder Sees	
					Armee; sehr große Anzahl		Augendeckel	lediglich			
Brett, Leiste	Froschlurch			Gegenteil von dunkel					Eigelb		schmal, knapp
Fruchtsteine						moderne Musikrichtung	Einfall, Gedanke			5	
	6			Zutat beim Backen			spitzer Teil der Pflanze, Stachel				
wenn man Ferien hat, hat man …		ein König sitzt auf einem …						Bezeichnung			
					italienisches Wort für Nudeln						geschlossen
Abmachung (Glücksspiel)						ein Monatsname					
Gegenteil von Höhe		Realschulabschluss: mittlere …		2				rissig, nicht glatt			

Scherzfrage

Quiz

Für welchen Sport braucht man keinen Schläger?

a) Wasserball
b) Federball
c) Hockey

1

Wie heißt das Turnen auf Pferden?

a) Präsentieren
b) Programmieren
c) Voltigieren

2

Wie viele Spieler bilden eine Fußballmannschaft?

a) 7
b) 9
c) 11

3

Alles in Luther?

Vor 500 Jahren gab es die Bibel noch nicht auf Deutsch. Einer der wenigen Deutschen, die das Buch der Christen trotzdem lesen konnten, war Martin Luther. Dabei entdeckte er, dass viele Regeln, die damals in der Kirche verkündet wurden, in der Bibel gar nicht vorkamen. Gegen diese Regeln protestierte er am 31. Oktober 1517 mit seinen berühmten „95 Thesen" (Gedanken). Als was wird der 31. Oktober deswegen noch heute gefeiert?

a) Martinstag   b) Reformationstag

Brückenrätsel

Ein Fischer hat seine Netze von einem Ufer zum anderen gespannt. Gesucht werden Wörter, die in die Bojen passen und Begriffe ergeben, die das linke Uferwort ergänzen und dem rechten Uferwort vorangesetzt werden können. Die Buchstaben in den hellblauen Bojen ergeben das Lösungswort.

Rebus-Rätsel

Finde die gesuchten Begriffe zu den Bildern und trage die ausgewählten Buchstaben dieser Begriffe in den grau unterlegten Streifen im Rätsel als Startwort ein.

6, 5

1, 10, 3

1, 5, 6

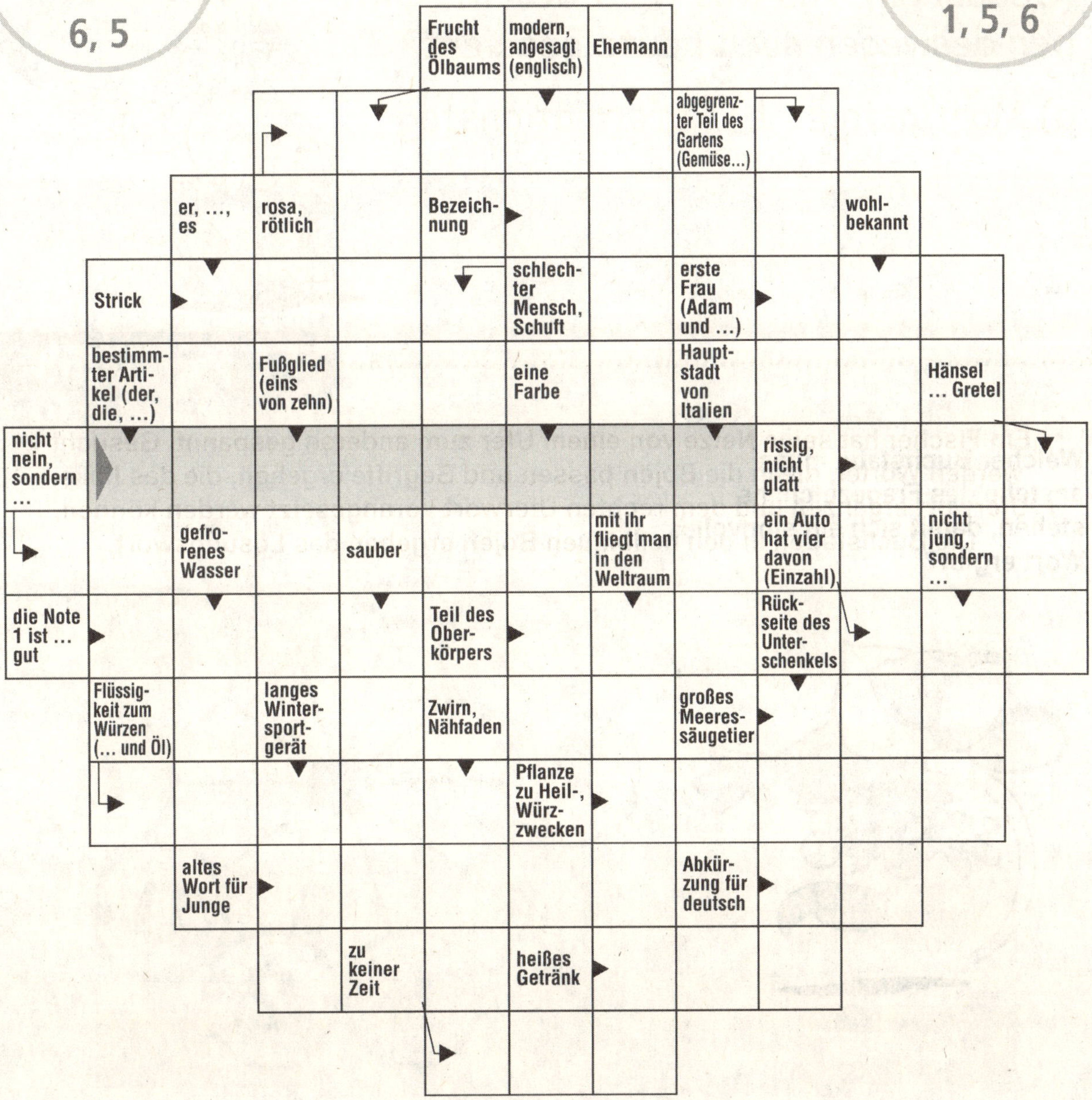

Bilderrätsel

Finde die gesuchten Begriffe zu den Bildern. Die angegebenen Buchstaben ergeben das Lösungswort.

1, 5

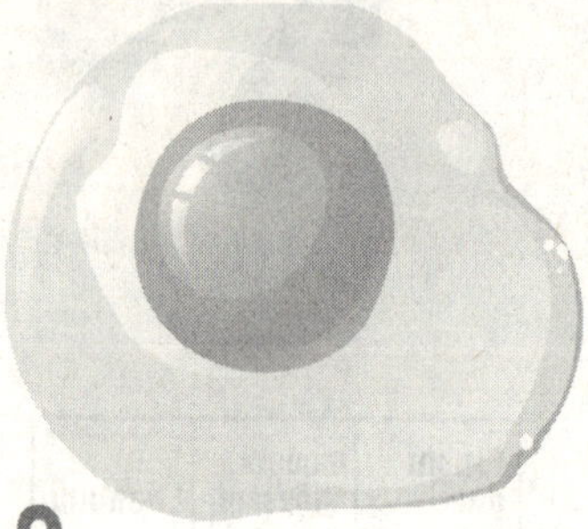

5, 9

3, 7

Karussell

Welcher Buchstabe muss anstelle des Fragezeichens stehen, damit sich ein sinnvolles Wort ergibt?

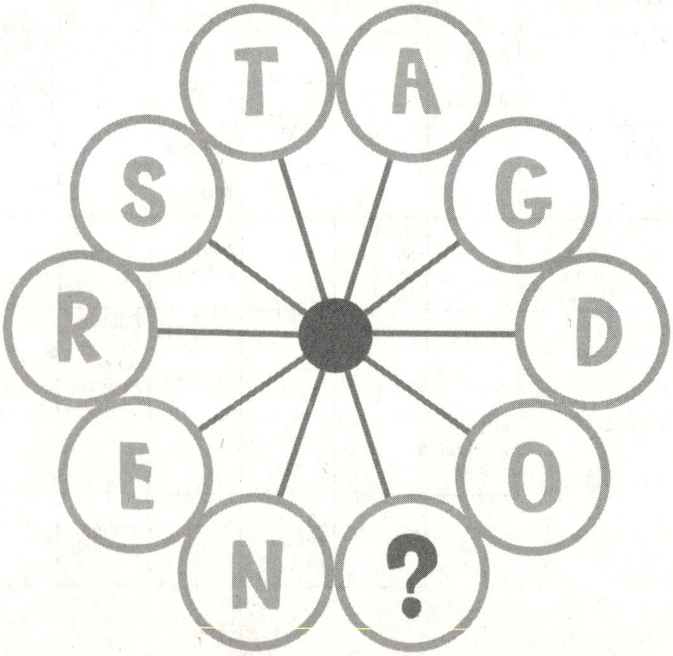

Wörtersalat

Wir haben 18 Wörter zum Thema Handarbeiten in diesem Buchstaben-Wirrwarr versteckt. Die Wörter können in jede Richtung laufen, auch diagonal, rückwärts oder von unten nach oben. Und sie können auch andere Wörter schneiden. Kannst du alle finden?

BASTELN – BUNTSTIFTE – FALTEN – GARN – HAEKELN – KLEBSTOFF – KNUEPFEN – NADEL – NAEHMASCHINE – PINSEL – SAEGEN – SCHABLONE – SCHERE – SCHRAUBEN – STOFFE – STRICKEN – ZEICHNEN – ZWIRN

N	E	B	U	A	R	H	C	S	S	F	Q	C	H	B	I	N	T	G	K
L	J	Q	N	N	L	A	R	G	P	E	N	L	E	T	S	A	B	H	F
Y	N	B	L	A	S	J	S	V	Y	V	O	B	O	G	Z	B	W	Z	Z
J	H	W	S	J	D	Z	E	I	C	H	N	E	N	C	Z	W	I	R	N
X	H	U	H	H	I	E	W	Q	L	D	H	K	L	J	F	E	B	U	W
W	O	A	F	X	V	R	L	Y	V	B	M	X	N	J	E	R	X	M	Y
H	R	Y	F	S	T	R	I	C	K	E	N	R	A	X	D	N	U	E	X
R	Q	L	G	I	W	U	P	U	B	E	N	Q	E	D	R	X	F	X	H
A	N	K	Q	U	F	Q	U	W	G	M	X	M	H	A	M	F	L	E	S
U	L	K	C	B	F	B	F	E	O	Q	E	J	M	R	O	P	R	R	C
Y	E	M	F	X	O	S	A	S	M	E	W	T	A	T	M	C	G	X	H
N	K	J	W	H	T	S	D	H	V	N	R	Q	S	R	B	G	M	U	A
T	E	C	H	K	S	H	J	X	F	O	Y	E	C	Z	G	M	E	P	B
Q	A	S	Y	N	B	B	A	Q	Q	A	A	R	H	E	W	K	D	F	L
R	H	K	L	Y	E	J	B	I	B	W	L	S	I	C	I	J	H	N	O
Y	U	H	T	W	L	Q	G	A	X	E	Y	T	N	P	S	C	L	Y	N
F	M	I	F	M	K	H	M	W	S	G	G	F	E	S	F	X	E	R	E
A	X	I	Q	Q	B	C	K	N	M	P	T	A	J	N	C	N	X	L	A
N	U	E	B	E	T	F	I	T	S	T	N	U	B	Y	O	Y	R	R	A
X	P	K	S	D	I	P	D	K	J	R	I	O	J	N	C	H	G	A	N
R	B	E	X	B	X	A	K	N	U	E	P	F	E	N	T	B	P	H	G

Teekesselchen

Welches Wort mit zwei Bedeutungen wird gesucht?

Mit meinem Teekesselchen verbindet man zwei Fäden.

Mein Teekesselchen gibt die Geschwindigkeit von Schiffen an.

Memo

Jeweils zwei Bilder ergeben zusammengesetzt ein neues Wort.
Welche drei Begriffe suchen wir?

Gitterrätsel

Trage die unten stehenden Wörter so in das Gitter ein, dass du ein komplett ausgefülltes Rätsel erhältst. Als kleine Hilfe ist bereits ein Wort vorgegeben.

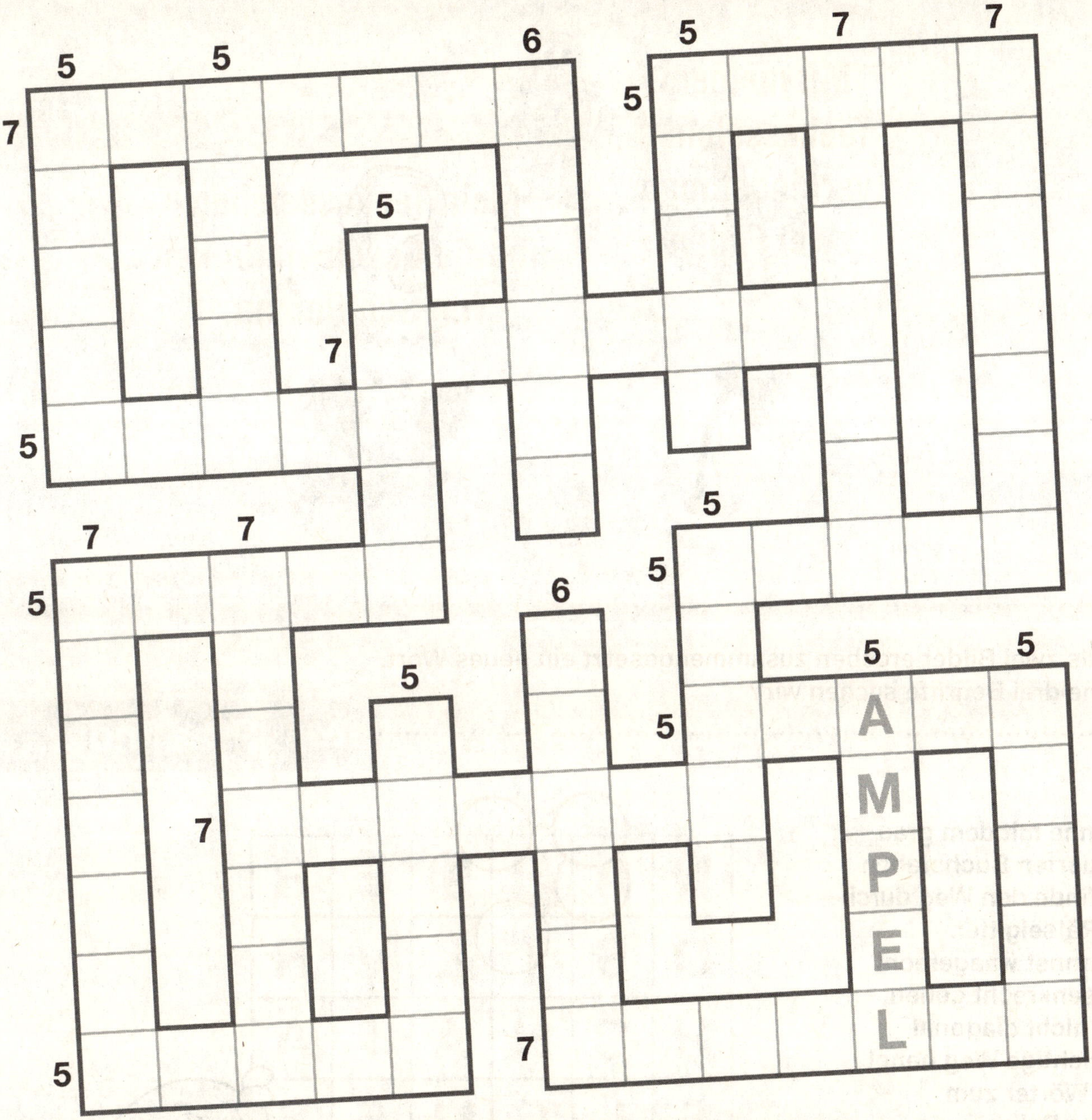

5 Buchstaben:
ALARM – ARMEE – FADEN – FARBE – FASAN – FIGUR – HAUCH – HOTEL – ISLAM – LOEWE – MONAT – SORGE – SPASS

6 Buchstaben:
REIHER – WELLIG

7 Buchstaben:
AUFGABE – AUSWAHL – EINIGEN – GEBILDE – GORILLA – HAMSTER – RENNRAD – SCHAUEN

Bilderrätsel

Finde heraus, welches Wort sich jeweils hinter den Bildern verbirgt. Ihre Anfangsbuchstaben ergeben im Uhrzeigersinn gelesen das Lösungswort. Beginne mit dem Bild oben.

Pfadfinder

Beginne mit dem grau markierten Buchstaben und finde den Weg durch das Rätselgitter. Du kannst waagerecht und senkrecht gehen, aber nicht diagonal. Der richtige Weg nennt dir 4 Wörter zum Thema Polizei.

N	A	H	B	E	R
D	S	T	L	V	R
H	C	H	A	I	A
E	L	C	U	E	S
E	L	I	L	R	S
N	K	O	M	M	I

Scherzfrage

Füllrätsel

Die Wörter folgender Bedeutungen sind waagerecht in das Diagramm einzutragen.

1 Suppenschüssel,

2 mit Geröll durchsetzt, felsig,

3 Sende-, Empfangsanlage für Radio und Fernsehen,

4 Gewinn, Nutzen,

5 zum Lüften öffnet man das ...,

6 Sündenbekenntnis

1	T	E					
2		T	E				
3			T	E			
4				T	E		
5					T	E	
6						T	E

Domino

Drehe die Dominosteine so, dass die oberen und unteren Buchstaben jeweils einen winterlichen Begriff ergeben.

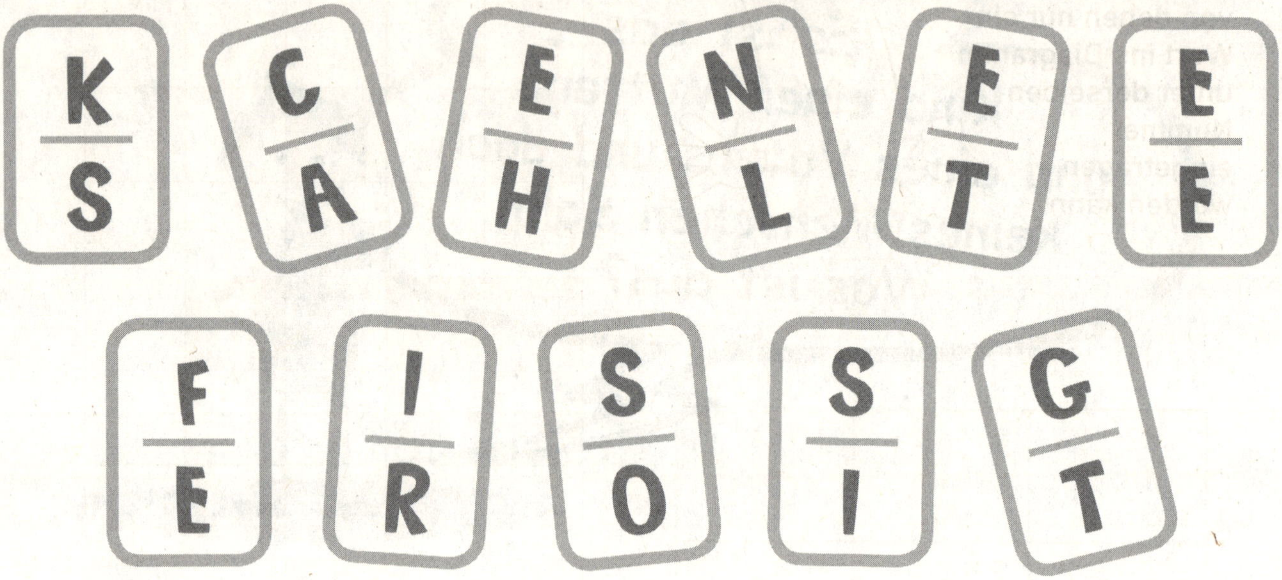

Spinnennetz

Beginne beim dunkelgrauen Buchstaben und finde den Weg durch das Spinnennetz. Welches Wort ergibt sich, wenn du jedes Feld im Spinnennetz nur einmal durchlaufen darfst?

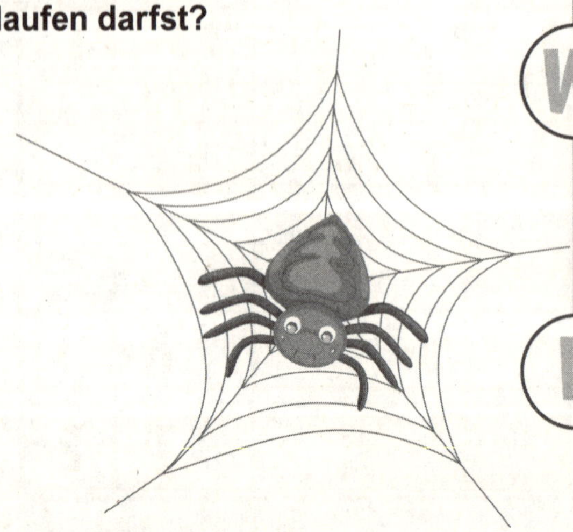

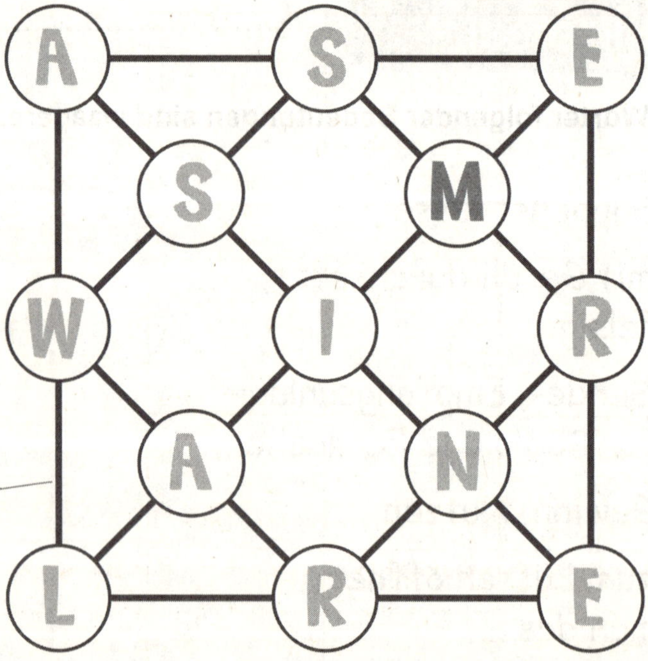

Nur ein Wort passt!

In der Liste stehen jeweils drei Wörter, von denen nur ein Wort ins Diagramm unter derselben Nummer eingetragen werden kann.

1 NEU ICH NIL	2 WAHR IGLU TANZ	3 BELAG KANAL LAERM
4 SIPPE FROMM CLOWN	5 KUH DIE COW	6 PULLI SPASS UNTEN
7 HIRSCH KIPPEN PYJAMA	8 KURS ZWEI HEIM	9 AB UM OK
10 ABEND APFEL KANON	11 PLUS TREU WARM	12 LANG WEHE HOSE
13 MEIN KAMM HIRT	14 ENTE BLEI SEIL	15 SUESS JEANS LUNGE
16 NUSS VOLK JAHR	17 BRUST PRALL DAUER	18 ERNTE MOTOR ROLLE
19 HIN EIS MIT	20 BUG PIG HAI	21 MANEGE GATTER SENDER
22 MEHL FLAU REDE	23 SPRIT ADLER ROUTE	24 OHR ZUG DOG

Sortierquiz

Was gehört zusammen in der Küche? Wenn du richtig zugeordnet hast, ergeben die Buchstaben von oben nach unten gelesen das Wort für einen Teil des Essbestecks.

◯ Topf	Deckel G
◯ Mixer	Filter B
◯ Kaffeemaschine	Quirl A
◯ Spüle	Teelicht L
◯ Stövchen	Wasserhahn E

Bilderrätsel

Finde heraus, welches Wort sich jeweils hinter den Bildern verbirgt. Die Zahl neben dem Bild gibt an, welchen Buchstaben des Wortes du brauchst. Der Reihe nach ergeben diese Buchstaben das Lösungswort.

1 4 2 5 4 1

5 3 4 3 4 2

Buchstaben-Chaos

Hanna darf die Ferien bei ihrer geliebten Oma verbringen. In welcher Stadt diese wohnt, erfährst du, wenn du die Buchstaben in die richtige Reihenfolge bringst.

M G B A

U H R

Quiz

1

Wie heißt eine bekannte Fernsehserie?

a) „Schloss Frankenstein“
b) „Schloss Einstein“
c) „Schloss Siebenstein“

2

Mit was sollte man Zahnbelag nicht entfernen?

a) Zahnbürste
b) Zahnseide
c) Zahnrad

3

Wie viele Farben hat ein Regenbogen?

a) 5
b) 7
c) 11

Kreuzworträtsel

			männliches Rind, Bulle		jeder ohne Ausnahme		Jugendstadium mancher Tiere	Farbe von Erde				
			Teil des Geschirrs									
			gemahlenes Getreide		höckerloses Kamel, das spuckt							
Nutzboden, Feld		Längenmaß						große Eule				die Vereinigten Staaten
					Rhinozeros	ein Planet						Stacheltier
flaschenförmiges Gymnastikgerät		die Arme um jemanden legen		Sieger, Bester				nicht öfter	ein Meeresraubfisch			
					englisch: eins		24 Stunden sind ein …				Sohn Gottes (christl.)	
die Schule beginnt … 8 Uhr			Kamingitter					englisch: zehn		… mehr, desto besser		
sehr feucht					Märchenfigur der Brüder Grimm							
			großer Behälter für Tierfutter					Tagesangabe im Kalender		herumtollen		nicht dein, sondern …
ein Fragewort	Senke im Gelände: Berg und …		Knecht Ruprecht hat eine …		Einfall, Gedanke		erste Frau (Adam und …)					
Suppenschüssel								locker, wacklig				
				Hast		kindisch		kleines Klappfenster	Babyspeise		Vortrag, Ansprache	
Sportboot zum Paddeln		heißes Getränk				englisch: rot						
							Stimmzettelbehälter: Wahl…					eingeschaltet, nicht aus
			Eifersucht, Missgunst		Zimmerwinkel					an dieser Stelle, dort		
							ein Metall					

Buchstaben-Wirrwarr

In diesem Buchstaben-Wirrwarr sind 15 Wörter versteckt. Sie können in jede Richtung laufen, auch diagonal, rückwärts oder von unten nach oben. Wenn du sie alle gefunden hast, ergeben die übrig gebliebenen Buchstaben das Lösungswort.

E	W	E	I	D	E	E	W	Z
A	I	L	E	P	S	I	M	Y
P	C	C	H	C	B	O	E	P
A	E	L	H	I	L	T	I	R
L	L	E	R	E	A	R	N	E
M	R	K	P	N	E	E	I	S
E	E	P	N	D	B	D	P	S
E	A	E	E	I	U	L	M	E
P	R	Z	E	T	H	C	I	F

- BIRKE
- EIBE
- EICHE
- ERLE
- ESCHE
- FICHTE
- MISPEL
- PALME
- PAPPEL
- PINIE
- TANNE
- ULME
- WEIDE
- ZEDER
- ZYPRESSE

Geburtstag

Mira hat Geburtstag. In ihrer Einladung nennt sie kein Datum, sondern verschlüsselt es in folgendem Rätsel:

Heute ist Donnerstag,
und meine Geburtstagsfeier
ist 6 Tage
nach vorgestern.

Wann sollen Miras Geburtstagsgäste kommen?

Logikrätsel

Miriam hat alle ihre Tanten gemalt, einen bunten Rahmen gebastelt und dann die Bilder in einer Reihe an die Wand gehängt. Sie hat jeder Tante noch ein besonderes Merkmal in das Gesicht gemalt, sonst wäre es ja langweilig. Nun sieht sie sich die Bilder an der Wand an und kichert unaufhörlich. Welche Tante hängt an welcher Position an der Wand, welche Farbe hat der Bilderrahmen und was hat Miriam ihnen jeweils ins Gesicht gemalt?

Tanten-malerei

		Tante Anne	Tante Christa	Tante Martina	Tante Trixi	Blau	Gelb	Grün	Rot	Brille	große Nase	Riesenzähne	Schnauzbart
Position	links												
	2. von links												
	2. von rechts												
	rechts												
Merkmal	Brille												
	große Nase												
	Riesenzähne												
	Schnauzbart												
Rahmenfarbe	Blau												
	Gelb												
	Grün												
	Rot												

1 Tante Christa und Tante Trixi hängen nicht direkt nebeneinander.

2 Das Bild von Tante Martina hängt genau zwischen dem Bild mit den Riesenzähnen und dem Bild mit dem grünen Rahmen. Der grüne Bilderrahmen gehört nicht zu Tante Trixi.

3 Tante Anne bekam eine Brille verpasst. Ihr Bild hängt weiter links als das Bild mit dem blauen Rahmen.

4 An zweiter Stelle von links hängt das Bild, auf dem eine Tante mit Schnauzbart zu sehen ist.

5 Der Rahmen des Bildes ganz rechts ist rot.

Beruf gesucht

Kannst du erraten, von welchem Beruf Alexander träumt?

Tauschrätsel

In jeder Zeile darf nur jeweils ein Buchstabe getauscht werden, um ein neues Wort zu erhalten, und damit aus einer Farm einen Wein werden zu lassen.

F	A	R	M
W	E	I	N

Kreuzwort-Puzzle

Wir haben eine Kreuzworträtsel-Auflösung zerschnitten. Dann haben wir die Einzelteile durcheinandergebracht. Ein Teil steht bereits an der richtigen Stelle. Die Einzelteile von außen sollt ihr nun innen so ergänzen, dass eine vollständige Kreuzworträtsel-Auflösung entsteht.

N	■	O
T	E	R
E	■	F

A	N	G
S	■	A
S	E	L

K	A	M
■	M	■
B	E	E

I	F	F
D	■	U
E	L	N

E	I	D
■	F	■
E	T	T

M	■	L
A	R	A
T	■	N

E	B	E
■	U	N
I	G	■

S	■	R
P	L	U
U	■	H

			■	P	F			
			T	O	■			
			O	P	P			

Schüttel-Buchstaben

Die Buchstaben, in die richtige Reihenfolge hintereinandergestellt, ergeben eine nächtliche Lichterscheinung am Himmel.

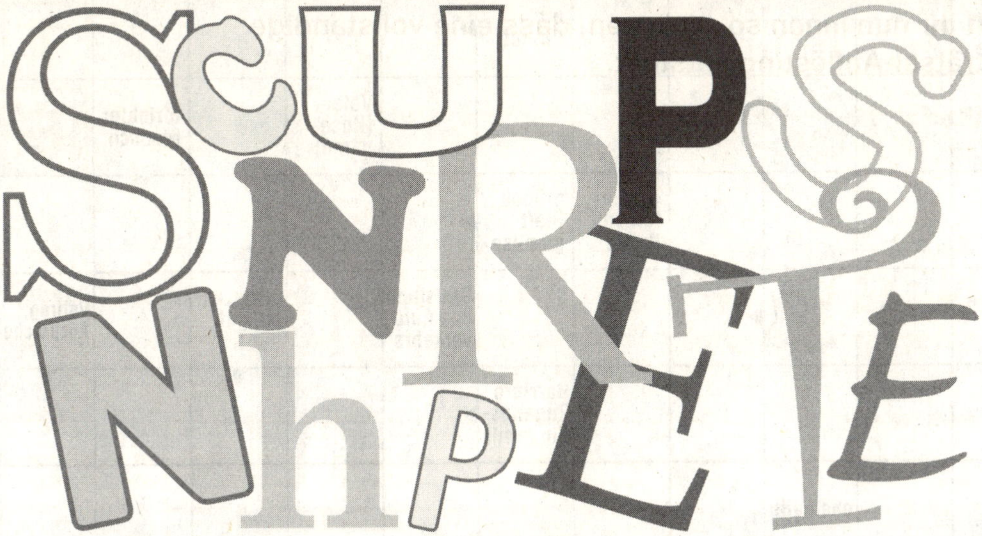

Einer stört!

Einer der vier Begriffe passt nicht zu den anderen. Welcher ist es?

Flughund

Meerjungfrau

?

Vampir

Drache

Bilder-Kreuzworträtsel

wenigstens; dennoch		gefrorenes Wasser	Überstürzung, Eile		an … und Stelle		Lehrgang		Mietauto mit Fahrer		Brauch
in größerer Menge					ein Planet						
Wohnungsnehmer		(2)					Vater (Kosename)		törichter Mensch		
				Gegenteil von Breite	grünes Blattgemüse						
Klassenarbeit						Stillstand des Autoverkehrs		„Prinzessin auf der …“		Vortrag, Ansprache	
				(3)	Barriere, Zugangshindernis		(1)				
vermuten, vorhersehen		ebenfalls									eine Zahl
					großes Werbebild, Poster		locker, wacklig		an dieser Stelle, dort		
wer unbarmherzig ist, kennt keine …	Wassersportart		Zutat beim Backen	Aderschlag				(4)	kraftlos, ohne jeden Schwung		
						flüssiges Fett				nicht laut	
				Raum im Haus zum Kochen		ein Laubbaum		nicht jung, sondern …			
Sand- oder Schneeanhäufung		zu keiner Zeit		Empfehlung							Klang, Laut
						(6)	…, sie, es	nicht ohne, sondern …			
ein hoher Offizier			Luft holen						auf diese Weise		
dort brüten Vögel Eier aus					Früchte einbringen					(5)	

Scherzfrage

Quiz

Welches Wort beschreibt keine Farbe?

a) blue
b) black
c) bike

1

Wo wird üblicherweise gekocht?

a) kitchen
b) bedroom
c) cellar

2

Welches Schulfach ist mit „art“ gemeint?

a) Musik
b) Kunst
c) Geschichte

3

Schlag nach!

Im Lexikon findet sich unter dem Stichwort „satt“ folgender Eintrag: satt <Adj.>: nicht mehr durstig; kein Bedürfnis nach Flüssigkeitsaufnahme mehr verspürend:-e Gäste; von etwas nicht s. werden; sich s. trinken; das Baby hat sich s. getrunken; Limo macht s.

Ist das wirklich wahr?

Brückenrätsel

Ein Fischer hat seine Netze von einem Ufer zum anderen gespannt. Gesucht werden Wörter, die in die Bojen passen und Begriffe ergeben, die das linke Uferwort ergänzen und dem rechten Uferwort vorangesetzt werden können. Die Buchstaben in den hellblauen Bojen ergeben das Lösungswort.

Rebus-Rätsel

Finde die gesuchten Begriffe zu den Bildern und trage die ausgewählten Buchstaben dieser Begriffe in den grau unterlegten Streifen im Rätsel als Startwort ein.

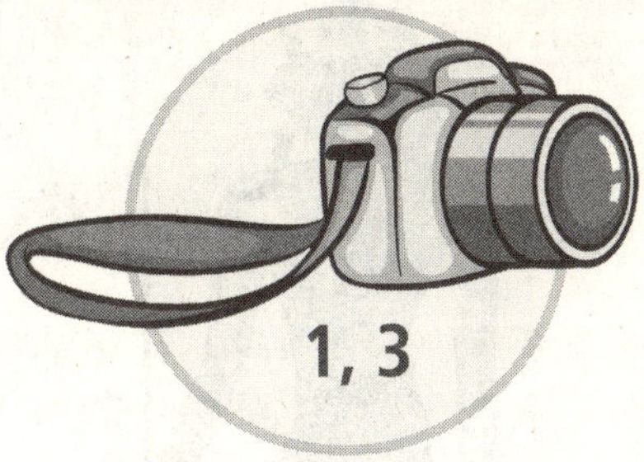

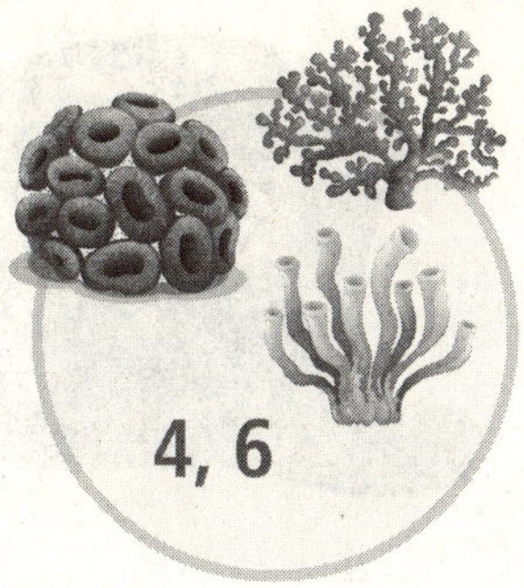

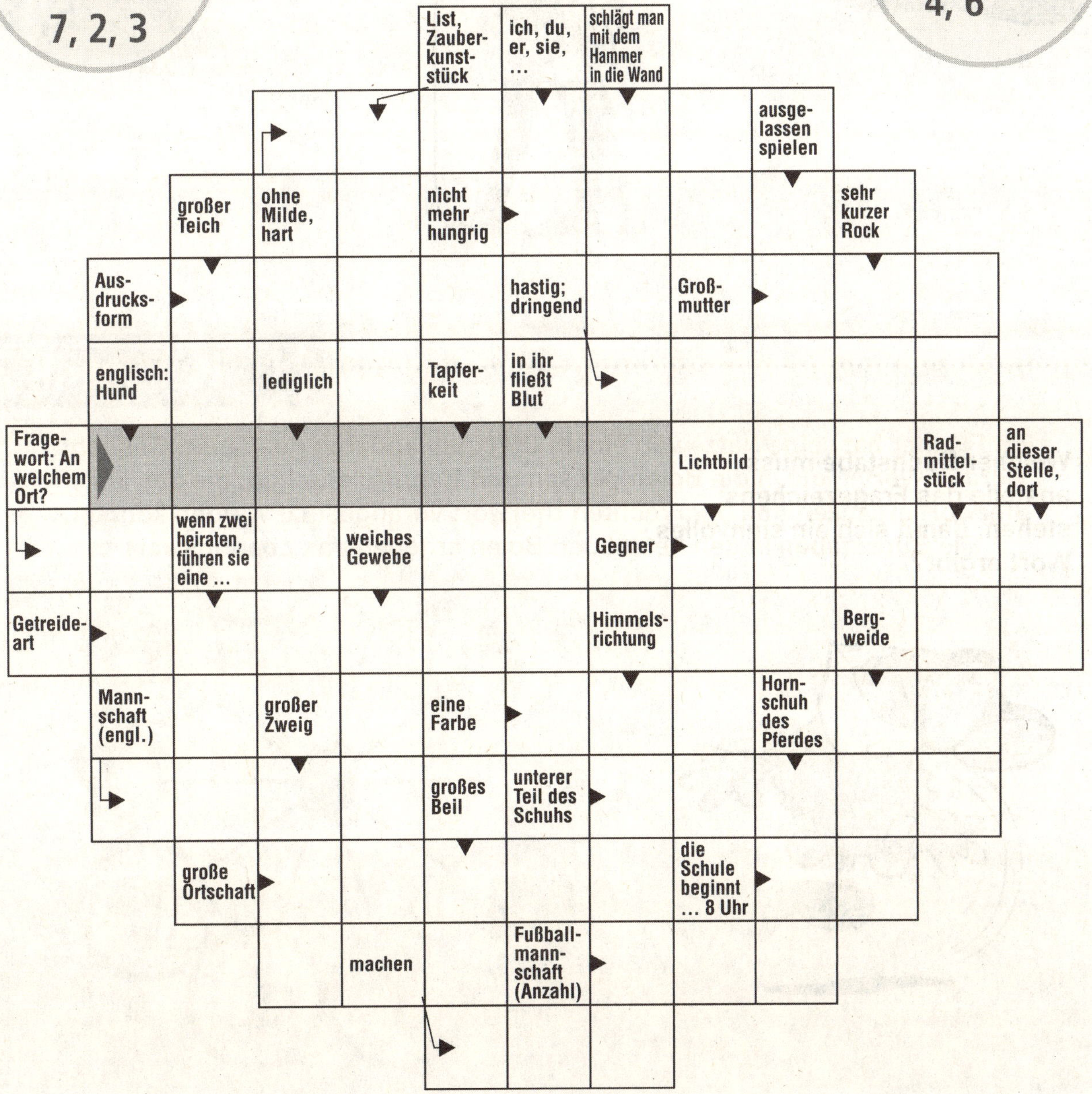

Bilderrätsel

Finde die gesuchten Begriffe zu den Bildern. Die angegebenen Buchstaben ergeben das Lösungswort.

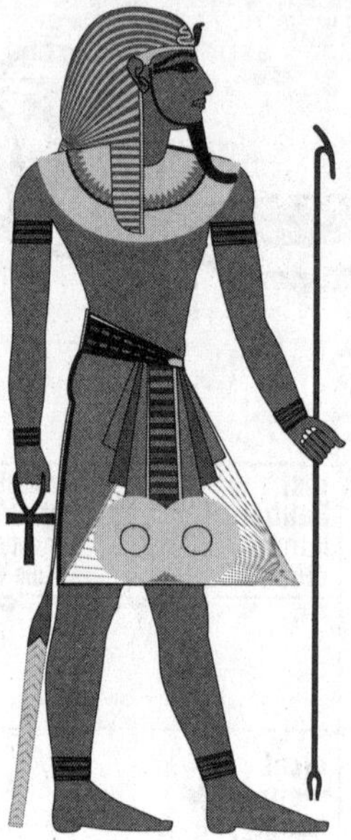

6, 1, 5

5, 3

Karussell

Welcher Buchstabe muss anstelle des Fragezeichens stehen, damit sich ein sinnvolles Wort ergibt?

Wörtersalat

Wir haben 19 Wörter zum Thema Bauernhof in diesem Buchstaben-Wirrwarr versteckt. Die Wörter können in jede Richtung laufen, auch diagonal, rückwärts oder von unten nach oben. Und sie können auch andere Wörter schneiden. Kannst du alle finden?

EGGEN – EIER – FELD – FORKE – GEMUESE – GERSTE – GRASEN – HENGST – HENNE – HEUBODEN – KARTOFFEL – KATER – KUTSCHE – MAEHDRESCHER – MAIS – PFLUEGEN – SCHEUNE – TRAKTOR – WEIZEN

T	N	R	B	K	V	K	U	N	N	O	L	O	W	T	A	G	E	I	T
M	S	M	R	U	Z	I	A	O	E	X	H	J	W	O	E	Z	K	X	E
F	K	A	K	K	Y	U	Y	T	G	F	S	Q	T	K	S	V	R	W	Y
H	O	I	F	X	A	N	V	X	E	N	Y	N	R	S	H	N	O	A	K
Y	G	S	Q	G	C	E	H	Q	U	R	K	K	A	E	L	G	F	K	T
E	S	V	N	Y	D	G	L	G	L	G	F	X	K	N	N	B	O	U	S
Z	T	B	E	H	G	G	Y	I	F	H	Z	M	T	G	E	R	R	K	C
P	S	F	D	O	F	E	A	E	P	V	A	Q	O	O	S	D	I	F	H
L	G	L	O	X	V	C	E	S	A	E	U	H	R	V	A	A	S	K	E
V	N	G	B	P	T	K	A	Z	H	H	Z	L	M	G	R	T	P	B	U
Y	E	Q	U	H	O	X	K	D	Q	C	P	S	A	M	G	R	H	D	N
B	H	N	E	Q	Q	X	R	W	C	S	X	Z	O	U	J	Q	C	Y	E
M	U	J	H	G	K	E	J	G	N	T	D	E	S	E	U	M	E	G	K
D	L	E	F	U	S	A	C	T	N	U	O	N	F	O	D	G	V	E	K
V	B	H	I	C	L	E	R	H	U	K	I	C	E	Y	C	G	X	N	N
Q	V	M	H	F	I	W	N	T	Z	Q	O	Z	Z	Z	D	E	P	N	Q
R	H	E	S	A	Q	O	F	G	O	P	L	Y	D	K	I	A	U	E	B
K	R	K	I	T	K	V	J	G	V	F	G	E	R	S	T	E	T	H	J
A	M	V	N	E	W	B	Y	U	W	Z	F	N	M	A	W	S	W	R	R
H	W	P	C	U	R	T	G	Y	T	B	X	E	U	S	H	G	M	H	X
S	J	V	N	T	K	E	E	M	V	D	V	C	L	F	X	O	H	S	M

Teekesselchen

Welches Wort mit zwei Bedeutungen wird gesucht?

Mein Wort bezeichnet ein kleines Tier.

Mein Wort bezeichnet einen Schwimmstil.

Memo

Jeweils zwei Bilder ergeben zusammengesetzt ein neues Wort. Welche drei Begriffe suchen wir?

Gitterrätsel

Trage die unten stehenden Wörter so in das Gitter ein, dass du ein komplett ausgefülltes Rätsel erhältst. Als kleine Hilfe ist bereits ein Wort vorgegeben.

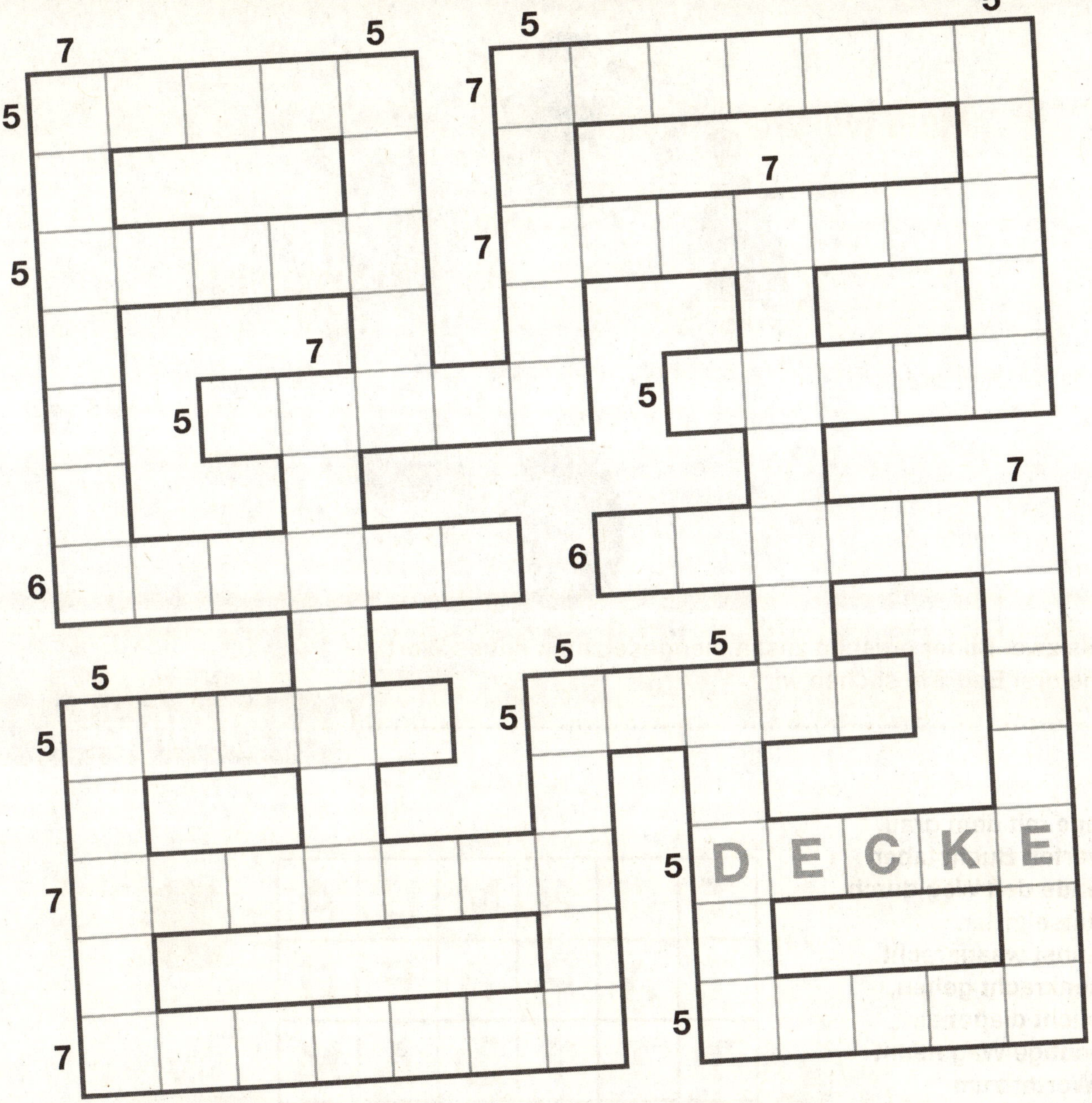

5 Buchstaben:
BOHNE – BULLE – EISEN – HITZE – KAMEL – KONTO – KUNDE – LOBEN – NADEL – NIETE – PELLE – RILLE – STOSS

6 Buchstaben:
KNETEN – TADELN

7 Buchstaben:
EINFALL – ETIKETT – LANGSAM – LEGENDE – NIESELN – PINSELN – RESPEKT – UNEINIG

Bilderrätsel

Finde heraus, welches Wort sich jeweils hinter den Bildern verbirgt. Ihre Anfangsbuchstaben ergeben im Uhrzeigersinn gelesen das Lösungswort. Beginne mit dem Bild oben.

Pfadfinder

Beginne mit dem grau markierten Buchstaben und finde den Weg durch das Rätselgitter. Du kannst waagerecht und senkrecht gehen, aber nicht diagonal. Der richtige Weg nennt dir 7 Wörter zum Thema Schach.

T	U	R	M	B	A
T	A	P	R	E	U
T	T	T	D	A	M
A	H	C	O	R	E
M	A	D	E	S	P
R	E	G	N	I	R

Scherzfrage

Welches Tier sollte Kinder beim Baden begleiten?

Füllrätsel

Die Wörter folgender Bedeutungen sind waagerecht in das Diagramm einzutragen.

1 großes graues Rüsseltier,

2 von allen gern gesehen,

3 durch einen heftigen Stoß kann man sich das Knie ...,

4 Sportler; Zocker,

5 sich schnell, heftig bewegen,

6 drückend warm

1	E	L					
2		E	L				
3			E	L			
4				E	L		
5					E	L	
6						E	L

Domino

Drehe die Dominosteine so, dass die oberen und unteren Buchstaben jeweils einen Beruf ergeben.

Spinnennetz

Beginne beim dunkelgrauen Buchstaben und finde den Weg durch das Spinnennetz. Welches Wort ergibt sich, wenn du jedes Feld im Spinnennetz nur einmal durchlaufen darfst?

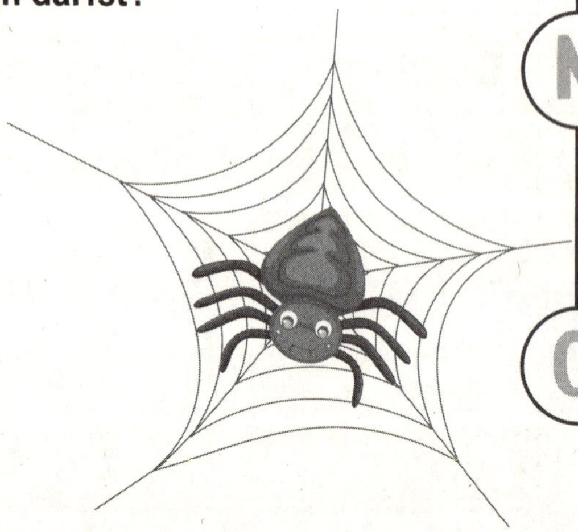

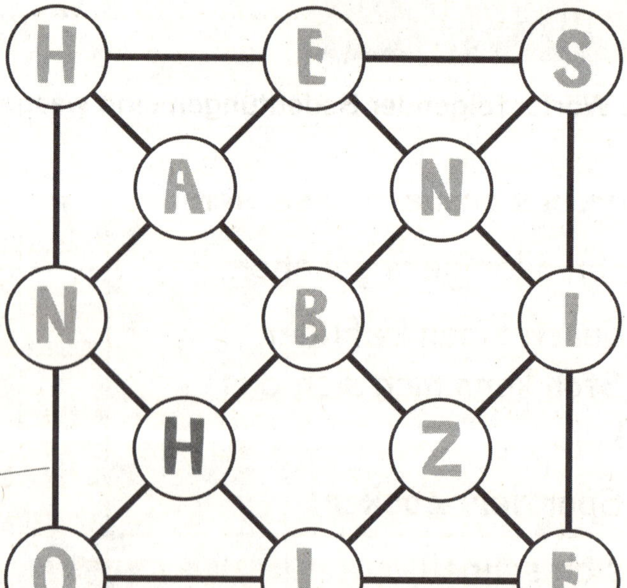

Nur ein Wort passt!

In der Liste stehen jeweils drei Wörter, von denen nur ein Wort ins Diagramm unter derselben Nummer eingetragen werden kann.

1 PALAST SUEDEN UMKEHR	2 FERN KALT MARS	3 MAX ARA JOB
4 WIE ORT USA	5 SPASS ASIAT STOLZ	6 EINST LOTOS GEGEN
7 HEER MOOR AMEN	8 EINMAL PYJAMA ZELTEN	9 TOTO KNIE MOOS
10 ICH SKI NEU	11 HECKE KRUMM DRANG	12 CD EI AM
13 HOBEL NACHT GEIST	14 KAKAO EMPOR KONTO	15 DURST KERNE STUHL
16 MIENE LEHNE RADIO	17 TADEL STOSS PFERD	18 MAST BIKE FAUL
19 GROB RANG NEUN	20 FIX RAT VON	21 ROCK RITT SPUR
22 GAS LAU EIN	23 TAKT LEID SATZ	24 MOFA NIXE SAAL

Sortierquiz

Was braucht man für welches Schulfach? Wenn du richtig zugeordnet hast, ergeben die Buchstaben von oben nach unten gelesen ein Wort für sehr gut.

Schulfach		Gegenstand	Buchstabe
◯	Deutsch	Atlas	R
◯	Erdkunde	Lesebuch	P
◯	Kunst	Noten	A
◯	Mathe	Pinsel	I
◯	Musik	Zirkel	M

Bilderrätsel

Finde heraus, welches Wort sich jeweils hinter den Bildern verbirgt. Die Zahl neben dem Bild gibt an, welchen Buchstaben des Wortes du brauchst. Der Reihe nach ergeben diese Buchstaben das Lösungswort.

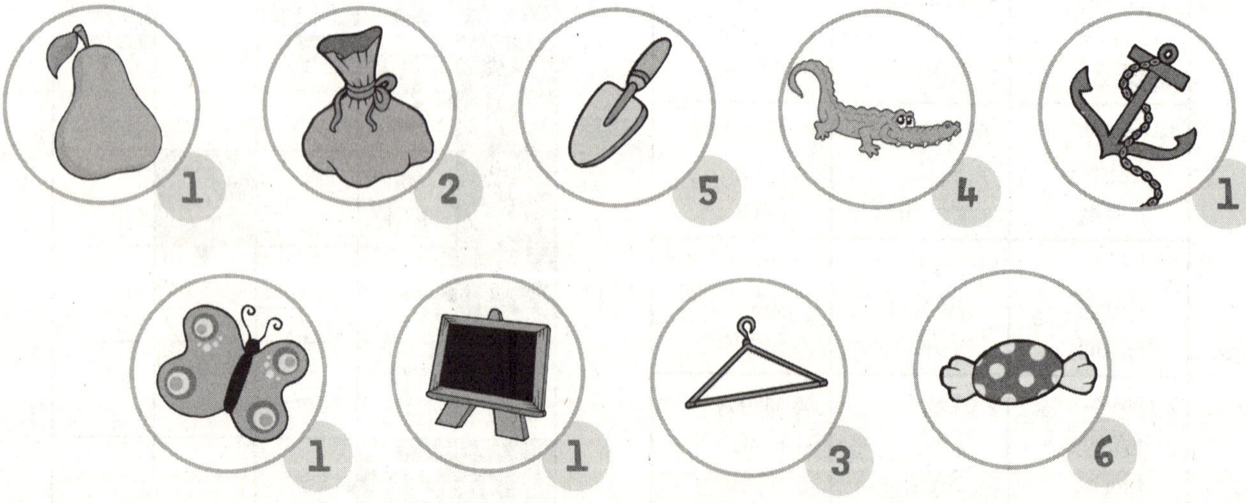

Buchstaben-Chaos

Ivonne ist aufgeregt. Ihr Freund hat ihr einen Heiratsantrag gemacht. Was sie für die Hochzeit braucht, erfährst du, wenn du die Buchstaben in die richtige Reihenfolge bringst.

K B D U

A E T I R L

Quiz

1

Der Mensch zählt zur Ordnung der ...

a) Primaten
b) Raubtiere
c) Insektenfresser

2

Was wird an Ostern bemalt?

a) Steine
b) Eier
c) Nüsse

3

Welche Euromünze gibt es hierzulande nicht?

a) 5 Cent
b) 1 Euro
c) 5 Euro

Kreuzworträtsel

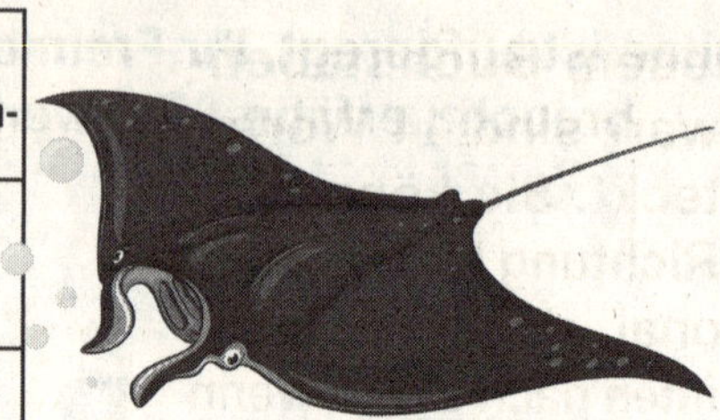

Kleiderverschluss

Ufermauer; Jungenname

Spaghetti und Spätzle sind ...gerichte

Auf die Plätze, fertig, ...!

weibliches Märchenwesen

nicht an, sondern ...

Farbton zwischen Blau und Rot

man riecht mit der ...

Schreibstift (Kurzwort)

Augendeckel

eine Zahl

Telefonat bei Gefahr

erste Frau (Adam und ...)

Sportwette

Neugestaltung von Gebäuden

Honiginsekt mit Stachel

nicht euer, sondern ...

Fabrik

„Prinzessin auf der ...“

Abschnitt eines Weges

ein Fragewort

scheues Waldtier

Tierabrichtung

zu keiner Zeit

Diebesgut; Jagdergebnis

beim Martinsumzug trägt man eine ...

begeisterter Anhänger (engl.)

Barriere, Zugangshindernis

Vater (Kosename)

rissig, nicht glatt

Kontinent

Telefonbenutzer

nicht gegen, sondern ...

vierblättriger ... bringt Glück

kleine Schüssel für Tierfutter

Gewichtseinheit

unterster Teil des Beines

Hauptwort von reiten

Gegenteil von alt

nicht sehr warm

lieber

Zuhause, Wohnung

Amsel, Drossel, Fink und ...

Fußballmannschaft (Anzahl)

sie misst die Zeit

heißes Getränk

Verwandter (Nichte und ...)

an dieser Stelle, dort

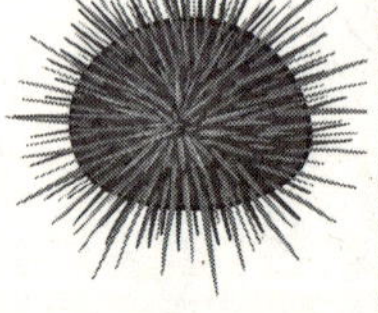

Schwur

Hast

Betrieb, Unternehmen

Buchstaben-Wirrwarr

In diesem Buchstaben-Wirrwarr sind 14 Wörter versteckt. Sie können in jede Richtung laufen, auch diagonal, rückwärts oder von unten nach oben. Wenn du sie alle gefunden hast, ergeben die übrig gebliebenen Buchstaben das Lösungswort.

D	E	N	I	D	R	A	S	N
O	S	G	H	A	I	F	H	E
R	H	A	N	B	L	F	E	F
S	C	A	F	U	I	O	C	P
C	A	L	N	T	Z	R	H	R
H	L	D	S	T	C	E	T	A
H	E	R	I	N	G	L	E	K
R	O	C	H	E	N	L	H	S
G	N	I	L	K	C	E	U	B

AAL • BUECKLING • BUTT • DORSCH • FLUNDER • FORELLE • HAI • HECHT • HERING • KARPFEN • LACHS • ROCHEN • SARDINE • SEEZUNGE

Land gesucht

Helsinki heißt nicht nur die Hauptstadt des gesuchten Landes, sondern einem Witz nach auch die untergehende Sonne in der Landessprache. Witzig auch, weil es von Mitte Mai bis etwa Mitte August gar keinen Sonnenuntergang dort gibt – hier scheint nun rund um die Uhr die Mitternachtssonne. Im Winter verhält es sich leider genau andersherum: Da wird die Natur tagsüber allemal in ein dunkles Blau getaucht. Welches Land könnte das sein?

Logikrätsel

Annemaries kleiner Bruder Chris spielt der Familie gerne Streiche. Aber in dieser Woche hat er es wirklich übertrieben. Was hat Chris an welchem Tag angestellt, wem hat er den Streich gespielt und welche Strafe hat er dafür bekommen?

Böse Streiche

		Wem				Streich				Strafe			
		Annemarie	Benjamin	Mama	Papa	Foto bemalt	Lesezeichen	Salz aufs Brot	Schuhe versteckt	eher ins Bett	Entschuldigung	Fernsehverbot	Hausarrest
Wochentag	Montag												
	Dienstag												
	Mittwoch												
	Donnerstag												
Strafe	eher ins Bett												
	Entschuldigung												
	Fernsehverbot												
	Hausarrest												
Streich	Foto bemalt												
	Lesezeichen												
	Salz aufs Brot												
	Schuhe versteckt												

1 In Papas Büro hat er aus allen Büchern die Lesezeichen entfernt. Papa war echt sauer. Das war nicht am Mittwoch.

2 Am Dienstag hat Chris Annemarie einen bösen Streich gespielt. Das war nicht der Tag, an dem er ein Foto mit Filzstift bemalte und dafür eine Entschuldigung schreiben musste.

3 Am Donnerstag hat er Schuhe versteckt, die erst eine Stunde später gefunden wurden.

4 Für den Streich, den er Mama gespielt hat, musste er früher ins Bett.

5 Genau 1 Tag, nachdem er Fernsehverbot hatte, streute er einem

Reiseziel gesucht

Wohin möchte Tom unbedingt reisen? Du findest es heraus, wenn du die Buchstaben in die richtige Reihenfolge bringst.

Tauschrätsel

In jeder Zeile darf nur jeweils ein Buchstabe getauscht werden, um ein neues Wort zu erhalten, und damit aus einem Zahn den Wind werden zu lassen.

Z	A	H	N
W	I	N	D

Kreuzwort-Puzzle

Wir haben eine Kreuzworträtsel-Auflösung zerschnitten. Dann haben wir die Einzelteile durcheinandergebracht. Ein Teil steht bereits an der richtigen Stelle. Die Einzelteile von außen sollt ihr nun innen so ergänzen, dass eine vollständige Kreuzworträtsel-Auflösung entsteht.

M		P
I	N	I
T		R

R	A	U
B		E
E	E	R

R	K	E
	A	
E	L	F

F	R	A
E		S
R	A	T

T	E	A
O		L
P	U	L

U		G
T	A	U
E		T

F	E	E
	B	
U	E	B

L	A	N
E		O
E	S	T

				H	A			
			H	I	T			
			E	N				

Schüttel-Buchstaben

Die Buchstaben, in die richtige Reihenfolge hintereinandergestellt, ergeben ein winterliches Kunstwerk.

Einer stört!

**Einer der vier Begriffe passt nicht zu den anderen.
Welcher ist es?**

Apfelsaft

Tee

?

Limonade

Spaghetti

Bilder-Kreuzworträtsel

- Wandverkleidung aus Papier
- Abschiedsgruß, Lebewohl
- europäischer Staat
- 
- ein paar, mehrere
- Außenschicht bei Bäumen
- auslegen, erklären
- nämlich
- Fahrwasserkundiger
- musterhaft, vollkommen
- 3
- Gotteshaus, große Kirche
- nicht außen
- mehrere Folgen bilden eine TV-...
- 6
- Gurkenkraut
- neblige Luft
- tapferer, mutiger Mann
- Monat mit wechselhaftem Wetter
- wer abnehmen will, macht eine ...
- ich, du, er, sie, ...
- 5
- 4
- großer Teich
- Würde, Ansehen (Ruhm und ...)
- feinkörnig
- Triebwagen der Eisenbahn
- ein Buch kann man ...
- ein Fragewort (Person)
- auf dem Kopf trägt man einen ...
- Amsel, Drossel, Fink und ...
- weibliches Märchenwesen
- eine Verletzung tut ...
- stramm, gefüllt
- in ihr fließt Blut
- 
- 
- 1
- rutschig, Gegenteil von rau
- anfangs, zunächst
- großes Werbebild, Poster
- unterster Teil des Beines
- kostbar, wertvoll
- 
- Schutzwall
- Laubbaum
- Kehrbesen; Kaminkehrer
- Brei aus Früchten
- der, ..., das
- an dieser Stelle, dort
- Kinderbuchfigur (Biene)
- kurz für an dem
- lediglich
- tiefe Bescheidenheit
- Leberfleck: Mutter...
- großer Fest- oder Tanzraum
- man schreit mit lauter ...
- 2

1 2 3 4 5 6

Scherzfrage

Quiz

1
Wo trägt man Kreolen?

a) an der Hand
b) am Ohr
c) um den Hals

2
Woraus besteht Bernstein?

a) Holz
b) Eisen
c) Harz

3
Wer stellt Schmuck her?

a) Goldschmied
b) Goldschuster
c) Goldmetz

Schlag nach!

Im Lexikon findet sich unter dem Stichwort „Steigbügel“ folgender Eintrag: Steig|bü|gel, der:

1. Fußstütze für den Reiter, die in Höhe der Füße seitlich vom Sattel herabhängt: jmdm. den S. halten (geh. abwertend; jmdm. bei seinem Aufstieg, seiner Karriere behilflich sein).

2. (Anat.) Gehörknöchelchen, das einem Steigbügel (1) ähnelt.

Ist das wirklich wahr?

Brückenrätsel

Ein Fischer hat seine Netze von einem Ufer zum anderen gespannt. Gesucht werden Wörter, die in die Bojen passen und Begriffe ergeben, die das linke Uferwort ergänzen und dem rechten Uferwort vorangesetzt werden können. Die Buchstaben in den hellblauen Bojen ergeben das Lösungswort.

Finde die gesuchten Begriffe zu den Bildern und trage die ausgewählten Buchstaben dieser Begriffe in den grau unterlegten Streifen im Rätsel als Startwort ein.

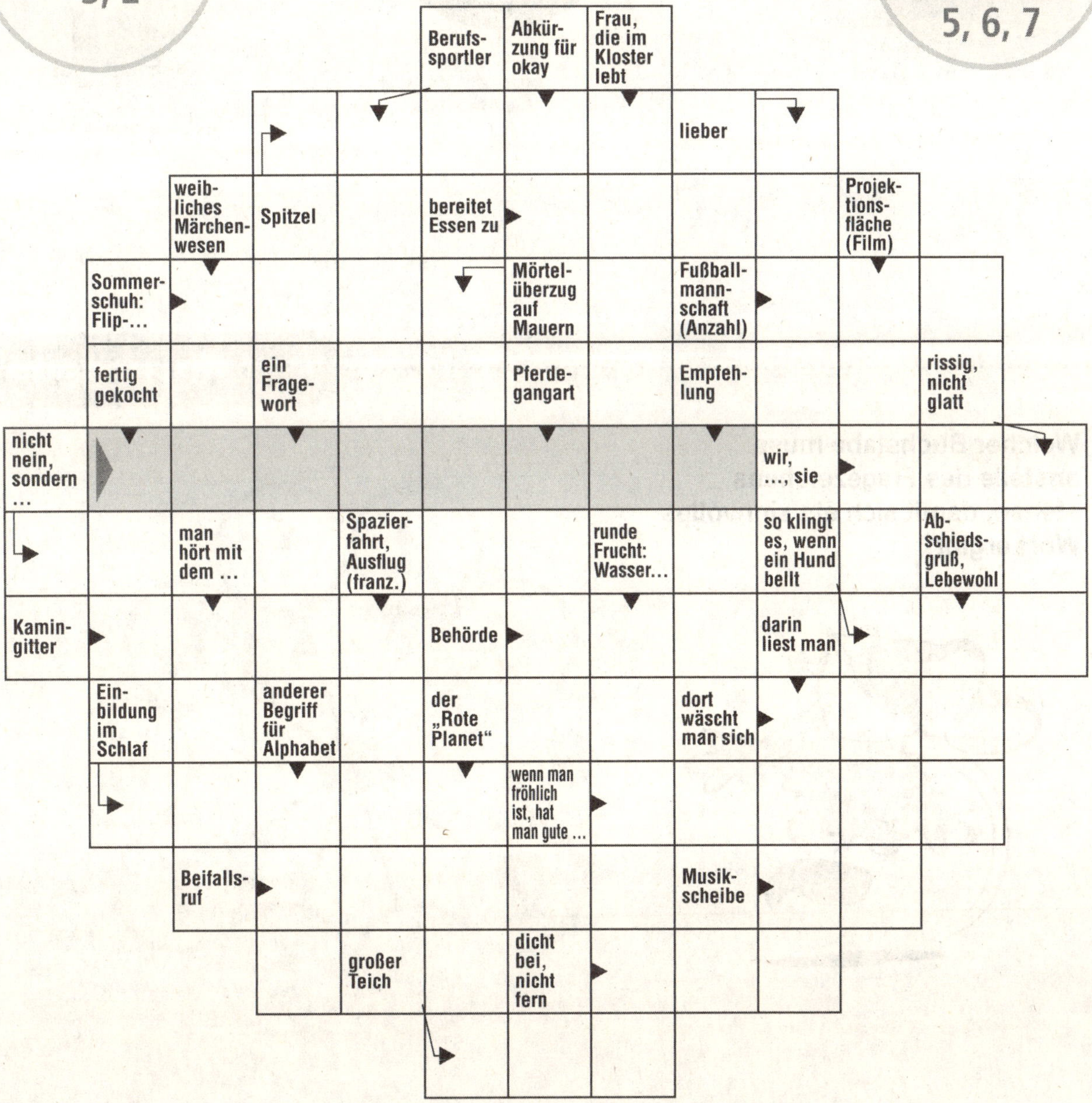

Bilderrätsel

Finde die gesuchten Begriffe zu den Bildern. Die angegebenen Buchstaben ergeben das Lösungswort.

1, 6

7, 2

4, 1

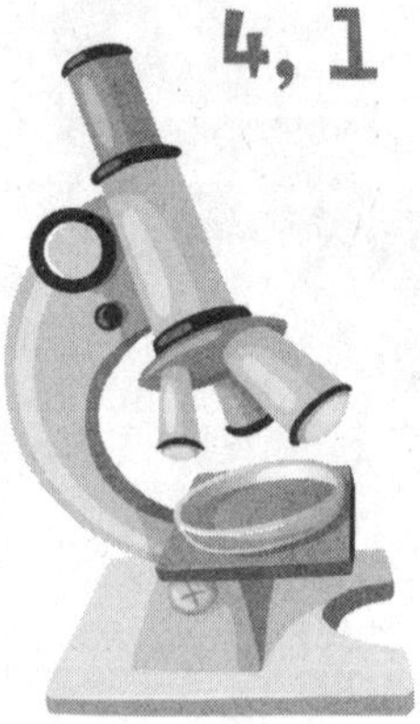

Karussell

Welcher Buchstabe muss anstelle des Fragezeichens stehen, damit sich ein sinnvolles Wort ergibt?

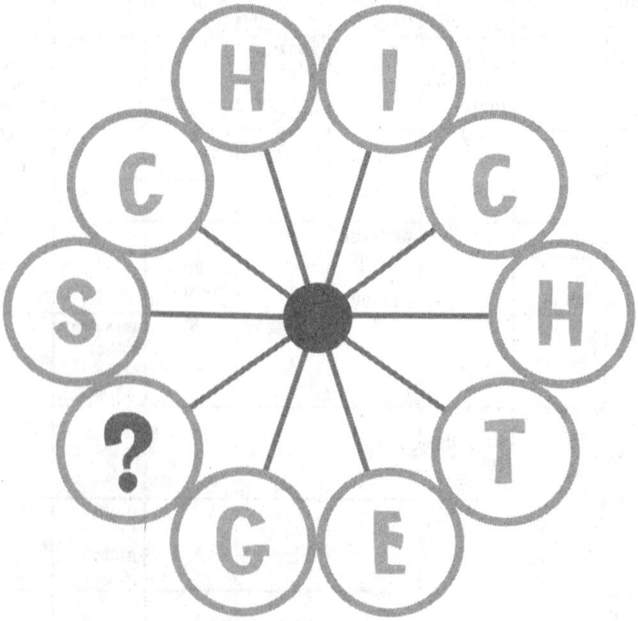

Wörtersalat

Wir haben 20 Wörter zum Thema Beruf in diesem Buchstaben-Wirrwarr versteckt. Die Wörter können in jede Richtung laufen, auch diagonal, rückwärts oder von unten nach oben. Und sie können auch andere Wörter schneiden. Kannst du alle finden?

APOTHEKER – BADEMEISTER – BAUER – BUERGERMEISTER – DOMPTEUR – ERZIEHER – FEUERWEHRMANN – FRISEUR – FUSSBALLSPIELER – LEHRER – LOKFUEHRER – MUELLMANN – PILOT – POLIZIST – SAENGER – SCHAUSPIELER – TIERARZT – TISCHLER – VERKAEUFER – ZAHNARZT

F	Z	T	I	S	C	H	L	E	R	H	I	B	F	V	R	K	A	X	H
F	U	S	S	B	A	L	L	S	P	I	E	L	E	R	B	N	R	I	M
B	X	C	R	A	O	R	E	F	U	E	A	K	R	E	V	E	E	I	T
U	I	L	I	E	N	U	R	R	I	Y	Q	X	J	Z	R	Y	D	O	K
E	Z	F	U	K	T	E	C	C	E	Q	K	R	M	H	P	B	L	O	R
R	O	Z	H	A	G	S	Y	E	X	L	A	H	E	M	B	I	E	E	U
G	H	F	C	N	T	A	I	Z	R	R	E	U	J	K	P	G	U	C	E
E	V	H	E	R	C	L	C	E	T	Z	F	I	L	A	Y	A	Q	L	T
R	E	A	T	U	D	J	T	C	M	K	I	Z	P	M	B	K	N	Y	P
M	S	Z	R	W	E	W	C	P	O	E	K	E	N	S	K	F	F	A	M
E	E	G	C	R	L	R	E	L	M	B	D	O	H	U	U	U	L	O	O
I	K	O	A	T	T	K	W	H	V	M	T	A	K	E	K	A	E	K	D
S	F	L	H	P	D	Z	R	E	U	P	V	M	B	B	R	S	H	H	F
T	Z	L	C	J	O	M	R	E	H	C	X	S	O	G	T	A	R	C	I
E	I	D	H	N	Y	T	L	A	Z	R	P	A	L	V	S	W	E	V	S
R	V	E	S	G	A	L	H	Q	N	Q	M	E	E	P	I	X	R	L	P
X	D	H	R	A	M	J	L	E	J	H	E	A	N	F	Z	C	R	D	A
A	Z	I	W	A	O	O	H	F	K	G	A	W	N	B	I	Q	M	N	V
W	T	R	N	Y	R	D	K	O	Z	E	X	Z	T	N	L	A	X	Z	F
Y	O	N	L	P	D	Z	I	Z	D	P	R	S	Z	K	O	E	N	V	Q
R	K	L	U	R	O	P	T	F	R	I	S	E	U	R	P	L	Q	F	S

Teekesselchen

Welches Wort mit zwei Bedeutungen wird gesucht?

Mein Teekesselchen kann ein Musiker lesen.

Mein Teekesselchen steht im Zeugnis.

Memo

**Jeweils zwei Bilder ergeben zusammengesetzt ein neues Wort.
Welche drei Begriffe suchen wir?**

Gitterrätsel

Trage die unten stehenden Wörter so in das Gitter ein, dass du ein komplett ausgefülltes Rätsel erhältst. Als kleine Hilfe ist bereits ein Wort vorgegeben.

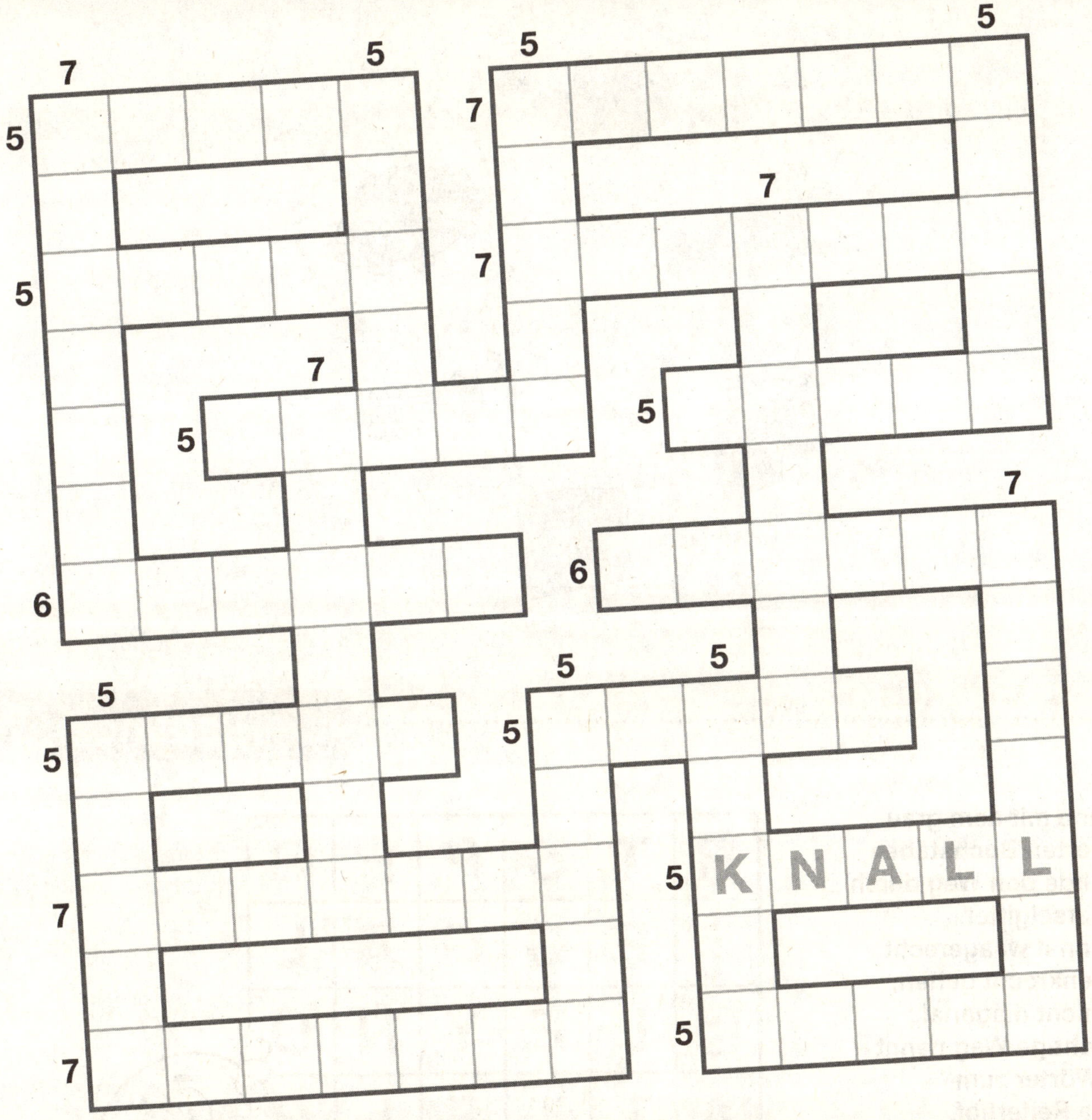

5 Buchstaben:
BOESE – FISCH – FRAGE – GEGEN – HARKE – HAUEN – HOEHE – LAGER – LIEBE – RATTE – ROBBE – SERIE – ULKIG

6 Buchstaben:
GRANIT – SPITZE

7 Buchstaben:
ABREISE – BEKANNT – ERHOLEN – FUSSWEG – GEISTER – OMNIBUS – ROBOTER – RUTSCHE

Bilderrätsel

Finde heraus, welches Wort sich jeweils hinter den Bildern verbirgt. Ihre Anfangsbuchstaben ergeben im Uhrzeigersinn gelesen das Lösungswort. Beginne mit dem Bild oben.

Pfadfinder

Beginne mit dem grau markierten Buchstaben und finde den Weg durch das Rätselgitter. Du kannst waagerecht und senkrecht gehen, aber nicht diagonal. Der richtige Weg nennt dir 7 Wörter zum Thema Reiterhof.

R	T	S	P	P	O
I	E	G	G	A	L
S	L	E	Y	N	O
A	T	T	E	L	P
H	B	A	R	T	L
U	F	S	T	A	L

Scherzfrage

Füllrätsel

Die Wörter folgender Bedeutungen sind waagerecht in das Diagramm einzutragen.

1 aus zwei Erdteilen bestehender Doppelkontinent (Nord... und Süd...),
2 Schiffstyp,
3 Klemmbefestigung,
4 lebenswichtiger Wirkstoff,
5 anderes Wort für Werbung,
6 leicht zu krümmen

1	A	M					
2		A	M				
3			A	M			
4				A	M		
5					A	M	
6						A	M

Domino

Drehe die Dominosteine so, dass die oberen und unteren Buchstaben jeweils einen Begriff aus der Küche ergeben.

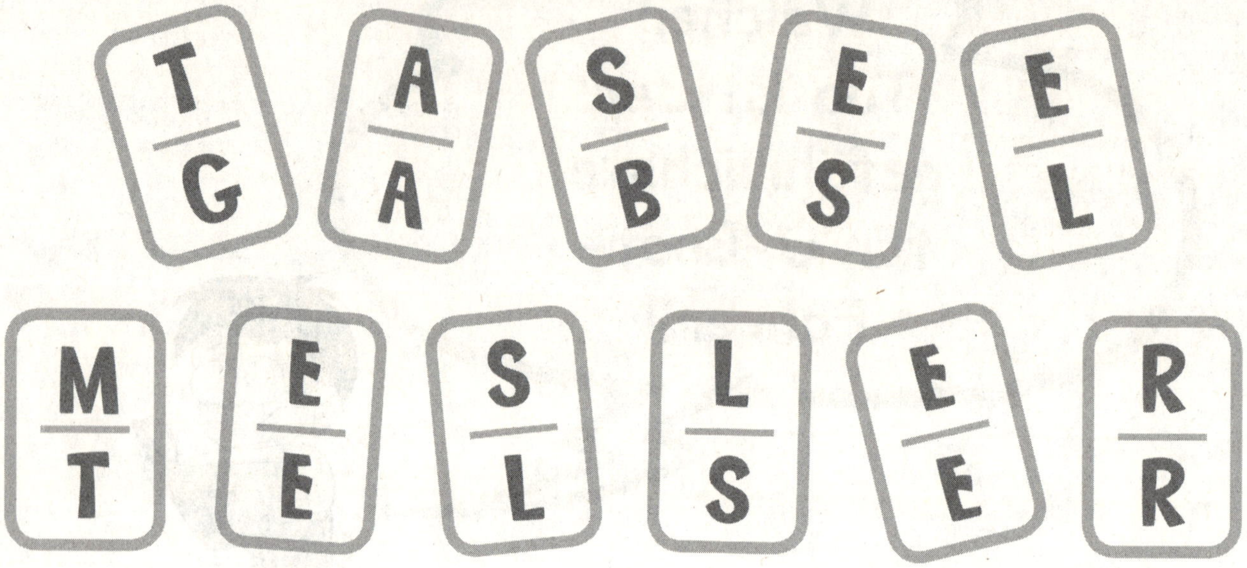

Spinnennetz

Beginne beim dunkelgrauen Buchstaben und finde den Weg durch das Spinnennetz. Welches Wort ergibt sich, wenn du jedes Feld im Spinnennetz nur einmal durchlaufen darfst?

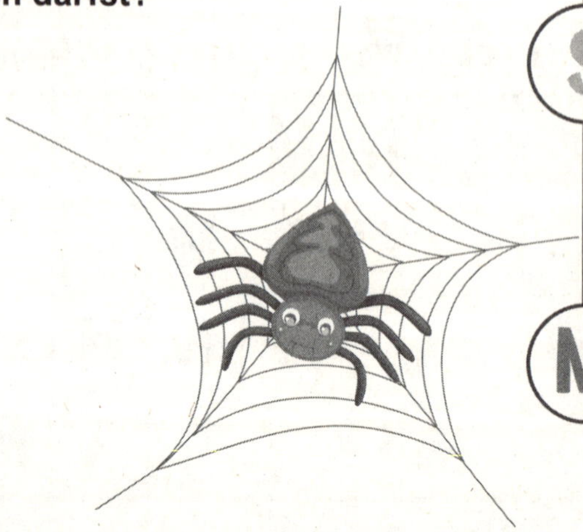

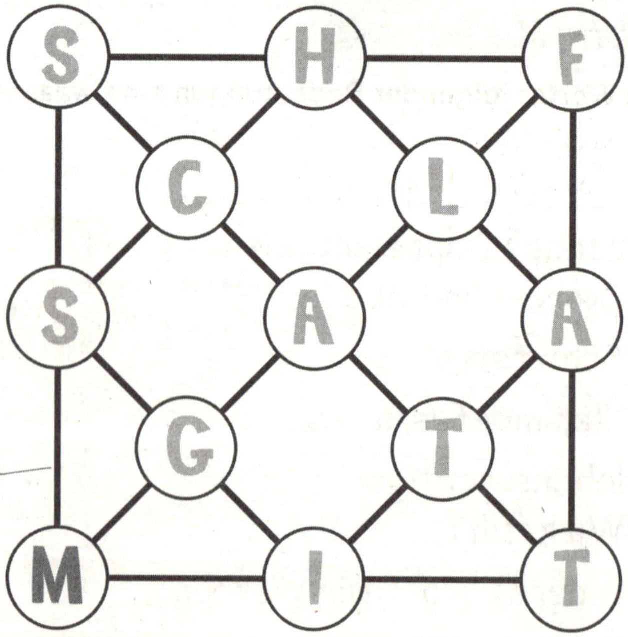

Nur ein Wort passt!

In der Liste stehen jeweils drei Wörter, von denen nur ein Wort ins Diagramm unter derselben Nummer eingetragen werden kann.

1 TEIL BANK ENTE	**2** UEBER BRIEF NAGEL	**3** UFER REIS LOHN
4 SENSE AHNEN GRUND	**5** DIE LAU FIT	**6** ES DA ZU
7 WARE HUND EHER	**8** BAU RAU HIT	**9** KRIMI PLATT ESCHE
10 OEL RAT MUT	**11** TROTZ OZEAN SEGEN	**12** KLAPPE ERNTEN TICKEN
13 EIN HUF SAU	**14** CHEF AKTE ZART	**15** MINE FOTO KRUG
16 ZIEL DORF TUCH	**17** LID MIT TON	**18** MALEN LEDIG FABEL
19 DOLCH ASIEN NELKE	**20** NOCH NASS EHRE	**21** MAKEL ZACKE FIBEL
22 WANGE HETZE BULLE	**23** TREU PUMA REST	**24** QUER MAMA MUND

Sortierquiz

Welches Wahrzeichen steht in welcher Stadt? Wenn du richtig zugeordnet hast, ergeben die Buchstaben von oben nach unten gelesen ein Wort für ein Buch mit Landkarten.

◯ Big Ben	Kopenhagen (S)
◯ Brandenburger Tor	Berlin (T)
◯ Eiffelturm	London (A)
◯ Towerbrücke	London (A)
◯ Meerjungfrau	Paris (L)

Bilderrätsel

Finde heraus, welches Wort sich jeweils hinter den Bildern verbirgt. Die Zahl neben dem Bild gibt an, welchen Buchstaben des Wortes du brauchst. Der Reihe nach ergeben diese Buchstaben das Lösungswort.

1

3

5

1

7

3

9

5

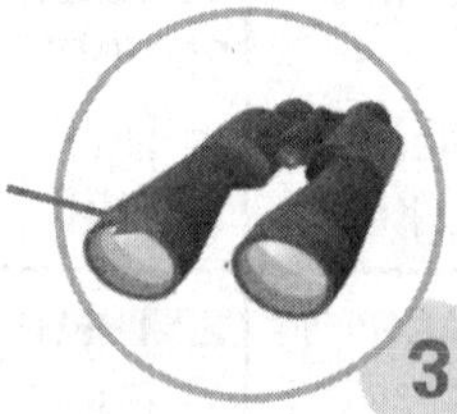
3

Buchstaben-Chaos

Luise möchte ihrer Freundin eine Freude machen. Was Luise für sie gebastelt hat, erfährst du, wenn du die Buchstaben in die richtige Reihenfolge bringst.

Quiz

1

Wo findet man den großen Onkel?

a) an der Hand
b) am Fuß
c) im Gesicht

2

Worauf fahren Eisenbahnen?

a) Straßen
b) Schienen
c) Kanälen

3

Julius Caesar war ein berühmter ...

a) Feldherr
b) Filmhund
c) Naturforscher

Kreuzworträtsel

Heer, Verbund von Soldaten
aus der Puste: außer …
Holzblasinstrument
großes Gewässer
empfehlenswert
Beingelenk
Platzmangel, Raumnot
Gießgefäß für Blumen, Getränke
junger Pflanzentrieb
flüssiges Fett
Absicht, Vorhaben
vergebens, erfolglos
gebündelter Energiestrom
vermuten, vorhersehen
seltene Pflanzen stehen unter …schutz
hinterer Teil des Halses; Genick
eine Verletzung tut …
Gegenteil von alt
vielfarbig
langschwänziger Papagei
ein Fragewort (Zeit)
Ankündigung, Mitteilung
böse, schlimm
mit Rat und … zur Seite stehen
die Vereinigten Staaten
Fanggerät
Singgemeinschaft
Körperhülle
Radio nennt man auch Rund…
dicht bei, nicht fern
Nebenmeer des Atlantiks
weibliches Schwein
nicht lang, sondern …
Schluss
eingebildet
fertig gekocht
formbare Masse zum Spielen
wenn man sich fürchtet, hat man …
heißes Getränk
Güte, Nachsicht
Hast
Fehler, Versehen
eine Farbe
englisch: rot
Gegenteil von schlecht
Strick
…, du, er, sie, es
Abkürzung für Mehrzahl
Klassenarbeit
ein Laubbaum
Musikscheibe
Wirtshausrechnung

Buchstaben-Wirrwarr

In diesem Buchstaben-Wirrwarr sind 14 Wörter versteckt. Sie können in jede Richtung laufen, auch diagonal, rückwärts oder von unten nach oben. Wenn du sie alle gefunden hast, ergeben die übrig gebliebenen Buchstaben das Lösungswort.

R	S	P	E	C	H	T	D	L
G	E	L	S	T	E	R	O	E
E	U	L	E	T	O	T	M	R
I	N	K	F	S	O	O	E	C
E	H	A	S	I	E	R	R	H
R	L	E	S	W	N	A	C	E
C	L	H	E	A	B	K	E	H
F	A	L	K	E	F	K	E	A
N	S	C	H	W	A	L	B	E

DROSSEL – ELSTER – EULE – FALKE – FASAN – FINK – GEIER – KEA – LERCHE – MOEWE – RABE – SCHWALBE – SPECHT – STORCH

Schlag nach!

Im Lexikon findet sich unter dem Stichwort „Salzstange" folgender Eintrag:

Salz|stan|ge, die: stangenförmiges, mit groben Salzkörnern bestreutes Gebäck; Übertragung: sie ist eine (richtige) Salzstange (ugs. scherzhaft; ein hoch aufgeschossener, hagerer Mensch)

Ist das wirklich wahr?

Logikrätsel

Einmal im Jahr gehen alle Klassen der Friedrichschule in den Wald, um Müll einzusammeln. Die 7er-Klassen sind dieses Jahr im südlichen Waldstück und finden außer Getränkedosen und Bonbonverpackungen auch noch diverse andere Dinge. Welche Klasse findet wie viele Getränkedosen, wie viele Verpackungen und welche Art von Müll außerdem?

Aufräum-Aktion

		Dosen				Verpackungen				Müll			
		8	10	12	14	9	11	13	15	Autoreifen	Kugelschreiber	Plastikschüssel	Schuh
Klasse	7a												
	7b												
	7c												
	7d												
Müll	Autoreifen												
	Kugelschreiber												
	Plastikschüssel												
	Schuh												
Verpackungen	9												
	11												
	13												
	15												

1 Die 7a findet einen alten Kugelschreiber und 2 Getränkedosen weniger als die 7c. Die 7c findet 11 Verpackungen. Das sind weniger als die Klasse findet, die 8 Getränkedosen und eine Plastikschüssel in ihrem Müllbeutel hat.

2 Eine Klasse findet 15 Verpackungen und einen alten Schuh. Das ist nicht die 7b.

3 Die Klasse, die 14 leere Getränkedosen findet, wundert sich außerdem über einen alten Autoreifen mitten im Wald.

Wort gesucht

Kannst du erraten, welches Wort sich hier verbirgt?
Ein kleiner Tipp: Es ist der Eingang eines Schlupfwinkels.

Tauschrätsel

In jeder Zeile darf nur jeweils ein Buchstabe getauscht werden, um ein neues Wort zu erhalten, und damit aus der Post dann Habe werden zu lassen.

P	O	S	T
H	A	B	E

Kreuzwort-Puzzle

**Wir haben eine Kreuzworträtsel-Auflösung zerschnitten.
Dann haben wir die Einzelteile durcheinandergebracht.
Ein Teil steht bereits an der richtigen Stelle. Die Einzelteile von außen sollt ihr nun innen so ergänzen, dass eine vollständige Kreuzworträtsel-Auflösung entsteht.**

B	E	R
E		O
R	A	S

Z		A
U	I	N
G		G

N		R
T	E	A
E		T

T	T	E
	M	
B	E	I

I	N	G
K		E
E	I	L

D	E	I
E		S
R	U	T

T	A	U
	S	
A	T	L

P	U	T
O		R
S	T	E

				W	E			
			T	A	L			
			A	S				

Schüttel-Buchstaben

Die Buchstaben, in die richtige Reihenfolge hintereinandergestellt, ergeben ein anderes Wort für Speisekammer.

Einer stört!

Einer der vier Begriffe passt nicht zu den anderen. Welcher ist es?

Hund

Katze

?

Maus

Fisch

Bilder-Kreuzworträtsel

Raumfahrer	ein Edelstein	mit Rat und … zur Seite stehen		grob gemahlene Getreidekörner		Platzmangel, Raumnot	Training, Erfahrung		oberer, vorderer Teil des Kopfes		bewachen
	1								die Schule beginnt … 8 Uhr		
ein Frühlingsmonat				rutschen						5	
				die Note 1 ist … gut		Schaukelbettchen			scherzhaft: unglaublich		
Taufzeuge		Inselstaat neben England			übernatürliches Ereignis						
								englisch: eins			
Herrscherinnentitel			sanfte Bodenerhebung				4			fruchtbare Wüsteninsel	
					an Silvester kann man … gießen		dicht bei, nicht fern	Auf die Plätze, fertig, …!			
großer Greifvogel	Erdteil, zu dem Deutschland gehört		schmeckend probieren	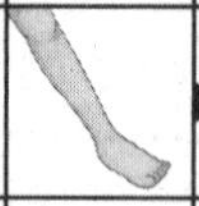					in der Schule kann man etwas …		an … und Stelle
männlicher Nachkomme		6				englisch: rot	somit, folglich				
				feine Hautöffnung			Armee; sehr große Anzahl				
japanische Kampfsportart		Freizeitbeschäftigung			2			kleines Klappfenster		zu keiner Zeit	
					nicht dick, sondern …				3		ich, …, er, sie, es
Postgebühr											
		Verwandter (Nichte und …)						Gegenteil von alt			

Scherzfrage

Quiz

1

Was ist kein Wirbelsturm?

a) Hurrikan
b) Taifun
c) Organ

2

Besonders wechselhaftes Wetter nennt man auch ...

a) Aprilwetter
b) Kaiserwetter
c) Donnerwetter

3

Ist der Himmel voller Wolken, dann ist er ...

a) bedeckt
b) neblig
c) heiter

Farbenspiel!

Bei Grün darf man fahren oder gehen, bei Gelb muss man auf das nächste Signal warten, und Rot bedeutet Stopp! Was nicht jeder weiß: Um auch Menschen mit Rot-Grün-Sehschwäche oder Farbenblindheit die Orientierung zu ermöglichen, ist die Reihenfolge der Farben überall gleich. Dabei steht Rot immer ...

a) oben
b) in der Mitte
c) unten

Brückenrätsel

Ein Fischer hat seine Netze von einem Ufer zum anderen gespannt. Gesucht werden Wörter, die in die Bojen passen und Begriffe ergeben, die das linke Uferwort ergänzen und dem rechten Uferwort vorangesetzt werden können. Die Buchstaben in den hellblauen Bojen ergeben das Lösungswort.

Finde die gesuchten Begriffe zu den Bildern und trage die ausgewählten Buchstaben dieser Begriffe in den grau unterlegten Streifen im Rätsel als Startwort ein.

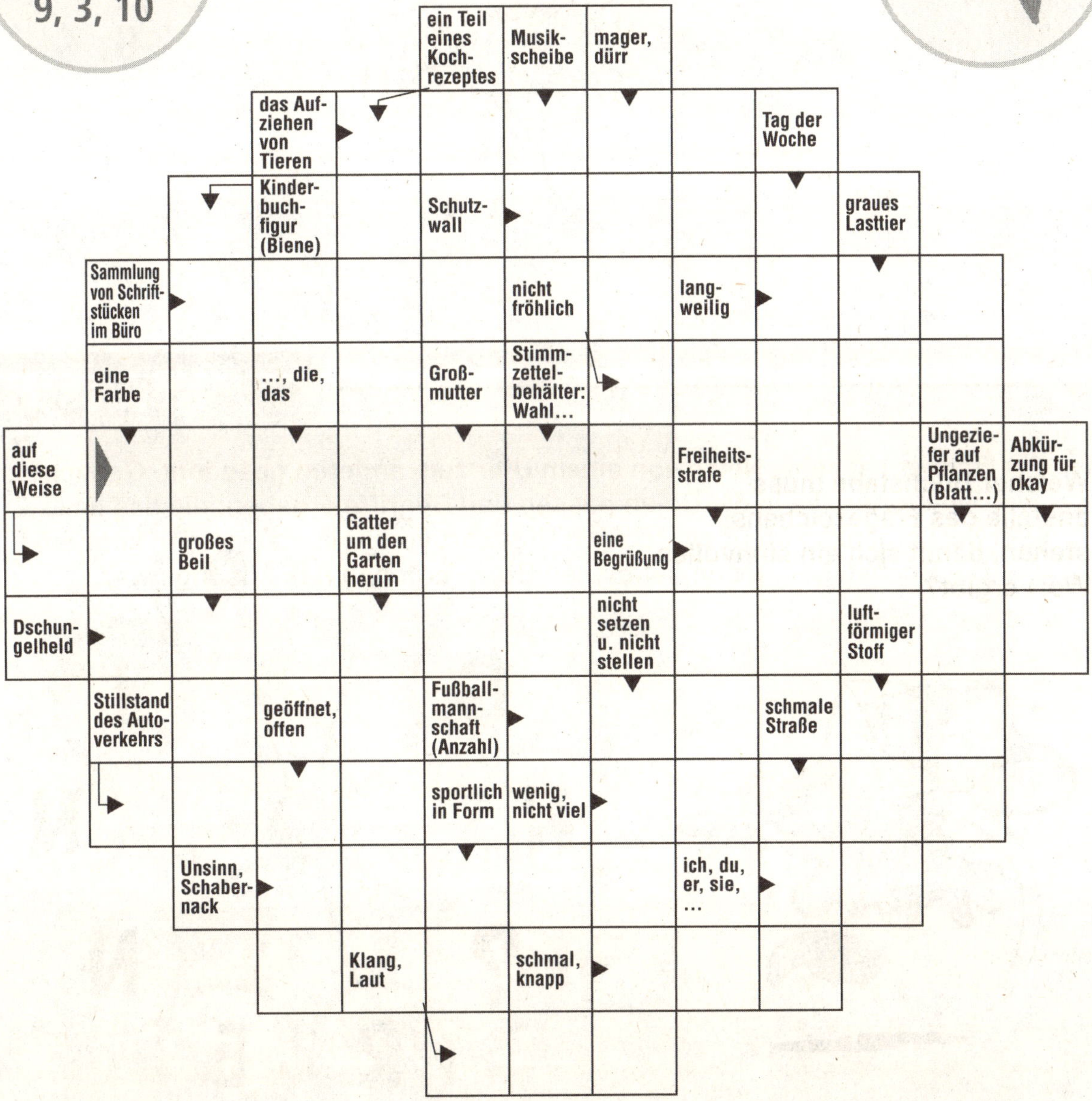

Bilderrätsel

Finde die gesuchten Begriffe zu den Bildern. Die angegebenen Buchstaben ergeben das Lösungswort.

4, 7

10, 1

5, 6

Karussell

Welcher Buchstabe muss anstelle des Fragezeichens stehen, damit sich ein sinnvolles Wort ergibt?

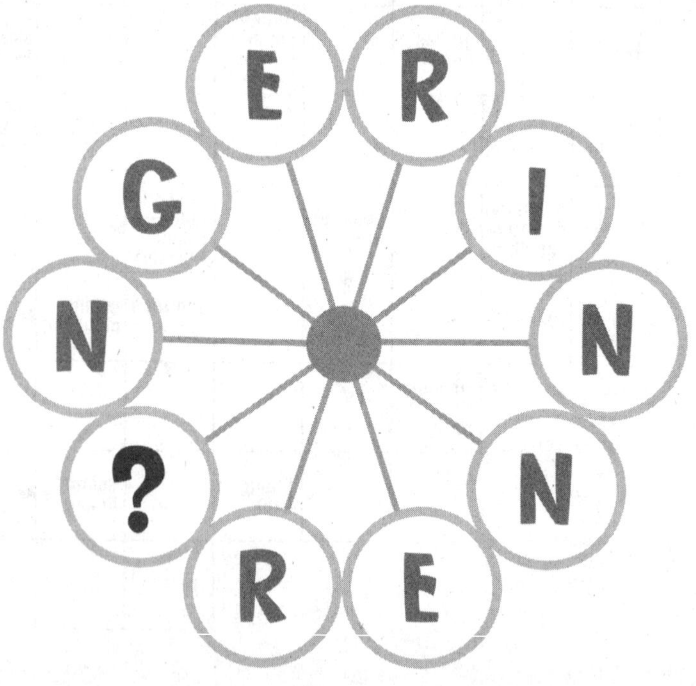

Wörtersalat

Wir haben 19 Wörter zum Thema Schule in diesem Buchstaben-Wirrwarr versteckt. Die Wörter können in jede Richtung laufen, auch diagonal, rückwärts oder von unten nach oben. Und sie können auch andere Wörter schneiden. Kannst du alle finden?

AULA – ELTERNABEND – FEDERTASCHE – FERIEN – HAUSAUFGABEN – HORT – KLASSENARBEIT – KLASSENSPRECHER – KLASSENZIMMER – KREIDE – LEHRER – LEHRERZIMMER – PAUSENHOF – PROJEKTOR – SCHULLEITER – SPORTHALLE – STUNDENPLAN – TAFEL – UNTERRICHT

T	U	U	U	O	S	D	E	H	C	S	A	T	R	E	D	E	F	O	N
F	X	L	S	V	I	M	Z	Q	N	Z	G	C	N	U	R	N	K	Q	P
Q	Q	H	E	K	R	E	H	C	E	R	P	S	N	E	S	S	A	L	K
A	O	H	I	F	N	H	V	G	H	U	O	K	F	R	K	S	Y	H	Z
P	C	J	R	N	A	Y	W	V	H	L	S	M	E	U	A	H	K	E	F
A	N	F	S	F	A	T	P	W	X	S	I	M	K	U	O	K	D	I	Z
U	E	S	U	P	D	L	T	J	K	K	M	N	L	T	D	I	T	F	R
S	B	S	C	Y	O	R	P	N	D	I	H	A	U	V	E	O	M	G	O
E	A	L	Z	H	T	R	Z	N	Z	N	C	L	U	R	O	H	F	X	T
N	G	L	E	T	U	J	T	N	E	R	E	D	K	H	V	B	V	O	K
H	F	A	F	H	M	L	E	H	O	D	U	B	J	S	F	O	U	R	E
O	U	H	C	V	R	S	L	N	A	M	N	S	A	H	E	D	Y	Q	J
F	A	U	O	F	S	E	Y	E	U	L	M	U	G	N	H	Q	M	C	O
Q	S	C	Q	A	W	Y	R	C	I	K	L	B	T	X	R	O	L	X	R
T	U	V	L	A	V	I	O	Z	S	T	Y	E	F	S	T	E	R	K	P
T	A	K	F	B	I	N	T	Q	I	E	E	X	U	R	E	W	T	T	P
J	H	X	E	F	E	R	I	E	N	M	X	R	V	R	E	F	W	L	E
M	P	O	Z	K	R	U	H	K	V	D	M	G	Y	X	C	R	Y	C	E
T	S	K	L	A	S	S	E	N	A	R	B	E	I	T	Q	C	H	J	B
F	V	O	P	M	X	C	Z	J	H	W	T	R	R	S	U	Q	M	E	D
M	N	M	O	C	T	H	C	I	R	R	E	T	N	U	A	H	Q	N	L

Teekesselchen

Welches Wort mit zwei Bedeutungen wird gesucht?

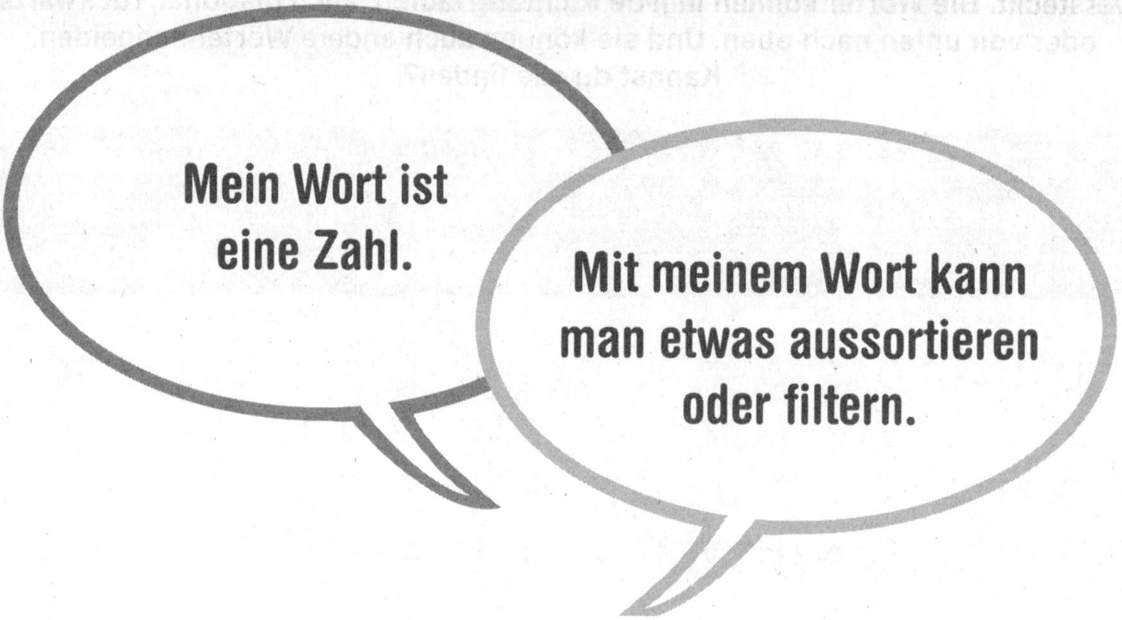

Memo

Jeweils zwei Bilder ergeben zusammengesetzt ein neues Wort.
Welche drei Begriffe suchen wir?

Trage die unten stehenden Wörter so in das Gitter ein, dass du ein komplett ausgefülltes Rätsel erhältst. Als kleine Hilfe ist bereits ein Wort vorgegeben.

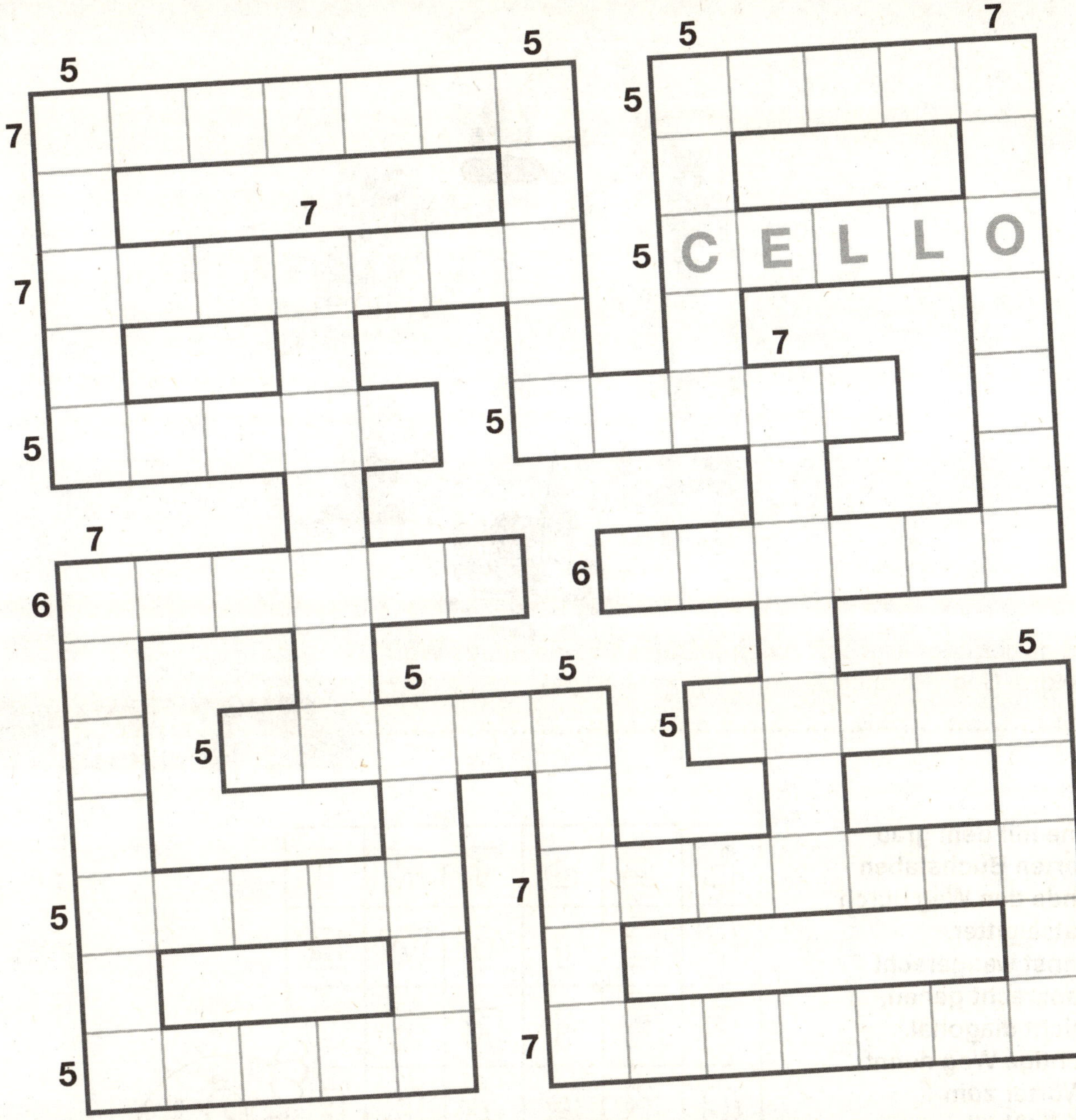

5 Buchstaben:
ANBAU – BUCHT – ERBSE – FALLS – GRUBE – NAGEN – NOTIZ – RECHT – REGEL – SCHAR – SZENE – UEBEN – UNTER

6 Buchstaben:
IRLAND – KAPUTT

7 Buchstaben:
BETRIEB – EISBAHN – FAELLEN – INLINER – KUERBIS – LEOPARD – LOESUNG – SANDUHR

Bilderrätsel

Finde heraus, welches Wort sich jeweils hinter den Bildern verbirgt. Ihre Anfangsbuchstaben ergeben im Uhrzeigersinn gelesen das Lösungswort. Beginne mit dem Bild oben.

Pfadfinder

Beginne mit dem grau markierten Buchstaben und finde den Weg durch das Rätselgitter. Du kannst waagerecht und senkrecht gehen, aber nicht diagonal. Der richtige Weg nennt dir 7 Wörter zum Thema Fußball.

L	E	S	T	N	I
F	E	T	O	W	E
E	R	I	R	U	O
C	K	E	A	R	R
P	E	S	B	F	E
A	S	S	L	I	B

Scherzfrage

Füllrätsel

Die Wörter folgender Bedeutungen sind waagerecht in das Diagramm einzutragen.

1 ein Asiat,

2 Borstentier,

3 Sportler, der mit einem Degen kämpft,

4 genießerisch Süßes verzehren,

5 Deutsch ist eine ...,

6 Geschwätz, Rederei

1	C	H					
2		C	H				
3			C	H			
4				C	H		
5					C	H	
6						C	H

Domino

Drehe die Dominosteine so, dass die oberen und unteren Buchstaben jeweils einen Wochentag ergeben.

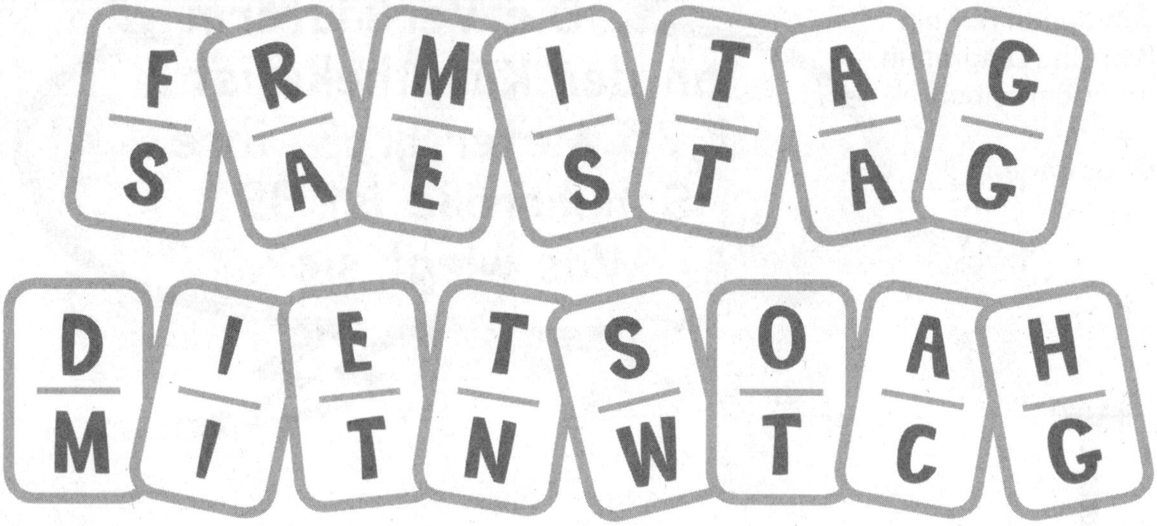

Spinnennetz

Beginne beim dunkelgrauen Buchstaben und finde den Weg durch das Spinnennetz. Welches Wort ergibt sich, wenn du jedes Feld im Spinnennetz nur einmal durchlaufen darfst?

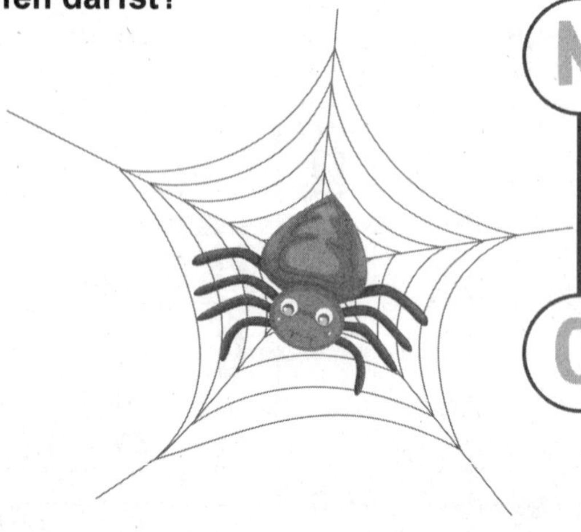

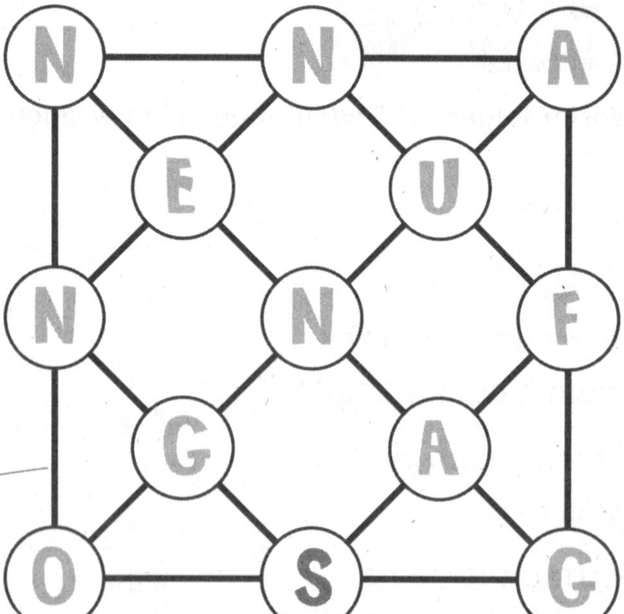

Nur ein Wort passt!

In der Liste stehen jeweils drei Wörter, von denen nur ein Wort ins Diagramm unter derselben Nummer eingetragen werden kann.

1 PAPPE HORST ENKEL	2 FASS LAUF ESEL	3 LIED KIEL RIFF
4 PRALL HETZE RAUPE	5 HILFE EXAKT GNADE	6 MITLEID KRAWALL ORDNUNG
7 RUHE REIN EDEL	8 ONE AUS ARM	9 KLAR LAST MILD
10 TANK IGLU NASE	11 KURZ PAAR CHOR	12 LEIB SATT BRAV
13 GLUT GRAD WURF	14 HOLEN PROFI WARUM	15 HERBST ANANAS KLETTE
16 OPER HART FOTO	17 RAPS SOFA EINE	18 RANG EHRE WEHE
19 MZ EI DA	20 STORY REIBE FEIGE	21 REGE FANG FOUL
22 TREU HALM BROT	23 ERBE GROB RAUB	24 ALSO KOHL BALL

Sortierquiz

Welcher Berg erhebt sich in welchem Gebirge? Wenn du richtig zugeordnet hast, ergeben die Buchstaben von oben nach unten gelesen ein Wort für hinauf.

◯ Brocken	Alpen R
◯ Chimborazo	Anden M
◯ Mount Everest	Harz E
◯ Wasserkuppe	Himalaya P
◯ Zugspitze	Rhön O

Bilderrätsel

Finde heraus, welches Wort sich jeweils hinter den Bildern verbirgt. Die Zahl neben dem Bild gibt an, welchen Buchstaben des Wortes du brauchst. Der Reihe nach ergeben diese Buchstaben das Lösungswort.

Buchstaben-Chaos

Erik ist auf dem Weg zur Kirmes. Er freut sich auf sein Lieblingsfahrgeschäft. Welches das ist, erfährst du, wenn du die Buchstaben in die richtige Reihenfolge bringst.

Quiz

1

Welchen Turm kann man in Berlin bewundern?

a) Computerturm
b) Radioturm
c) Fernsehturm

2

Wer ist kein Star von „Die Muppet Show“?

a) Miss Piggy
b) Fozzie Bär
c) Ernie und Bert

3

Wie viele Sekunden hat eine Minute?

a) 30
b) 60
c) 80

Kreuzworträtsel

fein zerkleinern

höckerloses Kamel, das spuckt

das … in der Wüste ist sehr heiß

zusätzlich, außerdem

fast gar nicht

Hänsel … Gretel

englisch: Kuh

großer Zweig

Gewinner

Siegespokal (engl.)

Bratrost

Kurzwort für Abitur

zeitlich später, hinterher

wir, …, sie

junges Reh

lange, weiße Gemüsepflanze

brav, folgsam

großer Fleiß

Schneemensch im Himalaja

kleine Metallschlinge

Trennlinie

getrocknete Weinbeere

Ziel beim Ballspiel

Stimmzettelbehälter: Wahl…

Getreideart

schroff ansteigend oder abfallend

ugs.: altes Pferd, Mähre

törichter Mensch

an … und Stelle

Leberfleck: Mutter…

runde Schneehütte

Betrieb, Unternehmen

Rohkostspeise

nicht dein, sondern …

alle Edelleute

langschwänziger Papagei

exakt, gewissenhaft

Flüssigkeit zum Würzen (… und Öl)

Sand- oder Schneeanhäufung

Hornschuh des Pferdes

Spalt oder Sprung

blass, bleich

Ansehen

großer Greifvogel

Abschiedsgruß, Lebewohl

großer Teich

eingeschaltet, nicht aus

Grund, Ursache

der, …, das

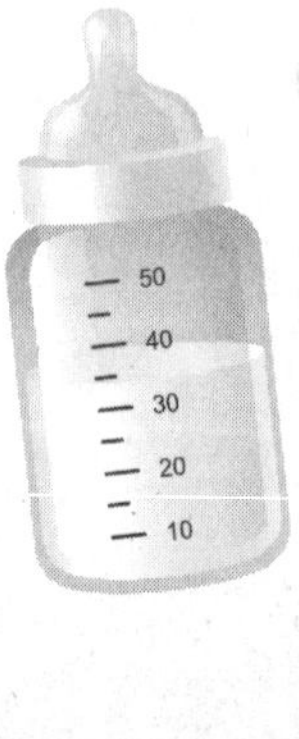

Irland ist eine große …

munter, lebhaft

Buchstaben-Wirrwarr

In diesem Buchstaben-Wirrwarr sind 15 Wörter versteckt. Sie können in jede Richtung laufen, auch diagonal, rückwärts oder von unten nach oben. Wenn du sie alle gefunden hast, ergeben die übrig gebliebenen Buchstaben das gesuchte Lösungswort.

S	N	R	E	T	H	C	I	D
L	E	K	B	R	I	L	L	E
E	T	P	A	L	A	G	E	R
X	F	L	R	P	C	T	S	T
I	I	E	A	O	I	N	E	E
K	R	B	M	E	M	T	N	X
O	H	I	S	S	N	U	E	T
N	C	B	L	I	T	S	H	L
E	S	N	D	E	B	A	N	D

BAND · BIBEL · BRILLE · COMIC · DICHTER · HUMOR · KAPITEL · LESEN · LEXIKON · POESIE · REGAL · SCHRIFTEN · SEITE · STIL · TEXT

Siedlung

Im Drosselweg wohnen fünf Familien. Familie Peters wohnt neben Familie Schmidt. Familie Schröder wohnt nicht im Drosselweg 12. Der Name der Familie in Haus Nummer 4 beginnt mit M. Im blauen Haus wohnt Familie Schmidt. Im roten Haus wohnt nicht Familie Weber. Familie Meier und Familie Schröder wohnen nebeneinander. Weißt du, wer in welchem Haus wohnt?

Logikrätsel

Familie Engels macht in diesem Jahr Ferien auf einem Bauernhof. Den vier Kindern der Engels gefällt es hier sehr gut, besonders gefallen ihnen aber die vielen Tiere. Jedes der Kinder hat ein Lieblingstier, das morgens nach dem Frühstück sofort besucht wird. Wie alt sind die Kinder, welches Tier ist ihnen besonders lieb und wie heißt dieses Tier?

Ferien auf dem Bauernhof

		Alter Kind				Lieblingstier				Name Tier			
		8	9	10	11	Esel	Hase	Pony	Schwein	Dolly	Esmeralda	Hexe	Minnie
Name Kind	Alina												
	Ben												
	Chris												
	Dora												
Name Tier	Dolly												
	Esmeralda												
	Hexe												
	Minnie												
Lieblingstier	Esel												
	Hase												
	Pony												
	Schwein												

1 Ben mag das Schwein am liebsten. Er ist jünger als Alina. Das Schwein heißt nicht Hexe.

2 Das älteste Kind mag das Pony am liebsten.

3 Das Lieblingstier des 9-jährigen Chris ist nicht der Hase namens Dolly.

4 Doras Lieblingstier heißt Minnie.

Beruf gesucht

Kannst du erraten, welchen Beruf Lisa ausübt?

H C R H L

U N G E

R L S U R

N I E D

Lisa

Tauschrätsel

In jeder Zeile darf nur jeweils ein Buchstabe getauscht werden, um ein neues Wort zu erhalten, und damit aus einem Hort eine Nase werden zu lassen.

H	O	R	T
N	A	S	E

Kreuzwort-Puzzle

Wir haben eine Kreuzworträtsel-Auflösung zerschnitten. Dann haben wir die Einzelteile durcheinandergebracht. Ein Teil steht bereits an der richtigen Stelle. Die Einzelteile von außen sollt ihr nun innen so ergänzen, dass eine vollständige Kreuzworträtsel-Auflösung entsteht.

D	E	R
	I	
S	C	H

S	H	O
U		P
E	D	E

T	E	R
	N	
L	O	K

R		K
U	X	U
M		H

W		S
A	S	T
L		A

E	H	E
I		L
L	A	M

T	A	B
A		A
K	T	E

O	R	N
S		I
E	X	E

				K	A			
			W	U	T			
			A	R				

Schüttel-Buchstaben

Die Buchstaben, in die richtige Reihenfolge hintereinandergestellt, ergeben einen „Gabenbringer".

Einer stört!

Einer der vier Begriffe passt nicht zu den anderen. Welcher ist es?

Fliege

Vogel

?

Kaninchen

Libelle

Bilder-Kreuzworträtsel

Unter-, Bett-zeug	Haupt-wort von reiten		Küchen-gerät, Raspel		Teil des Ober-körpers	landwirt-schaft-licher Betrieb	Bewohner von Asien		kleine Metall-schlinge		Spur einer verheilten Wunde
unge-ordnet, ver-worren			3		Bissen						
keuchend, abgehetzt						4		die Verei-nigten Staaten			
				ebenfalls	Entdecker einer verlorenen Sache						
Schnee-mensch im Himalaja		dort wäscht man sich				Fährte, Abdruck		Flachland		Augen-deckel	
					Ort, Platz						
schüch-tern		Einfall, Gedanke	Sieges-pokal (engl.)			5	Schluss		nicht ja, sondern …		graues Lasttier
					Beschwer-de bei Gericht		in der Küche steht ein Back…				
nicht hart oder fest	Ergebnis der Addition		Trenn-linie								
damit fährt ein Schiff bei Wind						Werk-zeug zum Glätten					1
				heil; un-geteilt		jeder ohne Ausnahme		Kram, Sachen			
kreuz und …		Sorte, Gattung		eng-lisch: zehn					afrika-nischer Fluss		Hänsel … Gretel
längeres Klei-dungs-stück		6					eine Kletter-pflanze				
					nicht sehr warm			2	einge-schaltet, nicht aus		
	Dresch-boden in der Scheune						ein glän-zendes Edel-metall				

Welcher Zug geht durch Fenster und Türen?

Quiz

Was ist ein mehrstimmiges Lied?

a) Kanon
b) Kanton
c) Kanone

1

Johann Strauss wurde geschätzt als ...

a) Tangoprinz
b) Walzerkönig
c) Salsakaiser

2

Wie heißt eine Serie von Kinderliederalben?

a) Möwenlöwen
b) Giraffenaffen
c) Spatzenkatzen

3

Einer stört

**Einer der vier Begriffe passt nicht zu den anderen.
Welcher ist es?**

Likör

Nektar

?

Sekt

Wein

Brückenrätsel

Ein Fischer hat seine Netze von einem Ufer zum anderen gespannt. Gesucht werden Wörter, die in die Bojen passen und Begriffe ergeben, die das linke Uferwort ergänzen und dem rechten Uferwort vorangesetzt werden können. Die Buchstaben in den grauen Bojen ergeben das Lösungswort.

Rebus-Rätsel

Finde die gesuchten Begriffe zu den Bildern und trage die ausgewählten Buchstaben dieser Begriffe in den grau unterlegten Streifen im Rätsel als Startwort ein.

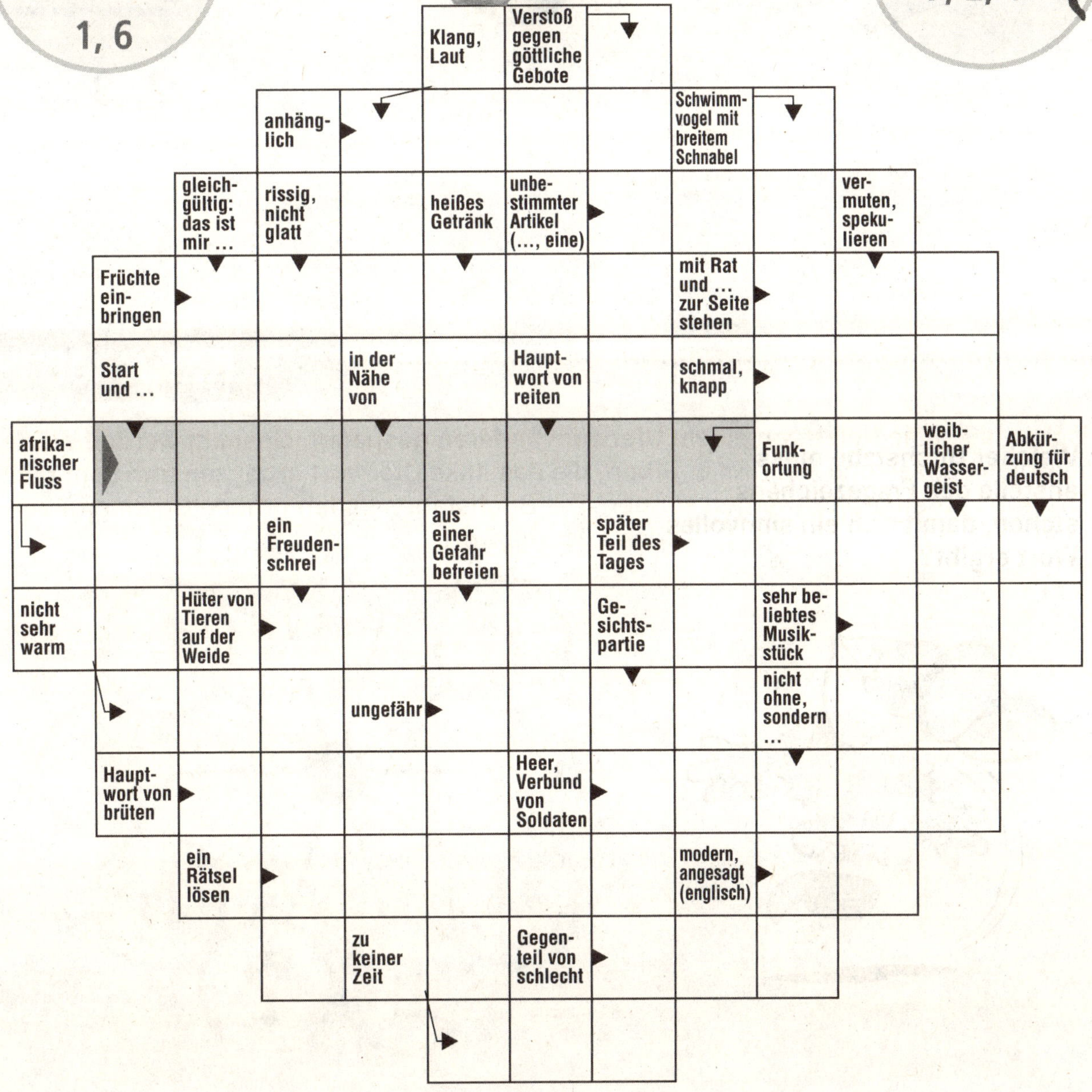

Bilderrätsel

Finde die gesuchten Begriffe zu den Bildern. Die angegebenen Buchstaben ergeben das Lösungswort.

7, 2

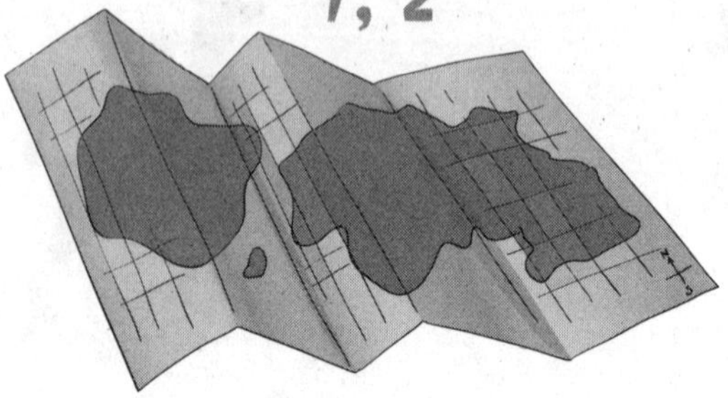

1, 4

2, 3

Karussell

Welcher Buchstabe muss anstelle des Fragezeichens stehen, damit sich ein sinnvolles Wort ergibt?

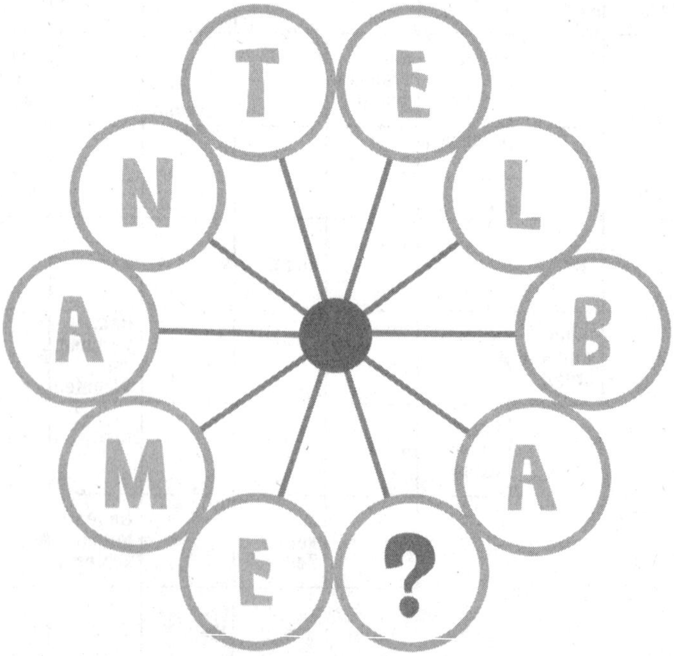

Wörtersalat

Wir haben 18 Wörter zum Thema Instrumente in diesem Buchstaben-Wirrwarr versteckt. Die Wörter können in jede Richtung laufen, auch diagonal, rückwärts oder von unten nach oben. Und sie können auch andere Wörter schneiden. Kannst du alle finden?

AKKORDEON – BLOCKFLOETE – BRATSCHE – GEIGE – GITARRE – HARFE – KLARINETTE – KLAVIER – KONTRABASS – MUNDHARMONIKA – ORGEL – PAUKE – POSAUNE – QUERFLOETE – SAXOFON – TRIANGEL – TROMPETE – XYLOFON

E	K	R	A	Y	G	K	I	X	A	H	E	B	R	Z	S	Z	Q	T	V
R	R	G	K	K	H	A	E	G	I	E	G	N	Q	C	P	F	A	S	E
Y	T	R	J	K	K	H	X	K	K	S	F	I	U	O	F	W	Q	A	S
T	P	L	A	G	T	O	X	C	A	L	J	U	E	A	E	X	A	X	I
J	R	O	W	T	Y	R	R	Q	R	N	O	Z	R	R	S	G	N	O	T
H	M	I	A	Y	I	A	J	D	O	J	N	S	F	I	K	O	E	F	C
D	X	M	A	W	J	G	R	F	E	P	C	Z	L	Z	I	C	P	O	W
S	R	G	J	N	T	B	O	P	M	O	V	R	O	Z	H	I	F	N	A
A	X	Z	V	B	G	L	F	B	X	Y	N	T	E	U	A	W	N	X	K
Q	L	B	T	P	Y	E	J	S	S	C	H	L	T	T	U	T	F	Y	I
E	I	Q	L	X	K	L	L	S	R	F	Z	R	E	I	V	A	L	K	N
K	O	Y	L	O	Q	A	A	V	K	L	A	R	I	N	E	T	T	E	O
U	I	Y	S	K	C	B	A	D	F	Y	N	T	B	B	I	B	M	R	M
A	X	J	R	S	A	K	N	D	L	K	R	T	H	W	E	H	E	Z	R
P	P	F	R	R	M	T	F	R	I	O	R	H	O	F	M	N	H	D	A
H	K	Z	T	I	X	P	P	L	M	C	S	J	R	H	C	Y	C	E	H
B	N	N	O	A	Z	E	I	P	O	Y	N	A	Y	N	G	O	S	J	D
Z	O	X	R	T	U	T	E	J	T	E	H	M	R	S	P	X	T	N	N
K	I	Y	T	I	N	T	W	Y	P	I	T	G	H	R	Z	B	A	A	U
N	N	W	O	O	E	Q	N	D	J	I	K	E	M	B	P	Y	R	G	M
J	J	O	R	G	E	L	C	U	W	C	C	S	C	B	K	A	B	S	G

Teekesselchen

Welches Wort mit zwei Bedeutungen wird gesucht?

Mein Teekesselchen ist immer 500 Gramm schwer.

Mit meinem Teekesselchen bezahlt man in England.

Memo

Jeweils zwei Bilder ergeben zusammengesetzt ein neues Wort.
Welche drei Begriffe suchen wir?

Gitterrätsel

Trage die unten stehenden Wörter so in das Gitter ein, dass du ein komplett ausgefülltes Rätsel erhältst. Als kleine Hilfe ist bereits ein Wort vorgegeben.

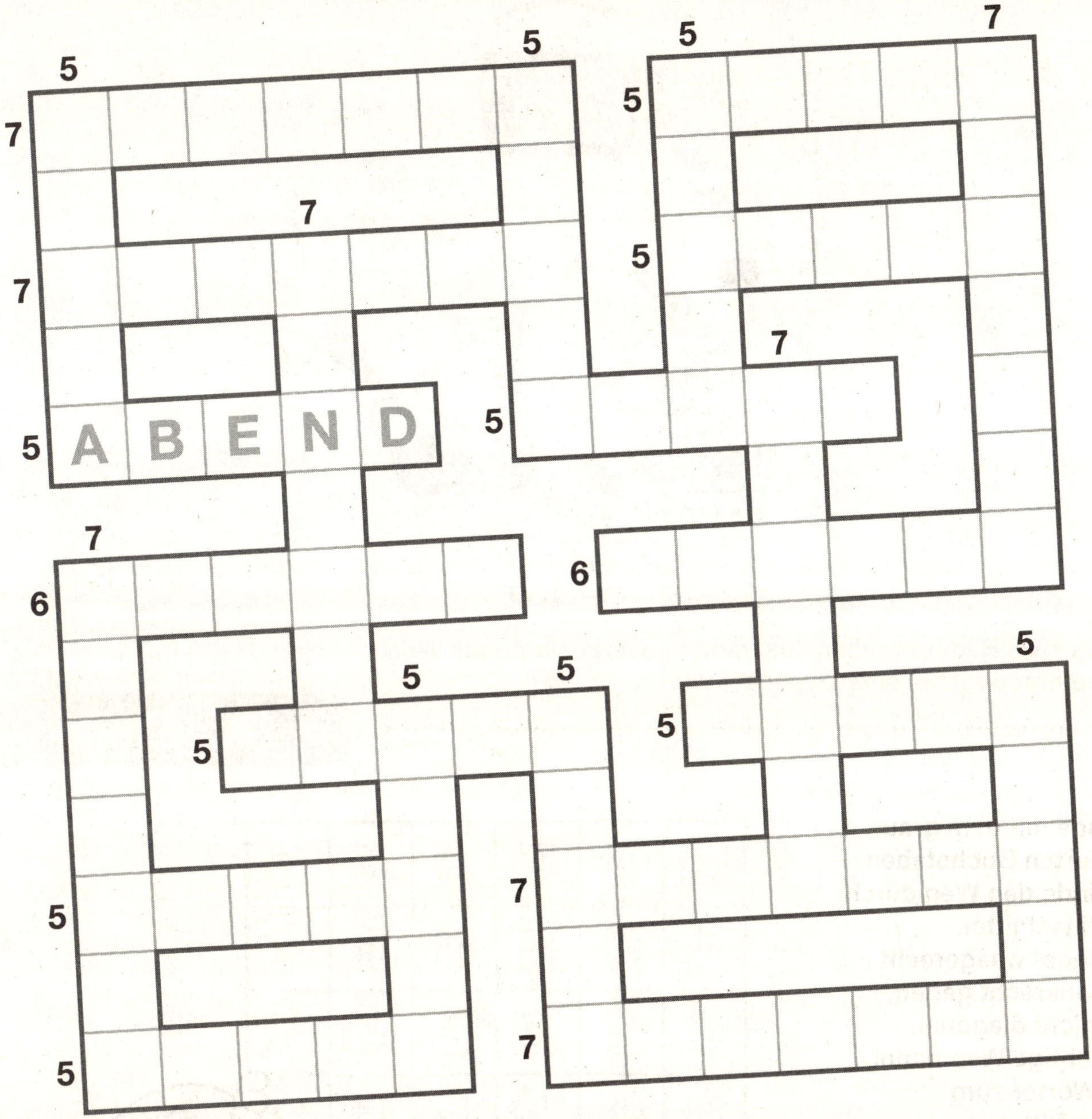

5 Buchstaben:
ENGEL – LEBEN – LEGEN – MATTE – NAEHE – NUDEL – SELIG – STAMM – STIEL – SUCHE – TREUE – UNTEN – ZEBRA

6 Buchstaben:
STRESS – ZERREN

7 Buchstaben:
BUERSTE – DEHNUNG – ERRATEN – LINDERN – MANDELN – RANGELN – SELTSAM – ZAPPELN

Bilderrätsel

Finde heraus, welches Wort sich jeweils hinter den Bildern verbirgt. Ihre Anfangsbuchstaben ergeben im Uhrzeigersinn gelesen das Lösungswort. Beginne mit dem Bild oben.

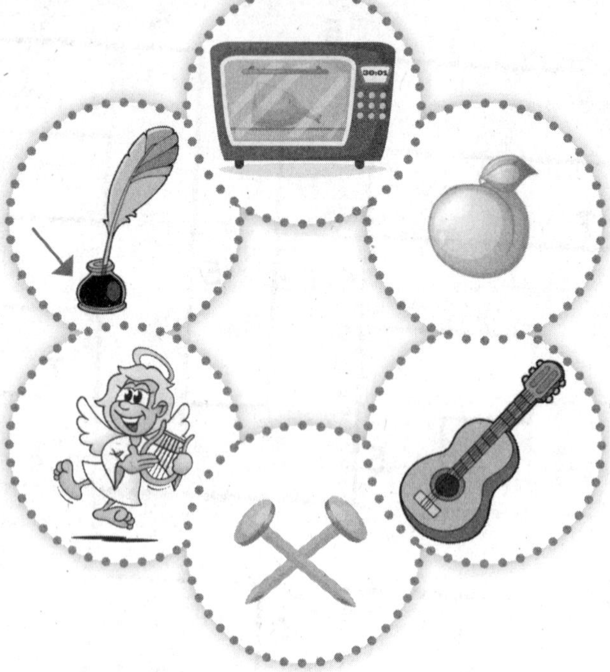

Pfadfinder

Beginne mit dem grau markierten Buchstaben und finde den Weg durch das Rätselgitter. Du kannst waagerecht und senkrecht gehen, aber nicht diagonal. Der richtige Weg nennt dir 6 Wörter zum Thema Ritter.

M	E	T	A	K	G
I	N	N	N	E	R
C	S	E	E	M	U
H	I	L	P	E	B
C	S	D	P	A	N
H	W	E	R	T	K

Scherzfrage

Was geht über's Wasser und wird nicht nass?

Füllrätsel

Die Wörter folgender Bedeutungen sind waagerecht in das Diagramm einzutragen.

1 die Arme um jemanden legen,

2 Trödler, Müßiggänger,

3 geballte Masse, Haufen,

4 großer Erfolg; Siegesfreude,

5 Baumfrucht,

6 Hochschulausbildung

1	U	M					
2		U	M				
3			U	M			
4				U	M		
5					U	M	
6						U	M

Domino

Drehe die Dominosteine so, dass die oberen und unteren Buchstaben jeweils einen Baum ergeben.

Spinnennetz

Beginne beim dunkelgrauen Buchstaben und finde den Weg durch das Spinnennetz. Welches Wort ergibt sich, wenn du jedes Feld im Spinnennetz nur einmal durchlaufen darfst?

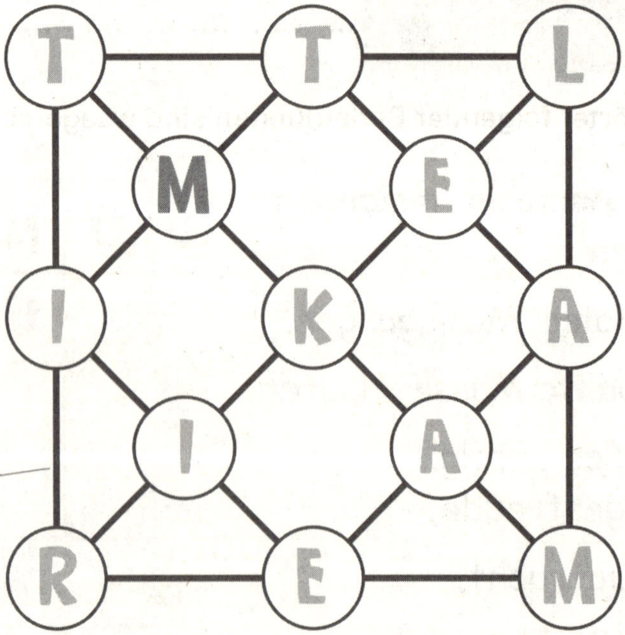

Nur ein Wort passt!

In der Liste stehen jeweils drei Wörter, von denen nur ein Wort ins Diagramm unter derselben Nummer eingetragen werden kann.

1 LINEAL KANZEL UMKEHR	2 ES IN OK	3 JUX TAL OMA
4 VON LOS AXT	5 TOPF STAU ALSO	6 LAUB MUND WABE
7 KOBRA BRUCH BRAVO	8 STREET BOCKIG ERNTEN	9 DORF PUMA NEID
10 BEI LOK EVA	11 EICHE ASIAT REGEN	12 ALM RED TYP
13 WETTE KNALL SOCKE	14 FROH ENGE PAPA	15 ERDE FAUL KALT
16 MUMPS ZEILE SPIEL	17 VENE WANN NAPF	18 HIER REIZ ZAHL
19 GRUND SOHLE TIROL	20 KERN WARE BEIL	21 RUINE NAEHE RASER
22 ADE POL WUT	23 RASEN MARKT ULKIG	24 REIFE JEDER HAUEN

Sortierquiz

Welcher Fußballspieler spielt oder spielte für welches Land? Wenn du richtig zugeordnet hast, ergeben die Buchstaben von oben nach unten gelesen ein Wort für Siegestrophäe.

C. Ronaldo	Argentinien	A
Iniesta	Brasilien	L
J. Boateng	Deutschland	K
L. Messi	Portugal	P
Neymar	Spanien	O

Bilderrätsel

Finde heraus, welches Wort sich jeweils hinter den Bildern verbirgt. Die Zahl neben dem Bild gibt an, welchen Buchstaben des Wortes du brauchst. Der Reihe nach ergeben diese Buchstaben das Lösungswort.

Buchstaben-Chaos

Boris ist mit seinem Vater unterwegs in den Wald. Was sie dort suchen, erfährst du, wenn du die Buchstaben in die richtige Reihenfolge bringst.

Quiz

1

Worin lesen Schulanfänger?

a) Giebel
b) Fibel
c) Fiedel

2

Was sollte man tragen, um im Verkehr besser gesehen zu werden?

a) Warngürtel
b) Warnschuhe
c) Warnweste

3

Was gibt es nicht?

a) Briefwaage
b) Goldwaage
c) Luftwaage

Kreuzworträtsel

Sitzmöbelstück
Bonbon mit Milchzusatz
taktlos, grob
Gesangspaar
Seemannsruf
Abkürzung für unter anderem
Abk. für Europameisterschaft
winziges Tier, lebt im Fell von Tieren
ein Erdteil
große Gruppe von Tieren
dort brüten Vögel Eier aus
Großvater
Gewürz-, Heilpflanze
Staat in Südasien
Verzierung
Brettspiel
zeitliche Länge
Bergwerk; Teil eines Stiftes
Unglück, Missgeschick
Augendeckel
Einfall, Gedanke
Mannschaft (engl.)
Essen, Nahrung
Brett, Leiste
Dauerbezug (Kurzwort)
Turnerstellung
Frauenname
Einwohner der griech. Hauptst.
Wink, Hinweis
Laubbaum
eine Zahl
am Meer gibt es ... und Flut
Teilzahlung
Nachrichtenbüro
US-Bürger (ugs.)
Regelverstoß beim Sport
das Einbringen der Feldfrüchte
ein Schiff stürmen
Anrede für einen Mann
böse, schlimm
Fürsorge, Obhut
sich entrüsten, erregen (sich ...)
Oberbegriff für Früchte
unbestimmter Artikel (..., eine)
Leichtmetall (Kzw.)
in der Nähe von
wenn zwei heiraten, führen sie eine ...
heißes Getränk
Arzneimittelform
Armee; sehr große Anzahl
verfallenes Bauwerk
französisch: in

Buchstaben-Wirrwarr

In diesem Buchstaben-Wirrwarr sind 17 Wörter versteckt. Sie können in jede Richtung laufen, auch diagonal, rückwärts oder von unten nach oben. Wenn du sie alle gefunden hast, ergeben die übrig gebliebenen Buchstaben das Lösungswort.

E	S	S	A	K	S	H	O	P
E	N	B	U	M	M	E	L	R
D	I	E	V	E	T	L	S	E
U	R	N	D	I	W	A	P	I
B	R	O	K	A	S	I	A	S
A	R	E	G	A	L	L	R	E
T	T	E	R	B	U	I	E	R
T	N	G	E	L	D	F	N	A
N	F	R	I	S	C	H	D	W

BRETT · BUDE · BUMMEL · EINKAUF · ETIKETT · FILIALE · FRISCH · GELD · KASSE · KORB · LADEN · LAGER · PREIS · SHOP · SPAREN · WAGEN · WARE

Freundinnen

Pia, Carla und Lotta sind Freundinnen. Lotta hat ein Kaninchen und ist zwei jahre älter als Carla. Pia ist zwölf Jahre alt. Carla hat Angst vor Hunden. Das neunjährige Mädchen hat eine Katze. Weißt du, wem welches Haustier gehört und wie alt die Mädchen sind?
Tipp: Lege dir eine Tabelle an und trage die Informationen ein!

Logikrätsel

Patrick liebt Schneekugeln. Und wenn Papa auf Geschäftreisen muss, bringt er Patrick immer eine Schneekugel mit. Im letzten Jahr waren das genau vier Stück aus vier verschiedenen Städten. Wann hat Patricks Papa aus welcher Stadt eine Schneekugel mitgebracht, welche Figur befindet sich in der Kugel und wo hat Patrick sie in seinem Zimmer hingestellt?

Schneekugeln

		Stadt				Figur				Stellplatz			
		London	Melbourne	New York	Prag	Flugzeug	Haus	Klavier	Schaf	Fensterbank	Nachtschränkchen	Regal	Schreibtisch
Monat	März												
	Juni												
	August												
	November												
Stellplatz	Fensterbank												
	Nachtschränkchen												
	Regal												
	Schreibtisch												
Figur	Flugzeug												
	Haus												
	Klavier												
	Schaf												

1 Im Juni war Papa in London, und in der Schneekugel, die er im November mitgebracht hatte, kann man ein Klavier sehen.

2 Die Schneekugel vom März steht auf Patricks Regal.

3 Am liebsten mag Patrick die Kugel aus Melbourne, weil das Haus darin so schön ist. Diese Kugel hat er später bekommen als die aus New York.

4 Die Schneekugel mit dem Flugzeug hat er auf seinen Schreibtisch gestellt. Die von November steht nicht auf der Fensterbank.

Tier gesucht

Dieses Kriechtier ist ein echter Verwandlungskünstler und kann in den buntesten Farben erscheinen. Mit seinen Augen, die es unabhängig voneinander bewegen kann, hat es alles im Blick.

Tauschrätsel

In jeder Zeile darf nur jeweils ein Buchstabe getauscht werden, um ein neues Wort zu erhalten, und damit aus der Form ein Korn werden zu lassen.

F	O	R	M
K	O	R	N

Kreuzwort-Puzzle

Wir haben eine Kreuzworträtsel-Auflösung zerschnitten. Dann haben wir die Einzelteile durcheinandergebracht. Ein Teil steht bereits an der richtigen Stelle. Die Einzelteile von außen sollt ihr nun innen so ergänzen, dass eine vollständige Kreuzworträtsel-Auflösung entsteht.

B	E	N
E		D
R	L	E

B	R	U
E		F
R	I	T

G	U	E
	T	
O	E	L

T		E
A	L	L
T		E

O	N	D
F		O
E	L	L

N	I	L
	S	
E	T	E

K	A	L
A		A
R	E	G

K		M
N	R	U
E		H

			T	E				
			E	I	D			
				N	I			

Schüttel-Buchstaben

Die Buchstaben, in die richtige Reihenfolge hintereinandergestellt, ergeben eine Sportstätte.

Einer stört!

Einer der vier Begriffe passt nicht zu den anderen. Welcher ist es?

Hänsel

Rapunzel

Schnee-wittchen

Rosenrot

Bilder-Kreuzworträtsel

Vertiefung in der Wange	scharfes Wurzelgemüse			den Inhalt entnehmen		eine Zahl	letzter Wortteil		wenn man sich fürchtet, hat man …		rau und fast tonlos (Stimme)
								5	ein Huhn legt ein …		
wenn zwei heiraten, führen sie eine …				nicht satt							
	1			weit abgelegen		Schutz für Wunden			Bewegung zur Musik		Platzierung beim Sport: der erste …
eigensinnig		Früchte einbringen									
								langschwänziger Papagei			
veraltet: weibl. Hausangestellte			Zweikampfsportart				3			ein Laubbaum	
							Fußballmannschaft (Anzahl)	Eisenbahn		2	
vermuten, vorhersehen	Prachtgebäude, Schloss		barsch, schroff	Zutat beim Backen					Dschungel		englisch: Schwein
Schmuckkugel		4				gefrorenes Wasser	schlechter Mensch, Schuft				
				Vortrag, Ansprache			wenn man Ferien hat, hat man …				
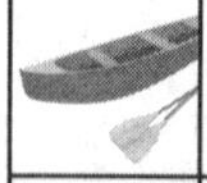		Kosten für eine Ware						das junge Getreide		dickes Seil	
					grüne Gemüsepflanze: Kopf…						auf diese Weise
Verladeauffahrt						Buch mit vielen Landkarten					
feines Gewebe		Gespräch mit Gott						Gesangspaar	6		

Scherzfrage

Quiz

Was zählt nicht zu den Zitrusfrüchten?

a) Orange
b) Zitrone
c) Apfel

1

Ein lange haltbares Vollkornbrot kennt man als ...

a) Pumpernickel
b) Pumpereisen
c) Pumpertitan

2

Was ist Schaschlik?

a) Gemüsekuchen
b) gebratener Fleischspieß
c) rohes Fischgericht

3

Das große Konzert!

Hans, Paul, Georg und Richard haben lange geübt: Endlich können sie den Rocky-Rock in drei Minuten fehlerfrei vorspielen. Aber leider sind Georg und Richard am Tag der Aufführung krank geworden! Wie viele Minuten müssen Hans und Paul jetzt für ihr Stück einplanen?

Brückenrätsel

Ein Fischer hat seine Netze von einem Ufer zum anderen gespannt. Gesucht werden Wörter, die in die Bojen passen und Begriffe ergeben, die das linke Uferwort ergänzen und dem rechten Uferwort vorangesetzt werden können. Die Buchstaben in den hellblauen Bojen ergeben das Lösungswort.

Rebus-Rätsel

Finde die gesuchten Begriffe zu den Bildern und trage die ausgewählten Buchstaben dieser Begriffe in den grau unterlegten Streifen im Rätsel als Startwort ein.

2, 5, 8

2, 4

5, 3

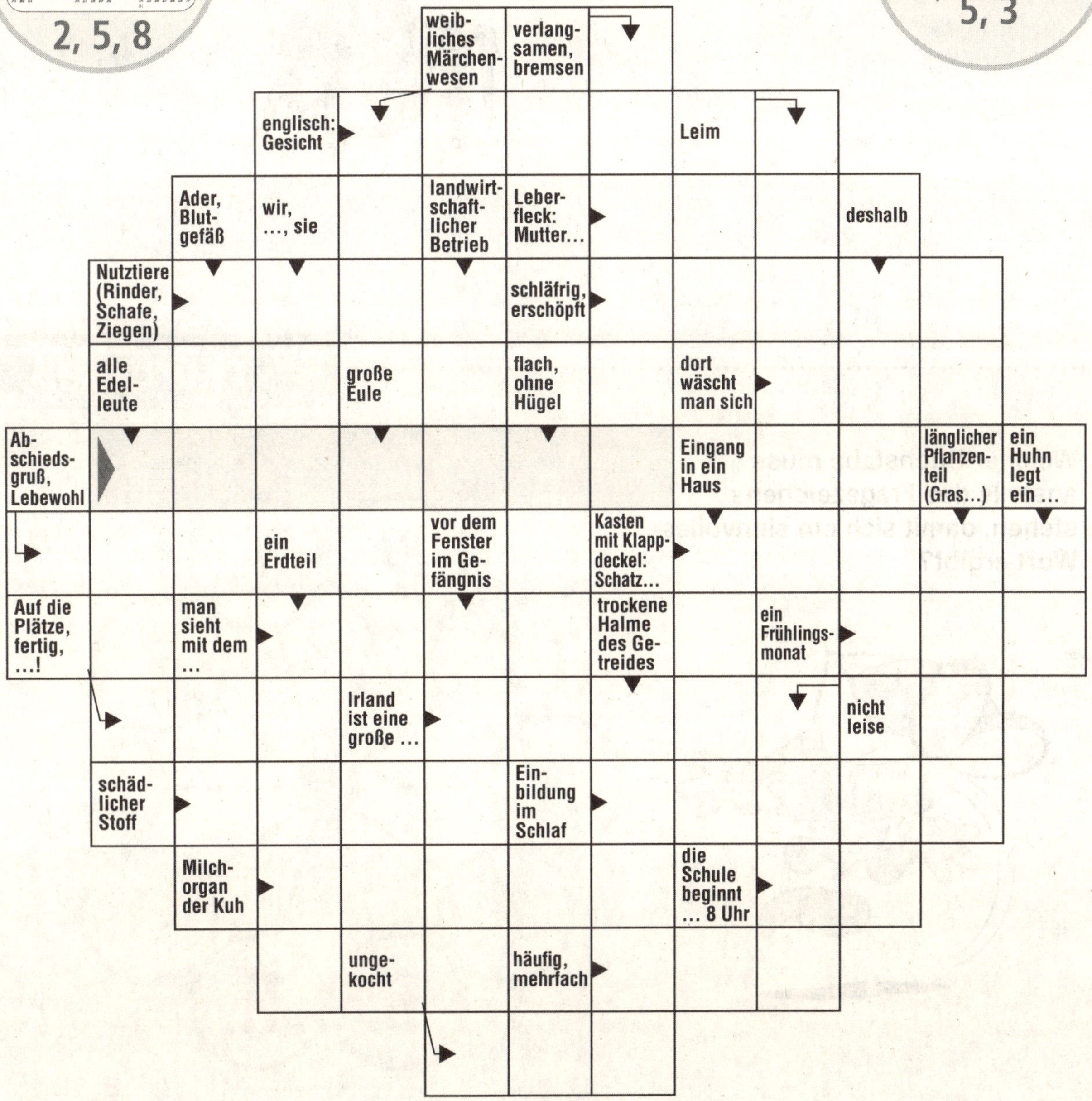

Bilderrätsel

Finde die gesuchten Begriffe zu den Bildern. Die angegebenen Buchstaben ergeben das Lösungswort.

2, 6

3, 1

4, 7

Karussell

Welcher Buchstabe muss anstelle des Fragezeichens stehen, damit sich ein sinnvolles Wort ergibt?

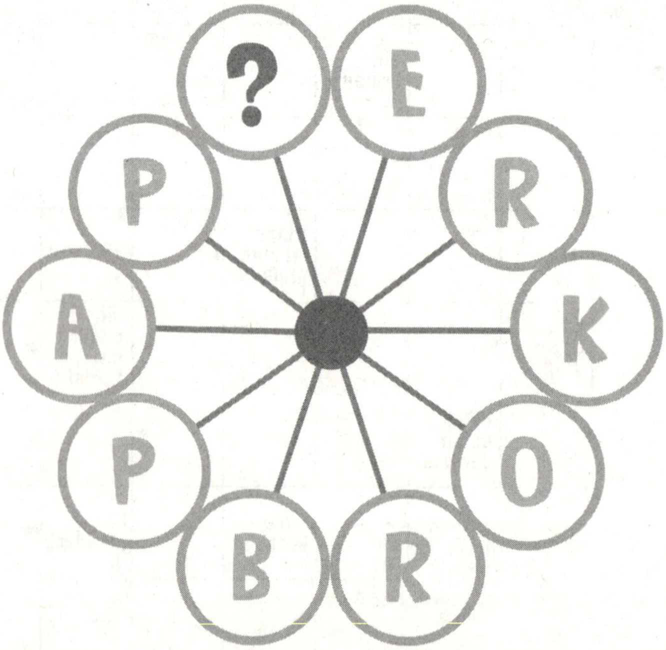

Wörtersalat

Wir haben 17 Wörter zum Thema Mittelalter in diesem Buchstaben-Wirrwarr versteckt. Die Wörter können in jede Richtung laufen, auch diagonal, rückwärts oder von unten nach oben. Und sie können auch andere Wörter schneiden. Kannst du alle finden?

BURGFRAU – BURGFRIED – GILDE – HUFSCHMIED – KLOSTER – KNAPPE – KOENIG ARTUS – LANCELOT – LANZE – PIRAT – RITTER – SCHATZKARTE – SEEFAHRER – STADTMAUER – WIKINGER – ZUGBRUECKE – ZUNFT

K	M	B	U	R	G	F	R	I	E	D	P	H	L	X	S	U	Q	U	G
V	L	H	W	D	U	O	F	Q	C	L	T	T	Z	T	I	D	P	I	V
K	S	O	U	H	A	T	F	N	U	Z	W	W	A	X	R	S	L	D	A
O	W	Y	S	N	K	A	C	C	U	W	Q	D	F	E	F	D	Y	M	Q
E	J	A	C	T	C	X	H	Q	R	X	T	L	G	H	E	L	Q	B	X
N	O	V	U	Y	E	T	A	T	U	M	Z	N	E	G	Q	N	P	U	R
I	N	M	U	R	J	R	O	E	A	N	I	S	F	K	T	B	H	R	B
G	F	T	C	E	E	L	A	U	J	K	L	R	S	R	E	Y	O	G	E
A	F	H	Z	Y	E	H	E	Z	I	H	E	I	E	P	D	Z	A	F	T
R	L	Z	U	C	Q	R	R	W	T	T	H	U	P	J	O	V	F	R	R
T	H	R	N	F	Z	V	P	Z	E	C	G	A	S	B	T	P	K	A	E
U	V	A	N	F	S	G	V	N	E	M	N	L	Q	X	G	I	O	U	R
S	L	W	D	S	B	C	J	H	U	K	Y	F	D	R	P	R	C	K	H
X	I	A	F	N	R	H	H	E	F	O	C	X	L	L	B	A	J	V	A
E	J	G	X	E	D	W	Q	M	S	V	Y	E	L	F	J	T	Y	D	F
P	P	S	T	Z	L	N	R	X	I	M	A	I	U	V	C	D	X	W	E
F	F	T	T	S	I	Q	J	L	W	E	M	X	A	R	D	E	R	Z	E
Q	I	H	T	E	M	C	H	L	H	O	D	M	B	R	B	M	Y	O	S
R	L	Q	G	M	B	P	G	S	B	O	J	Z	V	D	M	G	Q	Q	V
K	S	X	S	E	T	R	A	K	Z	T	A	H	C	S	Z	P	U	X	X
J	P	C	I	E	Z	N	A	L	A	J	Q	Y	T	G	S	M	E	Z	K

Teekesselchen

Welches Wort mit zwei Bedeutungen wird gesucht?

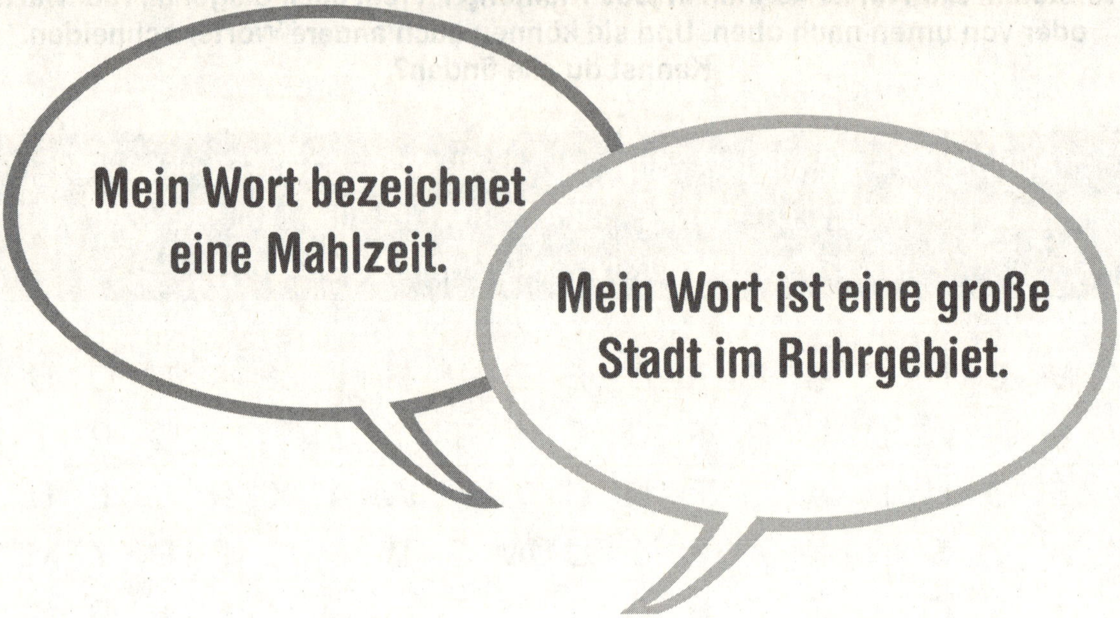

Memo

**Jeweils zwei Bilder ergeben zusammengesetzt ein neues Wort.
Welche drei Begriffe suchen wir?**

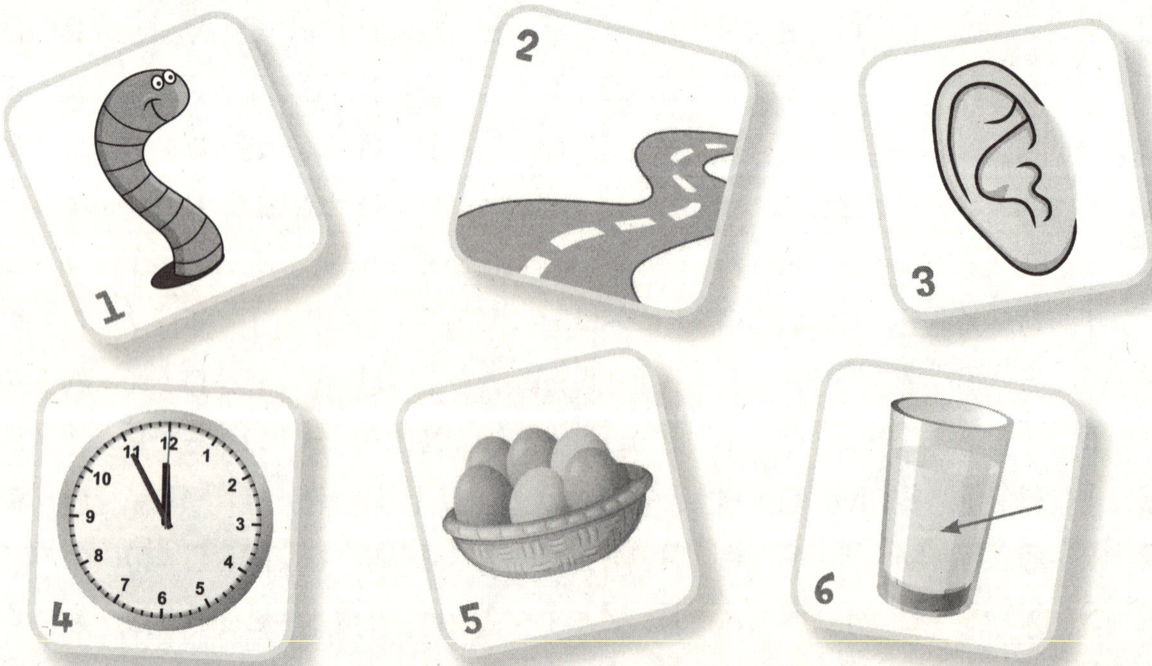

Gitterrätsel

Trage die unten stehenden Wörter so in das Gitter ein, dass du ein komplett ausgefülltes Rätsel erhältst. Als kleine Hilfe ist bereits ein Wort vorgegeben.

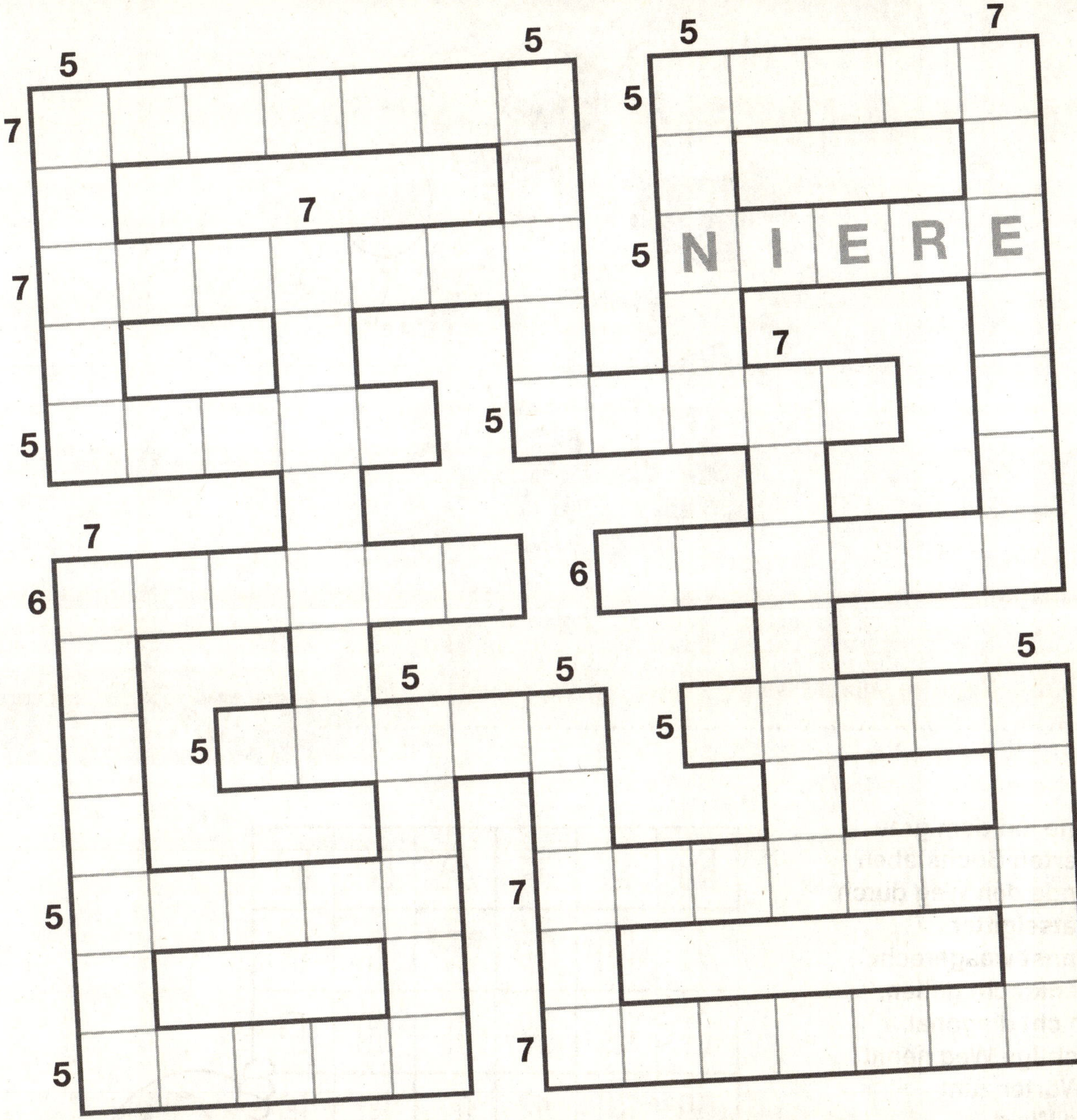

5 Buchstaben:

ANKER – EBENE – EILIG – EITEL – GNADE – KERNE – MUSIK – NARBE – NATUR – NELKE – NONNE – SPECK – SUMME

6 Buchstaben:

BRILLE – GRILLE

7 Buchstaben:

ENERGIE – GEMUESE – GRINSEN – KUEHLEN – LUEGNER – MERKMAL – NEIGUNG – STEHLEN

Bilderrätsel

Finde heraus, welches Wort sich jeweils hinter den Bildern verbirgt. Ihre Anfangsbuchstaben ergeben im Uhrzeigersinn gelesen das Lösungswort. Beginne mit dem Bild oben.

Pfadfinder

Beginne mit dem grau markierten Buchstaben und finde den Weg durch das Rätselgitter. Du kannst waagerecht und senkrecht gehen, aber nicht diagonal. Der richtige Weg nennt dir 6 Wörter zum Thema Wald.

N	S	T	A	N	D
A	N	O	W	I	P
E	U	H	I	H	F
H	N	C	R	B	E
C	G	S	S	U	L
I	E	H	C	A	L

Scherzfrage

Füllrätsel

Die Wörter folgender Bedeutungen sind waagerecht in das Diagramm einzutragen.

1 ein Schmuckstück am Handgelenk,

2 Möhre, Mohrrübe,

3 ein Fahrzeug anlassen,

4 technisches Gerät,

5 ein Greifvogel,

6 Nebenmann in der Schulbank

1	A	R					
2		A	R				
3			A	R			
4				A	R		
5					A	R	
6						A	R

Domino

Drehe die Dominosteine so, dass die oberen und unteren Buchstaben jeweils ein Hobby ergeben.

Spinnennetz

Beginne beim dunkelgrauen Buchstaben und finde den Weg durch das Spinnennetz. Welches Wort ergibt sich, wenn du jedes Feld im Spinnennetz nur einmal durchlaufen darfst?

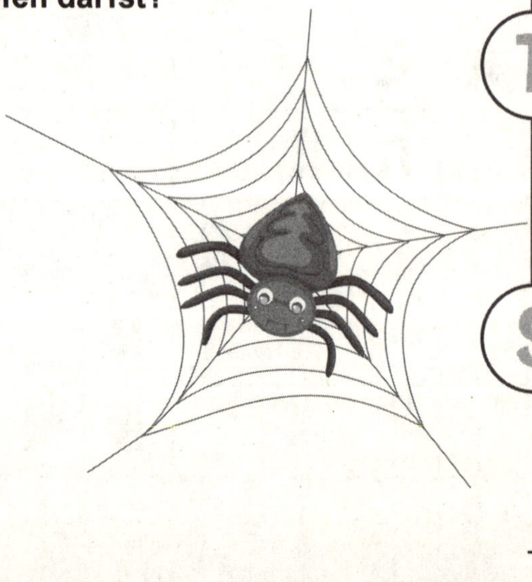

Nur ein Wort passt!

In der Liste stehen jeweils drei Wörter, von denen nur ein Wort ins Diagramm unter derselben Nummer eingetragen werden kann.

1 GRUSS DURCH REGEN	2 KLAR NASE WOHL	3 PLAN ESEL AUCH
4 TAUMEL ANSAGE GEGEND	5 GIFT LANG SAME	6 SPORE MAGEN MUEHE
7 WO EI DA	8 MILD EINE WINK	9 GABE MOND TEXT
10 OBER KLEE SENF	11 BLAU HARZ ETWA	12 MOHN TEIG ATEM
13 FROH NEST EULE	14 LIBELLE REGATTA ORDNUNG	15 DAY HUF ENG
16 PUMA REIS GRAD	17 ENKEL KAPPE STURM	18 FEIN LAST AUGE
19 GNADE FROMM DAMPF	20 TOBEN GENUG TENOR	21 BERG REUE BERT
22 NINE RUHE SAFT	23 LAUT TOUR SAND	24 LIED ZIEL HERB

Sortierquiz

„Frohe Weihnachten!“ Wie sagt man das in welchem Land? Wenn du richtig zugeordnet hast, ergeben die Buchstaben von oben nach unten gelesen ein Wachslicht.

◯ Finnland	God Jul (E)
◯ Norwegen	God Jul (E)
◯ Frankreich	Hyvää Joulua (K)
◯ Niederlande	Joyeux Noël (R)
◯ Schweden	Kerstdagen (Z)

Bilderrätsel

Finde heraus, welches Wort sich jeweils hinter den Bildern verbirgt. Die Zahl neben dem Bild gibt an, welchen Buchstaben des Wortes du brauchst. Der Reihe nach ergeben diese Buchstaben das Lösungswort.

Buchstaben-Chaos

Heute fährt Susi mit ihren Eltern in den Zoo. Welches Tier sie unbedingt sehen will, erfährst du, wenn du die Buchstaben in die richtige Reihenfolge bringst.

Quiz

1

Was ist die Hauptstadt von Großbritannien?

a) Dublin
b) London
c) Rom

2

Was füllt man in die Geschirrspülmaschine?

a) Salz
b) Zucker
c) Pfeffer

3

Was kann man mit einer Kamera nicht?

a) filmen
b) drucken
c) fotografieren

Kreuzworträtsel

kräftig gebaut

unnötig lange Strecke

nicht jung, sondern …

Kinderfernsehsender (Abk.)

Teilzahlung

Kzw.: unbekanntes Flugobjekt

Vermögen, das jemand hinterlässt

Tun-, Tätigkeitswort

Behörde

Schmetterlingslarve

tierisches Milchorgan

erste Frau (Adam und …)

Regelverstoß beim Sport

altes Wort für Zimmer

nicht oben, sondern …

schmal, knapp

Zuspruch, Aufmunterung

schlägt man mit dem Hammer in die Wand

schlechter Mensch, Schuft

Erholungsurlaub nach Krankheit

englisch: zehn

brav, folgsam

ein Auto hat vier …

Gegenteil von alt

Brillenschlange

an … und Stelle

wenn zwei heiraten, führen sie eine …

graues Lasttier

Schreibflüssigkeit

Fernsehkanal, Radiostation

der, …, das

heiteres musikal. Bühnenwerk

Hauptstadt von Italien

Strick

flach, ohne Hügel

Teil des Waldes

Anhänglichkeit

Luft holen

nicht billig

langschwänziger Papagei

alle Edelleute

rutschig, Gegenteil von rau

fertig gekocht

böse, schlimm

heißes Getränk

Schutzwall

Schafjunges

ich, …, er, sie, es

männlicher Hund

Schiffsgeländer

lediglich

Buchstaben-Wirrwarr

In diesem Buchstaben-Wirrwarr sind 14 Wörter versteckt. Sie können in jede Richtung laufen, auch diagonal, rückwärts oder von unten nach oben. Wenn du sie alle gefunden hast, ergeben die übrig gebliebenen Buchstaben das Lösungswort.

N	L	S	M	A	L	V	E	T
E	E	K	L	E	N	F	D	N
E	M	H	S	R	L	E	A	A
D	I	O	C	I	P	R	H	R
I	R	A	E	L	E	E	L	Z
H	P	D	U	B	I	U	I	I
C	E	T	R	L	S	E	E	S
R	S	E	I	R	I	S	V	S
O	G	L	A	D	I	O	L	E

DAHLIE
FLIEDER
GERBERA
GLADIOLE
IRIS
LILIE
MALVE
NARZISSE
NELKE
ORCHIDEE
PRIMEL
ROSE
TULPE
VEILCHEN

Land gesucht

In welches der Länder 1, 2 oder 3, deren Umrisse du im Bild siehst, gehört das Känguru?

Vier Kinder aus der Rosenstraße haben eine Band gegründet. Sie proben im Keller der Familie Altenberg. Wie heißen die Kinder mit Vor- und Nachnamen, in welchem Haus mit welcher Hausnummer wohnen sie und welches Instrument spielen sie in der Band?

Die Bande

		Nachname				Hausnummer				Instrument			
		Altenberg	Marwitz	Reichert	Siemer	3	5	8	11	Bass	Gesang	Gitarre	Schlagzeug
Vorname	Benno												
	Ella												
	Markus												
	Stan												
Instrument	Bass												
	Gesang												
	Gitarre												
	Schlagzeug												
Hausnummer	3												
	5												
	8												
	11												

1 Stans Nachname ist Altenberg.

2 Markus spielt Gitarre. Er wohnt in einem Haus, dessen Hausnummer höher ist als die Hausnummer des Kindes, das in der Band singt.

3 Ellas Haus hat die Nummer 8, ihr Nachname ist nicht Siemer.

4 Der Bassist wohnt in Haus Nummer 11, und das Kind mit dem Nachnamen Marwitz wohnt in Haus Nummer 3.

Vorname gesucht

Wenn du die versteckten Buchstaben in dem Bild gefunden hast, erkennst du in der richtigen Reihenfolge gelesen einen weiblichen Vornamen.

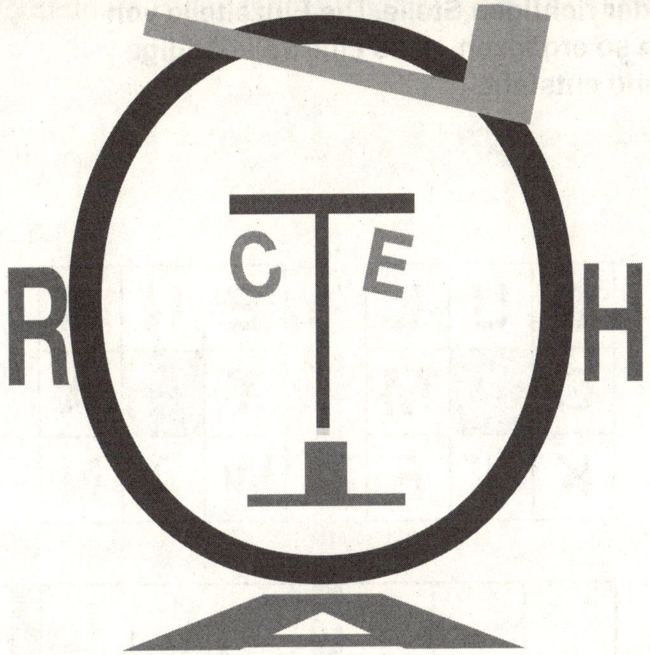

Tauschrätsel

In jeder Zeile darf nur jeweils ein Buchstabe getauscht werden, um ein neues Wort zu erhalten, und damit aus einem Satz das Wort mild werden zu lassen.

S	A	T	Z
M	I	L	D

Kreuzwort-Puzzle

Wir haben eine Kreuzworträtsel-Auflösung zerschnitten. Dann haben wir die Einzelteile durcheinandergebracht. Ein Teil steht bereits an der richtigen Stelle. Die Einzelteile von außen sollt ihr nun innen so ergänzen, dass eine vollständige Kreuzworträtsel-Auflösung entsteht.

K	A	T
E		E
I	N	S

S	T	
T	O	R
	N	A

E	U	L
C		M
K	I	E

E	N	G
T		A
W	A	N

E		S
I	N	U
S		R

O	L	O
S		H
E	I	N

E		S
R	M	E
N		E

A	N	G
	B	
R	A	U

						M	U	T
							D	
						D	E	L

Schüttel-Buchstaben

Die Buchstaben, in die richtige Reihenfolge hintereinandergestellt, ergeben einen Weg über die Gleise.

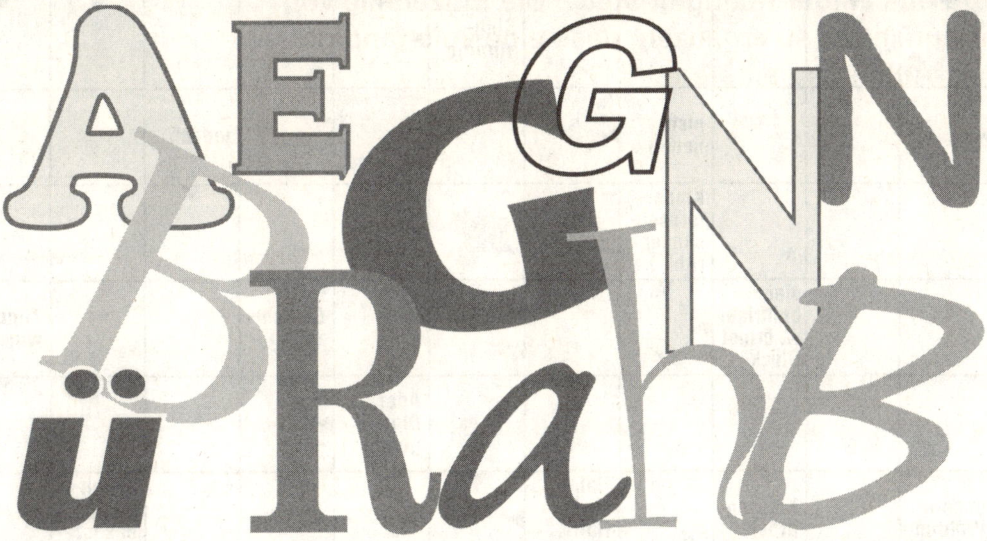

Einer stört!

**Einer der vier Begriffe passt nicht zu den anderen.
Welcher ist es?**

Föhn

Radio

?

Toaster

Kamm

Bilder-Kreuzworträtsel

Dotter	ständig, stets			eine Zahl		Müll, unbrauchbarer Rest	darin ist die Zahnpasta		behaarte Tierhaut, Pelz	Himmelsrichtung	Empfehlung
	2					Singstimme					
Kuhlaut				nicht fleißig			4		jedoch		
			3	Kinderfernsehsender (Abk.)							
Schlusswort im Gebet			vierblättriger … bringt Glück					Gedichtzeile			Zimmerwinkel
							Ader, Blutgefäß				
Richterspruch	unsere Währung		Klassenarbeit		Habsucht, Raffsucht					gleichgültig: das ist mir …	
							englisch: Nase		Warnung bei Gefahr		
Kosmos, Universum		Hefter, Mappe		24 Stunden sind ein …	Ankündigung, Mitteilung						
Kamingitter				5	auf der Welt sein			Bergweide			Vertiefung im Boden
						Rückseite des Unterschenkels		Anrede für einen Mann			1
Prachteingang (z. B. bei Kirchen)	häufig, mehrfach		Schusswaffe							…, du, er, sie, es	
				… mehr, desto besser			Romanfigur: „… und die Detektive“				
			alle; jeglicher						Musikscheibe		
kommt aus dem Auge, wenn man weint						6	Stille				

Scherzfrage

Quiz

Was findet man nicht im Auto?

a) Motor
b) Bremse
c) Segel

1

Ein flacher, tragbarer Computer ist ein ...

a) Korset
b) Tablet
c) Skelet

2

In welcher Einheit wird der Reifendruck gemessen?

a) Bar
b) Celsius
c) Newton

3

Winterfreuden!

In dem bekannten Lied „O du fröhliche" geht es um die „... Weihnachtszeit".

a) Gaben bringende

b) Gnaden bringende

c) grad erklingende

d) Knaben bringende

Brückenrätsel

Ein Fischer hat seine Netze von einem Ufer zum anderen gespannt. Gesucht werden Wörter, die in die Bojen passen und Begriffe ergeben, die das linke Uferwort ergänzen und dem rechten Uferwort vorangesetzt werden können. Die Buchstaben in den hellblauen Bojen ergeben das Lösungswort.

Rebus-Rätsel

Finde die gesuchten Begriffe zu den Bildern und trage die ausgewählten Buchstaben dieser Begriffe in den grau unterlegten Streifen im Rätsel als Startwort ein.

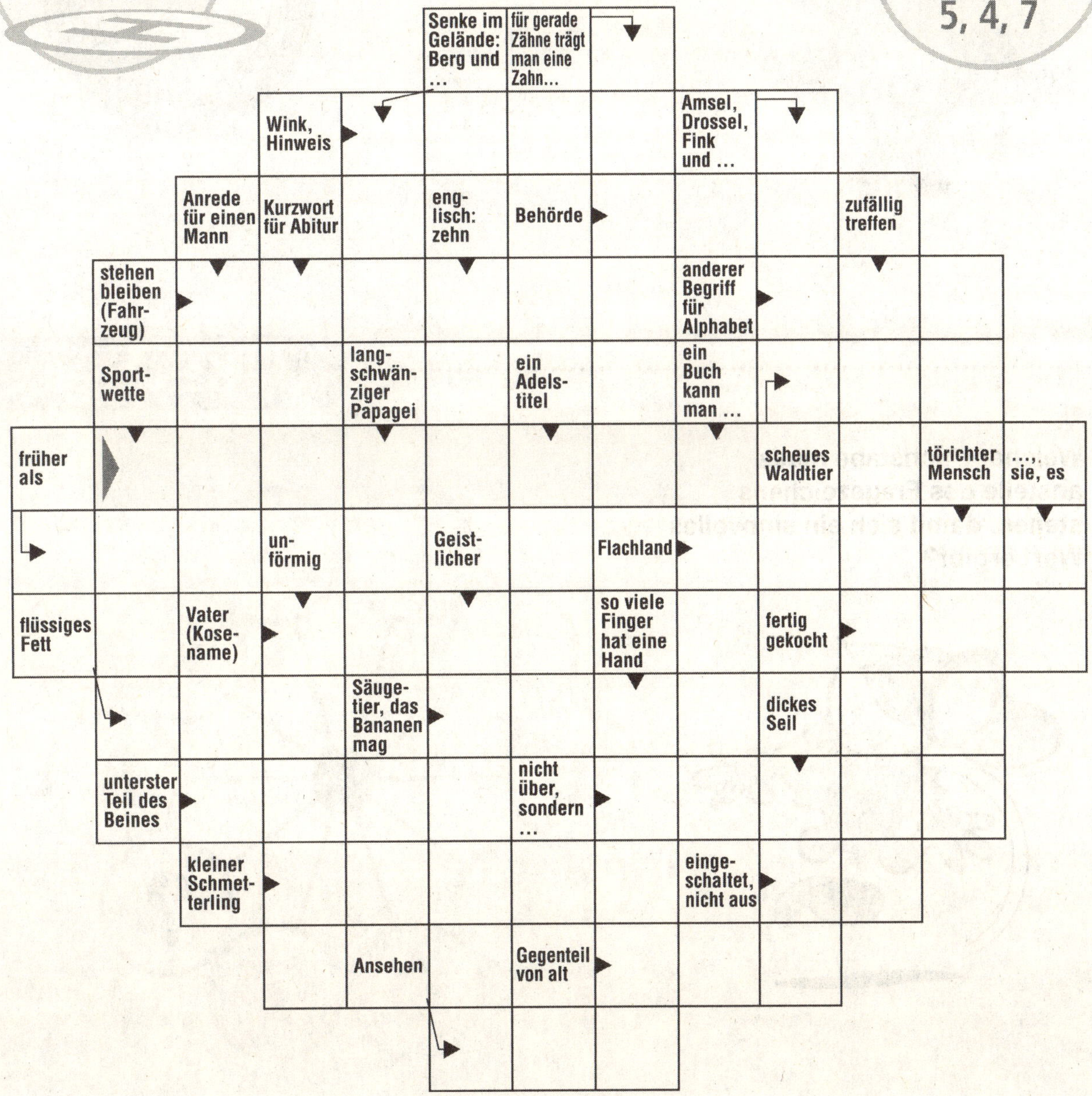

Bilderrätsel

Finde die gesuchten Begriffe zu den Bildern. Die angegebenen Buchstaben ergeben das Lösungswort.

2, 6

1, 4

5, 2

Karussell

Welcher Buchstabe muss anstelle des Fragezeichens stehen, damit sich ein sinnvolles Wort ergibt?

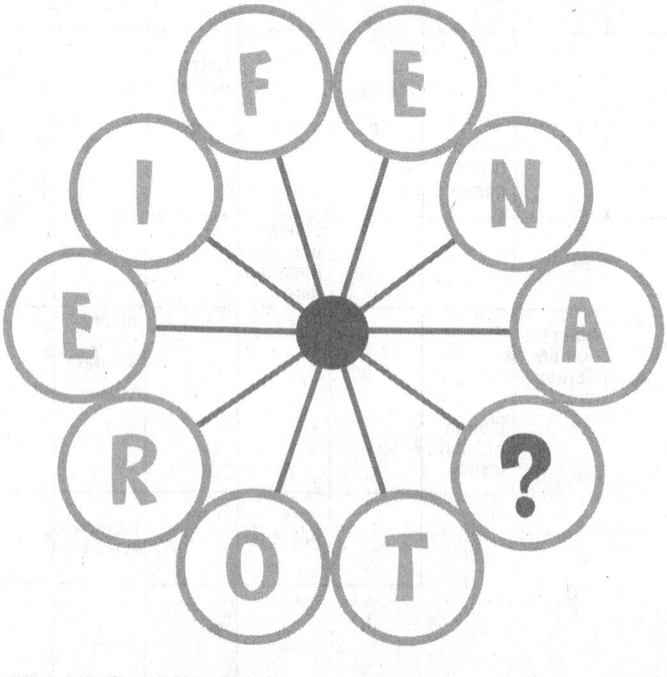

Wörtersalat

Wir haben 21 Wörter zum Thema Garten in diesem Buchstaben-Wirrwarr versteckt. Die Wörter können in jede Richtung laufen, auch diagonal, rückwärts oder von unten nach oben. Und sie können auch andere Wörter schneiden. Kannst du alle finden?

BAUMHAUS – GARTENPFORTE – GEMUESEBEET – GERAETESCHUPPEN – HACKE – HARKE – HIMBEERSTRAUCH – HUNDEHUETTE – KARTOFFELN – KOMPOSTHAUFEN – MAULWURF – PFLAUMENBAUM – RASENMAEHER – SANDKASTEN – SCHAUFEL – SCHAUKEL – SPATEN – TEICH – TRAMPOLIN – UNKRAUT – VOGELHAUS

G	Q	S	D	J	K	O	M	P	O	S	T	H	A	U	F	E	N	X	B
M	E	B	L	F	X	Y	O	S	J	H	P	I	H	V	S	E	Y	R	V
J	S	M	R	R	H	K	U	A	T	Z	B	A	D	J	P	L	E	O	G
L	L	V	U	U	G	A	U	W	K	P	C	Y	T	G	N	H	S	T	H
L	E	Z	G	E	H	Z	R	M	H	K	E	I	O	E	E	A	D	I	G
V	Y	K	V	M	S	L	N	K	E	C	O	B	Q	A	N	E	M	P	L
H	B	E	U	Y	Y	E	O	H	E	Q	U	E	M	J	G	B	F	C	V
U	D	A	Z	A	O	M	B	O	K	S	I	N	F	M	E	H	P	O	E
N	B	J	I	I	H	B	B	E	O	X	E	D	F	E	F	H	G	X	M
D	E	M	U	D	X	C	O	U	E	S	C	R	R	I	F	E	F	J	U
E	T	A	N	S	H	R	S	B	A	T	C	S	P	X	L	L	K	H	A
H	R	T	K	H	C	P	O	R	L	P	T	G	P	H	G	G	A	W	B
U	O	Y	R	Z	R	H	T	T	T	R	T	N	A	U	R	W	R	G	N
E	F	E	A	H	F	K	A	R	A	W	B	U	V	T	B	X	T	Z	E
T	P	H	U	G	R	L	A	U	A	N	S	O	L	L	F	E	O	E	M
T	N	C	T	X	D	D	C	D	F	M	U	U	U	S	I	G	F	L	U
E	E	U	B	Y	F	H	D	C	W	E	P	S	L	C	G	C	F	X	A
D	T	L	N	A	J	T	C	Q	T	G	L	O	H	X	P	A	E	B	L
Q	R	D	N	E	T	S	A	K	D	N	A	S	L	Z	I	A	L	O	F
M	A	U	L	W	U	R	F	L	K	H	V	V	R	I	A	V	N	L	P
Y	G	E	R	A	E	T	E	S	C	H	U	P	P	E	N	V	F	K	T

Teekesselchen

Welches Wort mit zwei Bedeutungen wird gesucht?

Pikante Mahlzeiten sind so, ...

... aber auch bestimmte Werkzeuge wie die Säge oder die Axt.

Memo

Jeweils zwei Bilder ergeben zusammengesetzt ein neues Wort.
Welche drei Begriffe suchen wir?

Trage die unten stehenden Wörter so in das Gitter ein, dass du ein komplett ausgefülltes Rätsel erhältst. Als kleine Hilfe ist bereits ein Wort vorgegeben.

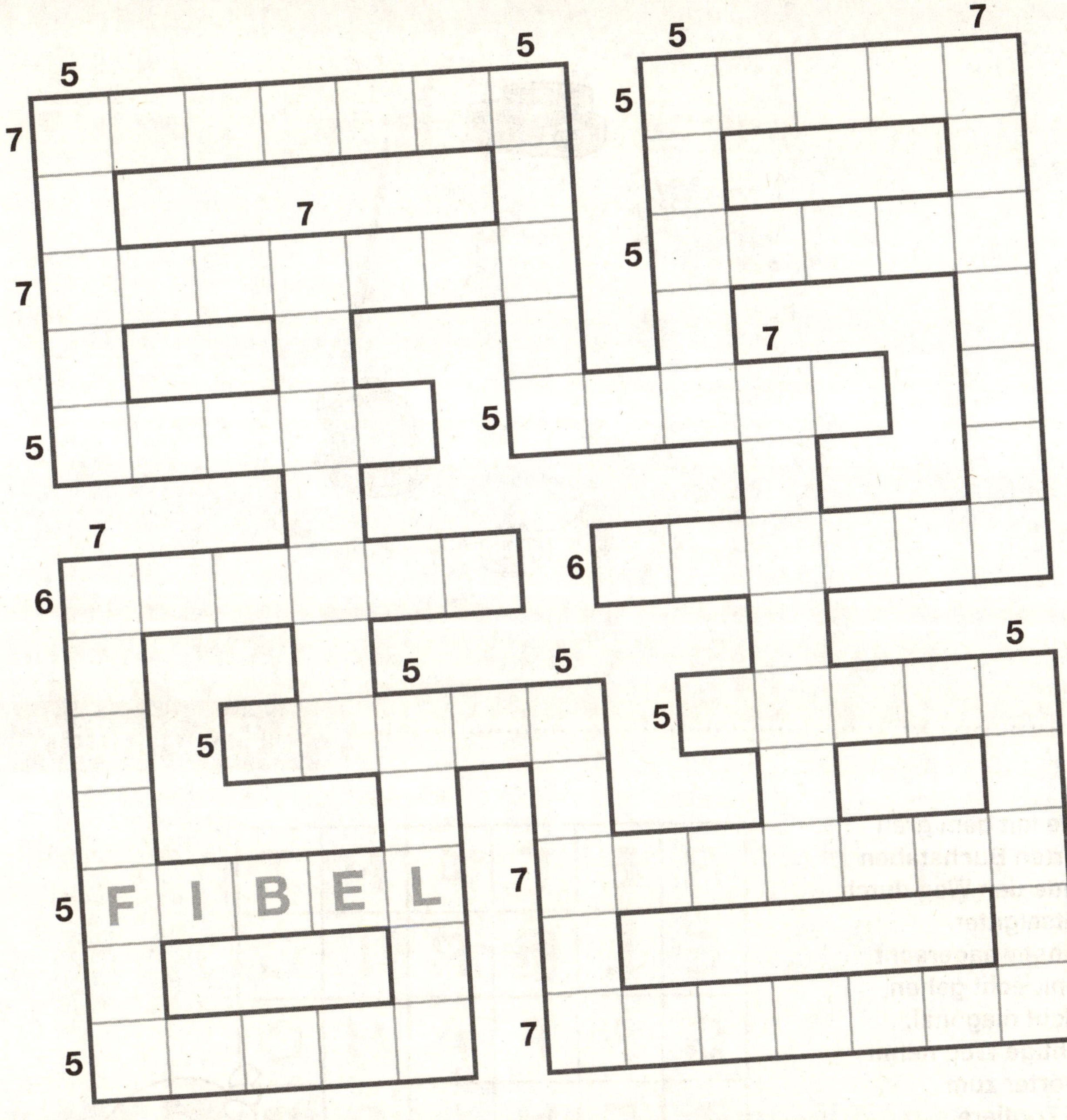

5 Buchstaben:
ANZUG – BIENE – EINST – ERNTE – GATTE – GENUG – KOPIE – PASTE – RINGE – ROSIG – TAUEN – TOBEN – ZELLE

6 Buchstaben:
TUWORT – ZEITIG

7 Buchstaben:
EISBUDE – NASHORN – NIEDRIG – PFEILER – SINNLOS – TOEPFER – TRIMMEN – UNIFORM

Bilderrätsel

Finde heraus, welches Wort sich jeweils hinter den Bildern verbirgt. Ihre Anfangsbuchstaben ergeben im Uhrzeigersinn gelesen das Lösungswort. Beginne mit dem Bild oben.

Pfadfinder

Beginne mit dem grau markierten Buchstaben und finde den Weg durch das Rätselgitter. Du kannst waagerecht und senkrecht gehen, aber nicht diagonal. Der richtige Weg nennt dir 5 Wörter zum Thema Zootiere.

R	E	F	A	N	T
E	L	E	R	I	G
G	F	F	A	H	O
I	E	N	A	S	R
T	N	A	I	H	N
E	S	P	M	C	S

Scherzfrage

Füllrätsel

Die Wörter folgender Bedeutungen sind waagerecht in das Diagramm einzutragen.

1 Land im Süden mit der Hauptstadt Rom,

2 Konsonant,

3 Pfad für Pferdesportler,

4 Buchabschnitt,

5 Einkerbung; Verletzung,

6 Lust, etwas Bestimmtes zu essen

1	I	T					
2		I	T				
3			I	T			
4				I	T		
5					I	T	
6						I	T

Domino

Drehe die Dominosteine so, dass die oberen und unteren Buchstaben jeweils einen Begriff aus der Wohnung ergeben.

Spinnennetz

Beginne beim dunkelgrauen Buchstaben und finde den Weg durch das Spinnennetz. Welches Wort ergibt sich, wenn du jedes Feld im Spinnennetz nur einmal durchlaufen darfst?

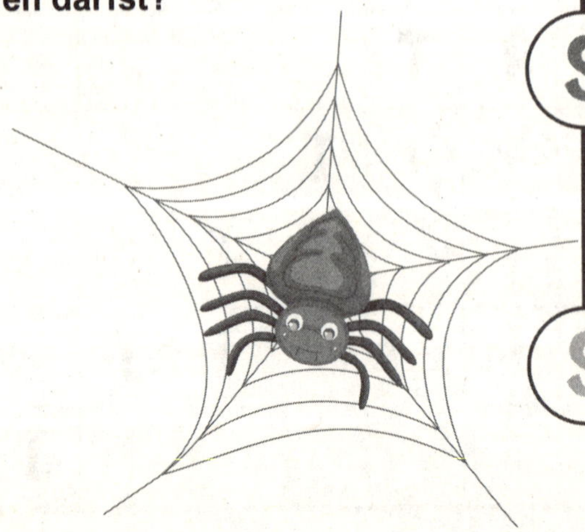

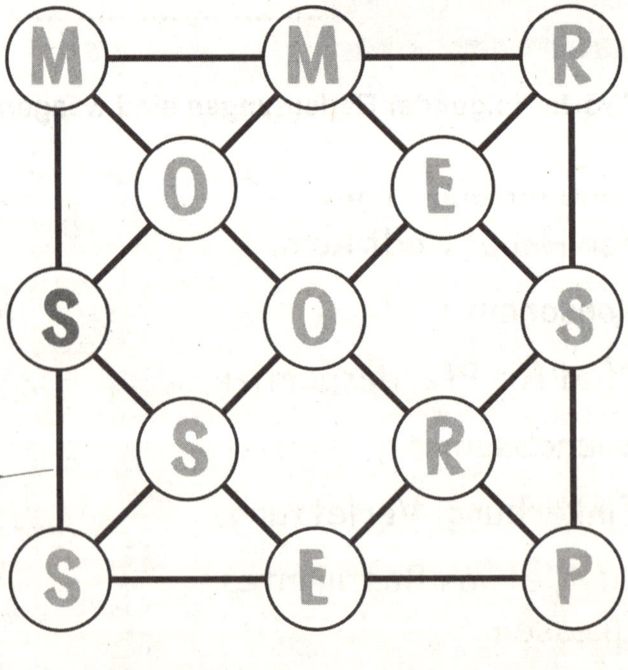

Nur ein Wort passt!

In der Liste stehen jeweils drei Wörter, von denen nur ein Wort ins Diagramm unter derselben Nummer eingetragen werden kann.

1 BODEN KERBE INNEN	**2** KAHL HERR GEIZ	**3** LIEBEN KAUFEN TROPEN
4 BUNT GARN LEER	**5** TEST NACH WAND	**6** SINN REDE FUGE
7 ATMEN STALL ORGEL	**8** ECKE AFFE ZWEI	**9** OHNE WOHL PELZ
10 MASKE PANNE TROST	**11** TEER SAAT ADEL	**12** FUNK TIEF PLUS
13 REIM ENDE HALT	**14** SATT TUBE BUND	**15** HEER SAND WORT
16 PACKUNG TOURIST OHRRING	**17** PLATT ASCHE STEAK	**18** HEXE ALLE VIEL
19 WOLKE OSTEN PROBE	**20** AM EI IN	**21** MAI EIN SAU
22 OPER FUER HAST	**23** MOST LOCH TANZ	**24** KEKS LIST SENF

Sortierquiz

Wer erfand welche Figur? Wenn du richtig angeordnet hast, ergeben die Buchstaben von oben nach unten gelesen eine lange Erzählung in Buchform.

Figur	Autor	Buchstabe
Harry Potter	A. Lindgren	A
Jim Knopf	Carlo Collodi	M
Pinocchio	Henri Arnoldus	N
Pippi Langstrumpf	J. K. Rowling	R
Pitje Puck	Michael Ende	O

Bilderrätsel

Finde heraus, welches Wort sich jeweils hinter den Bildern verbirgt. Die Zahl neben dem Bild gibt an, welchen Buchstaben des Wortes du brauchst. Der Reihe nach ergeben diese Buchstaben das Lösungswort.

Buchstaben-Chaos

In der Küche duftet es herrlich! Was Beate gerade aus dem Backofen holt, erfährst du, wenn du die Buchstaben in die richtige Reihenfolge bringst.

Quiz

1

Welcher dieser Kontinente ist der größte?

a) Asien
b) Ozeanien
c) Europa

2

Was wählen die Deutschen alle vier Jahre?

a) Bundestag
b) Bundeswoche
c) Bundesmonat

3

Wenn etwas korrigiert wird, dann wird es ...

a) verschlimmert
b) repariert
c) berichtigt

Kreuzworträtsel

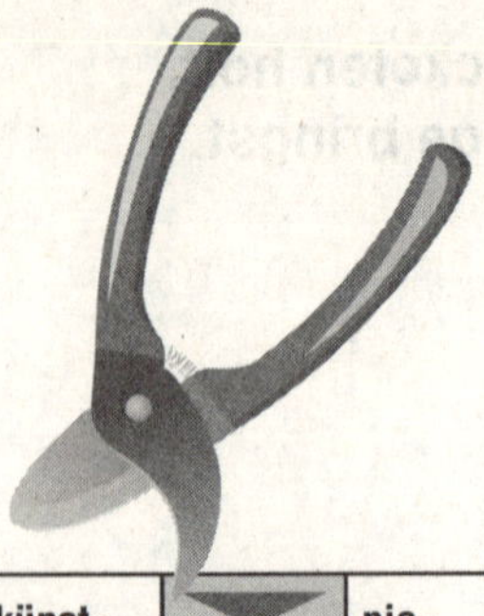

plötzlich aufkommender Gedanke
Stacheltier
in der Küche steht ein Back…
kurz für an dem
Gegenteil von nichts
offene Feuerstelle im Haus
Romanfigur: „… und die Detektive“
künstlicher Fluss
niemand; nichts
Maus und Haus ist ein …
wenn zwei heiraten, führen sie eine …
ungefähr
telefon. Verbindung aufnehmen
Ausgleich, Entschädigung
übertriebene Sparsamkeit
aufhören
Grundeinheit aller Lebewesen
Leberfleck: Mutter…
innige Zuneigung
Dreschboden in der Scheune
englisch: Gesicht
Kurzwort für Abitur
Fördermaschine für Wasser
Verladeauffahrt
Spur einer verheilten Wunde
englisch: eins
eine Blume und ein Gewürz
die Blätter der Bäume
Stimmzettelbehälter: Wahl…
mit Rat und … zur Seite stehen
im Kino läuft ein …
von da an: … hier
Schwimmvogel mit breitem Schnabel
nicht gesund
Würde, Ansehen (Ruhm und …)
feine Hautöffnung
männliche Katze
eingeschaltet, nicht aus
formbare Masse zum Spielen
unbrauchbares Schiff
Name einer Getreideart
englisch: zehn
graues Lasttier
durchsichtiges Trinkgefäß
eine Verletzung tut …
…, du, er, sie, es
Wut, Zorn
große Eule
geöffnet, offen
sie bleibt übrig, wenn etwas verbrennt
Zimmerwinkel
Auf die Plätze, fertig, …!
Erholungsurlaub nach Krankheit

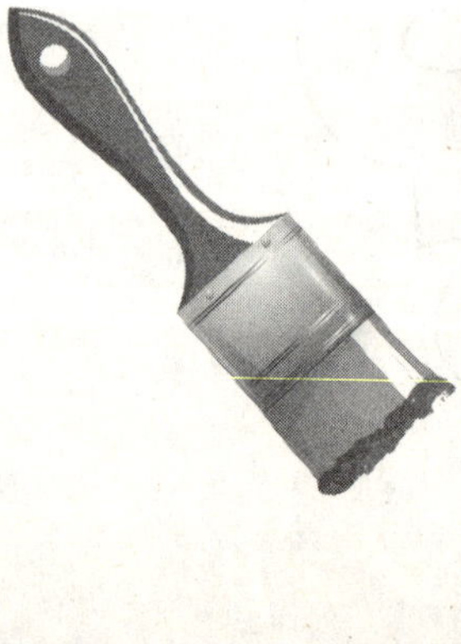

Buchstaben-Wirrwarr

In diesem Buchstaben-Wirrwarr sind 16 Wörter versteckt. Sie können in jede Richtung laufen, auch diagonal, rückwärts oder von unten nach oben. Wenn du sie alle gefunden hast, ergeben die übrig gebliebenen Buchstaben das gesuchte Lösungswort.

K	A	N	I	N	C	H	E	N
N	U	S	T	I	E	R	A	S
H	F	H	A	H	N	R	U	C
E	U	L	E	E	S	E	L	H
M	C	S	P	I	N	N	E	L
A	H	I	G	E	L	H	E	A
U	S	D	N	U	H	A	N	N
S	G	A	N	S	N	S	T	G
K	A	T	Z	E	G	E	E	E

ENTE · ESEL · EULE · FUCHS · GANS · HAHN · HASE · HUND · IGEL · KANINCHEN · KATZE · KUH · MAUS · SCHLANGE · SPINNE · STIER

Land gesucht

Wenn in den letzten Jahren von dem Land die Rede war, ging es meist um Geldprobleme. Denn es hat gewaltige Schulden und wird mit „Hilfspaketen“ über Wasser gehalten. Verständlich, dass es da manchmal zu Streit kommt! Man sollte aber nicht vergessen, dass das Land im Südosten Europas vor vielen Tausend Jahren die Grundlagen zu unserer Kultur legte. Ein gute Idee von damals: Alle vier Jahre Olympische Spiele abhalten! Wenn das Land daran immer noch mitverdienen könnte … Wie heißt es?

Logikrätsel

Jedes Jahr gibt es an der Fontane-Schule einen Schreibwettbewerb. Ab der siebten Klasse darf jedes Kind einen selbst verfassten Text abgeben, der dann bewertet wird. In jeder Stufe gewinnt genau ein Kind den ersten Platz. Wer hat wohl dieses Jahr in den verschiedenen Stufen den ersten Platz abgeräumt und welchen Titel haben die Gewinnergeschichten?

Schreib-Wett-bewerb

		Vorname				Nachname				Titel			
		Boris	Emma	Lena	Paul	Assmann	Engels	Müller	Neuhaus	Berggeschichte	Das fliegende Auto	Im Urlaub	Mein Traum
Klasse	7												
	8												
	9												
	10												
Titel	Berggeschichte												
	Das fliegende Auto												
	Im Urlaub												
	Mein Traum												
Nachname	Assmann												
	Engels												
	Müller												
	Neuhaus												

1 Lena besucht die 8. Klasse. Ihr Nachname lautet nicht Assmann.

2 Das Kind mit dem Nachnamen Engels geht in die 10. Klasse.

3 Pauls Nachname ist Neuhaus. Das Kind, das die Geschichte „Das fliegende Auto" geschrieben hat, ist genau eine Stufe weiter als Paul.

4 Boris Geschichte heißt „Mein Traum". Boris besucht nicht die 7. Klasse.

5 Das Kind aus der 9. Klasse schrieb die „Berggeschichte".

Beruf gesucht

Welchen Beruf der Mann ausübt, erfährst du, wenn du die Buchstaben in seinem Gesicht in die richtige Reihenfolge bringst.

Tauschrätsel

In jeder Zeile darf nur jeweils ein Buchstabe getauscht werden, um ein neues Wort zu erhalten, und damit aus einem Horn eine Last werden zu lassen.

H	O	R	N
L	A	S	T

Kreuzwort-Puzzle

Wir haben eine Kreuzworträtsel-Auflösung zerschnitten. Dann haben wir die Einzelteile durcheinandergebracht. Ein Teil steht bereits an der richtigen Stelle. Die Einzelteile von außen sollt ihr nun innen so ergänzen, dass eine vollständige Kreuzworträtsel-Auflösung entsteht.

H	E	R
R		D
E	F	E

I	L	A
E		S
B	B	E

L		A
E	H	R
B		M

E	S	S
	C	
E	H	E

E	N	
N	U	N
	R	E

T	E	M
E		E
I	N	E

B		L
A	N	K
U		E

G	A	R
	G	
D	E	N

W	O	H						
E		A						
H	A	L						

Schüttel-Buchstaben

Die Buchstaben, in die richtige Reihenfolge hintereinandergestellt, ergeben frühere Zeiten.

Einer stört!

**Einer der vier Begriffe passt nicht zu den anderen.
Welcher ist es?**

Pullover

Bluse

?

T-Shirt

Hose

Bilder-Kreuzworträtsel

seitliche Raumbegrenzung	wenn man sich fürchtet, hat man ...	zu keiner Zeit		alle Edelleute	weit abgelegen		großes Meeressäugetier		Kletterzweig		Himmelsrichtung
				Schiff zum Übersetzen		1					die Note 1 ist ... gut
leicht regnen								höchste Spielkarte			
	6			Hast		Schreibflüssigkeit					
Stacheltier		großer Greifvogel	Platzmangel, Raumnot					Schuss ins Ziel		wenn zwei heiraten, führen sie eine ...	
Mietauto mit Fahrer					das Einbringen der Feldfrüchte	Fußballmannschaft (Anzahl)	ein früherer Straßenbelag				
Summe der Lebensjahre			ein Körperorgan						..., die, das		rissig, nicht glatt
englisch: eins		4				gegerbte Tierhaut					
			großer Zweig	Verwandter (Nichte und ...)				3		anderer Begriff für Alphabet	
anderes Wort für Stärke						Strauchfrucht	weibliche Anrede				5
starrköpfiger Widerstand		an einer höher gelegenen Stelle		Warenverkehrssteuer					Gegenteil von mit		Lehrgang
					am Meer gibt es ... und Flut		englisch: rot				
	auf diese Weise		anderes Wort für Kellner							ein Huhn legt ein ...	
Klang, Laut					Verkaufsschlager				2		
			Gesangsstück					gefrorenes Wasser			

Scherzfrage

Er sitzt den ganzen Tag vor sei-
nem Bett und schaut aus dem Fenster! Wer verdient damit auch noch Geld?

Quiz

Wie heißt ein Kartenspiel?

a) Mau-Mau
b) Tau-Tau
c) Wau-Wau

1

Zwei gleiche Augenzahlen beim Würfeln sind ein …

a) Paar
b) Doppel
c) Pasch

2

Wie viele Steine hat jeder Mühle-spieler anfangs auf dem Brett?

a) 5
b) 7
c) 9

3

Tanzwettbewerb

Emma, Hanna, Maria, Mia und Sophie haben sich mit ihren Partnern Alexander, Paul, Leon und den Brüdern Elias und Maximilian für das Finale von DSDSTP („Deutschland sucht das Super-Tanz-Paar") qualifiziert. Hanna gewinnt knapp vor Emma, aber nicht mit Paul, der mit seiner Partnerin Sophie auf Platz vier landet. Mia tanzt mit Elias, der sich sehr darüber ärgert, dass er beim letzten Tango patzte und deshalb in der Abschlusstabelle genau hinter seinem kleinen Bruder Maximilian landete. Noch trauriger ist Leon, der Letzter wurde. Wer landete mit wem auf welchem Tabellenplatz?

Brückenrätsel

Ein Fischer hat seine Netze von einem Ufer zum anderen gespannt. Gesucht werden Wörter, die in die Bojen passen und Begriffe ergeben, die das linke Uferwort ergänzen und dem rechten Uferwort vorangesetzt werden können. Die Buchstaben in den hellblauen Bojen ergeben das Lösungswort.

Rebus-Rätsel

Finde die gesuchten Begriffe zu den Bildern und trage die ausgewählten Buchstaben dieser Begriffe in den grau unterlegten Streifen im Rätsel als Startwort ein.

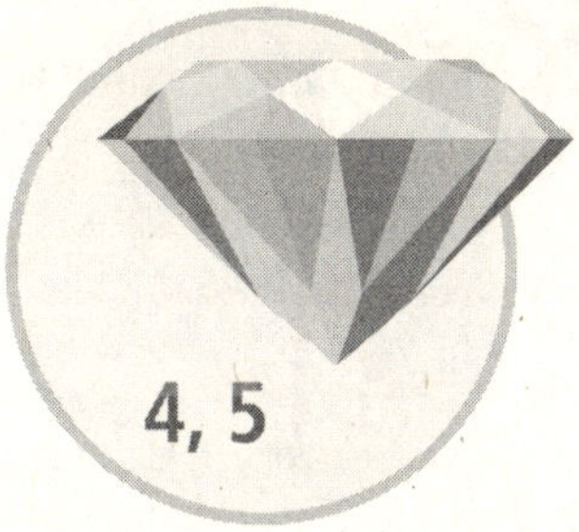

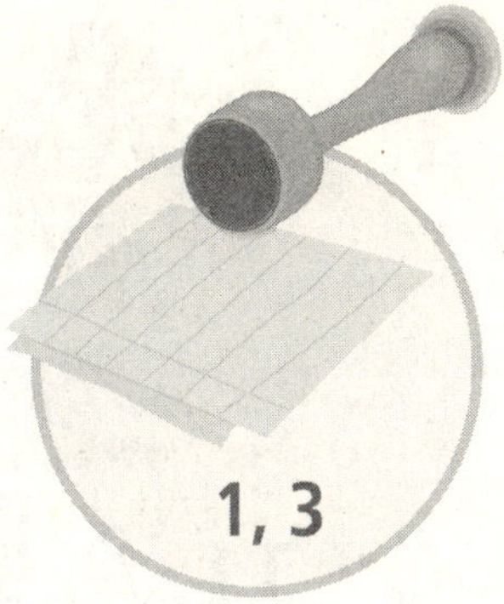

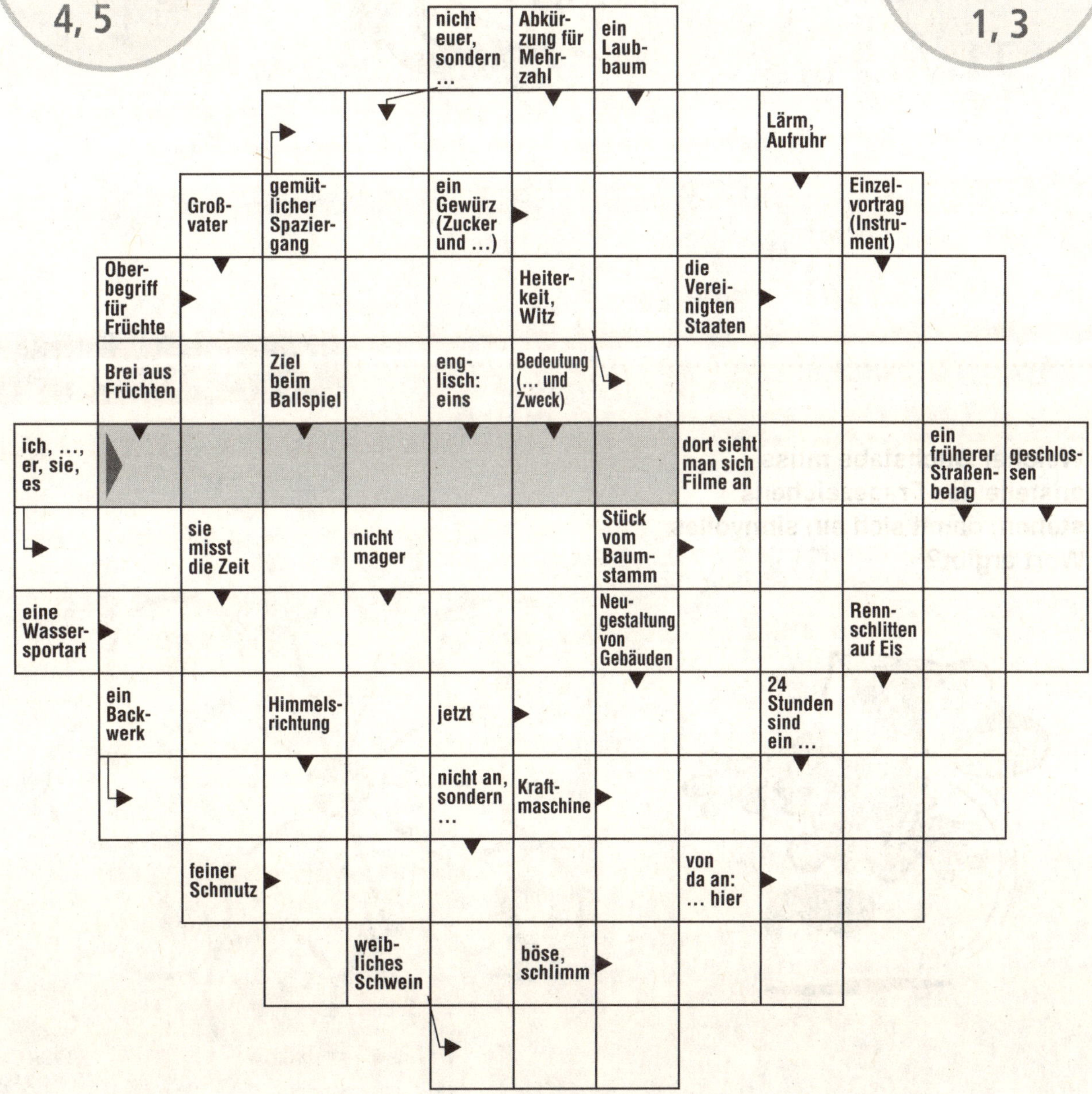

Bilderrätsel

Finde die gesuchten Begriffe zu den Bildern. Die angegebenen Buchstaben ergeben das Lösungswort.

11, 4, 9

3, 8

6, 7

Karussell

Welcher Buchstabe muss anstelle des Fragezeichens stehen, damit sich ein sinnvolles Wort ergibt?

Wörtersalat

Wir haben 17 Wörter zum Thema Flughafen in diesem Buchstaben-Wirrwarr versteckt. Die Wörter können in jede Richtung laufen, auch diagonal, rückwärts oder von unten nach oben. Und sie können auch andere Wörter schneiden. Kannst du alle finden?

ABFERTIGUNGSHALLE – ABHEBEN – ANZEIGETAFEL – COCKPIT – FLUGZEUG – GEPAECKBAND – INFORMATIONSSCHALTER – KINDERAUSWEIS – KOFFER – LANDEBAHN – PASSAGIERE – PASSKONTROLLE – PILOT – REISEPASS – REISEZIEL – ROLLFELD – WARTESAAL

H	R	G	T	P	C	G	L	E	F	A	T	E	G	I	E	Z	N	A	I
G	E	X	S	I	U	F	H	Z	R	G	K	D	G	S	E	G	I	N	H
O	T	X	S	L	P	E	W	O	Q	K	U	A	L	S	Z	D	S	A	U
E	L	P	K	O	B	K	I	A	X	G	Q	R	E	E	J	E	B	A	D
I	A	A	E	T	D	H	C	J	R	A	A	T	A	X	F	F	J	Z	G
L	H	S	G	G	S	P	S	O	L	T	N	W	J	H	E	L	X	V	P
E	C	S	E	H	Y	I	R	Z	C	P	E	O	I	R	O	B	L	O	L
Y	S	K	C	O	E	X	E	I	D	F	A	S	T	D	I	K	O	O	M
G	S	O	G	I	I	N	F	W	M	G	F	I	A	D	V	K	M	F	R
U	N	N	R	E	C	S	H	R	S	G	G	B	A	A	P	J	L	Z	N
E	O	T	V	X	P	X	K	D	J	U	J	K	N	V	L	E	K	H	A
Z	I	R	T	F	T	A	K	Z	N	P	A	G	E	B	I	Z	A	G	F
G	T	O	A	G	B	U	E	G	M	M	C	R	G	Z	J	B	Q	E	R
U	A	L	N	O	M	D	S	C	Q	B	E	T	E	W	E	V	J	B	E
L	M	L	O	B	M	H	V	X	K	I	A	S	E	D	N	R	B	R	I
F	R	E	S	R	A	W	E	M	G	B	I	F	N	I	N	R	N	D	S
A	O	W	Y	L	K	E	H	A	J	E	A	A	W	F	D	I	Y	M	E
R	F	U	L	T	B	K	S	Q	R	C	L	N	R	O	T	U	K	S	P
M	N	E	V	C	A	S	B	W	D	U	H	X	D	V	M	L	Y	Z	A
K	I	O	O	J	A	U	J	S	R	F	V	N	E	B	E	H	B	A	S
D	T	P	G	P	E	D	T	B	R	E	F	F	O	K	T	U	S	B	S

Teekesselchen

Welches Wort mit zwei Bedeutungen wird gesucht?

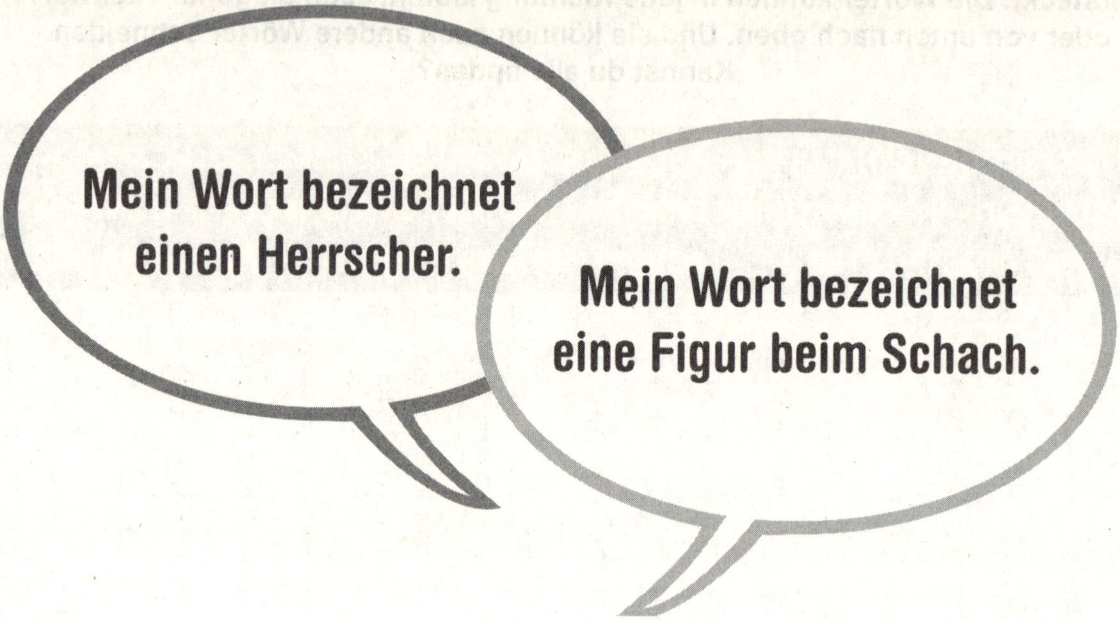

Memo

Jeweils zwei Bilder ergeben zusammengesetzt ein neues Wort.
Welche drei Begriffe suchen wir?

Gitterrätsel

Trage die unten stehenden Wörter so in das Gitter ein, dass du ein komplett ausgefülltes Rätsel erhältst. Als kleine Hilfe ist bereits ein Wort vorgegeben.

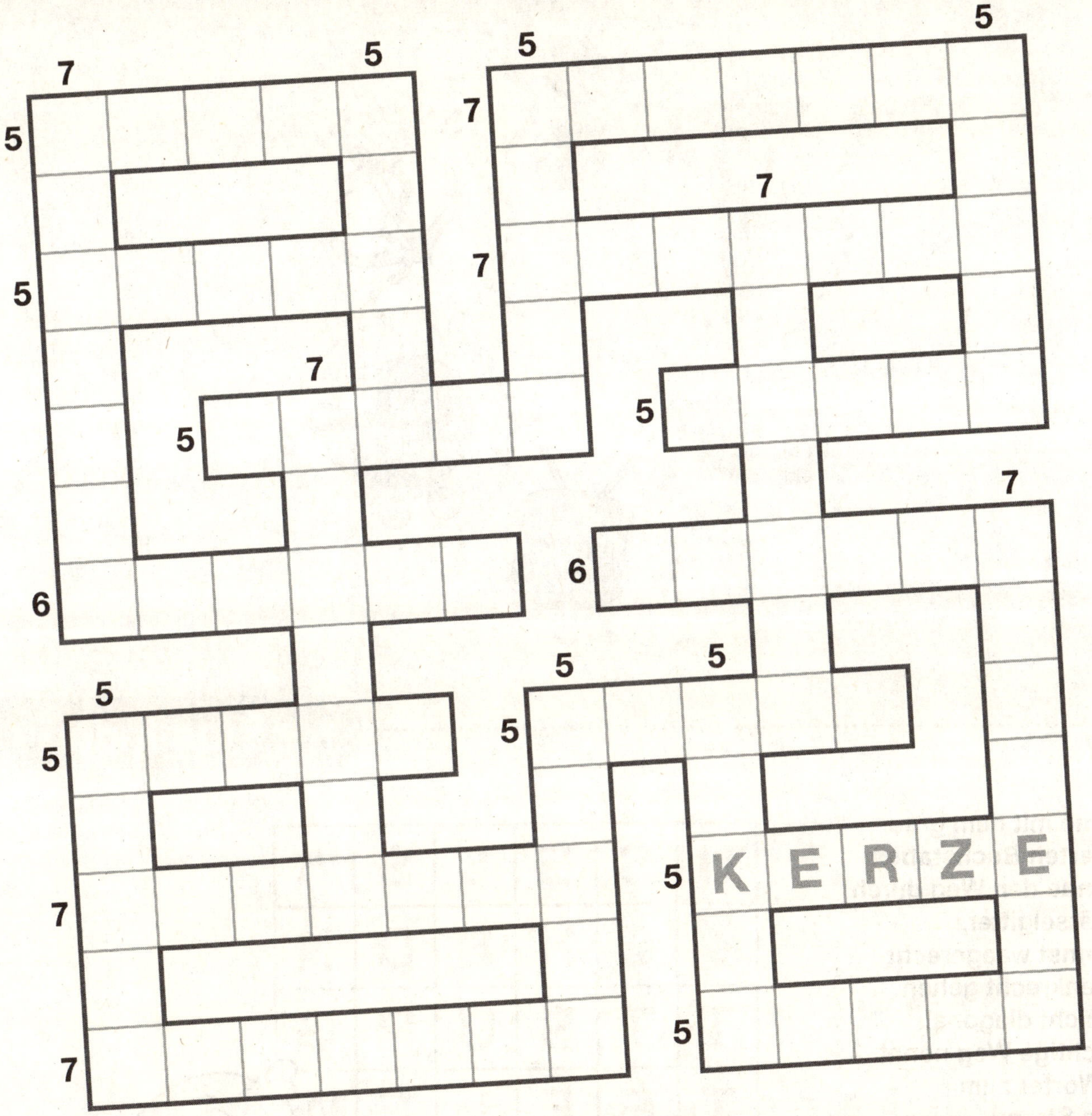

5 Buchstaben:
GENUG – GLATT – GRAMM – KREBS – LICHT – LOKAL – MAGER – MASKE – MULDE – MUSIK – RUINE – UMZUG – WESTE

6 Buchstaben:
ELSTER – FLAMME

7 Buchstaben:
ACHTUNG – ARMBAND – AUTOMAT – ETIKETT – MARKISE – SCHADEN – TRAEGER – WARNUNG

Bilderrätsel

Finde heraus, welches Wort sich jeweils hinter den Bildern verbirgt. Ihre Anfangsbuchstaben ergeben im Uhrzeigersinn gelesen das Lösungswort. Beginne mit dem Bild oben.

Pfadfinder

Beginne mit dem grau markierten Buchstaben und finde den Weg durch das Rätselgitter. Du kannst waagerecht und senkrecht gehen, aber nicht diagonal. Der richtige Weg nennt dir 6 Wörter zum Thema Strand.

U	S	E	L	S	A
M	C	H	B	D	N
T	T	S	U	R	G
T	E	E	L	F	W
A	R	E	U	E	E
W	N	S	T	L	L

Scherzfrage

Welche Tiere feiern ihr ganzes Leben lang Geburtstag?

Füllrätsel

Die Wörter folgender Bedeutungen sind waagerecht in das Diagramm einzutragen.

1 Wärmeanlage,
2 Schaubühne,
3 immer in Bewegung; aufgeregt,
4 Tücke, Niedertracht,
5 rot vor Hitze leuchten,
6 Junge, Bub, Knabe

1	H	E					
2		H	E				
3			H	E			
4				H	E		
5					H	E	
6						H	E

Domino

Drehe die Dominosteine so, dass die oberen und unteren Buchstaben jeweils einen Planeten ergeben.

Spinnennetz

Beginne beim dunkelgrauen Buchstaben und finde den Weg durch das Spinnennetz. Welches Wort ergibt sich, wenn du jedes Feld im Spinnennetz nur einmal durchlaufen darfst?

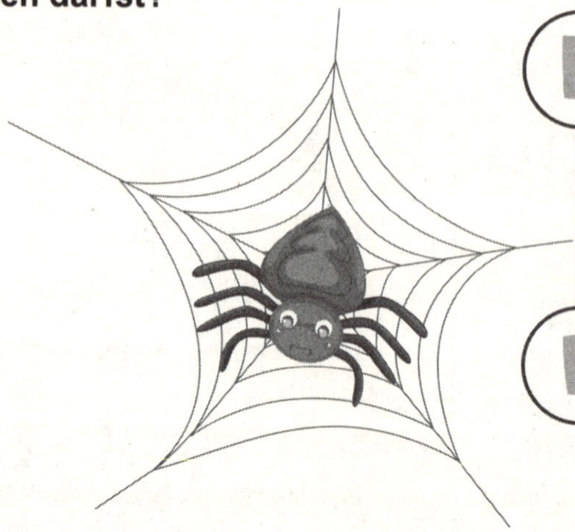

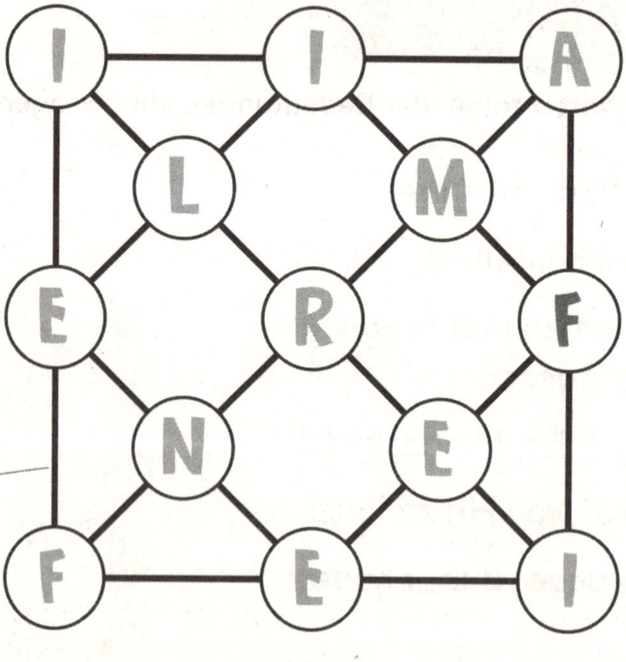

Nur ein Wort passt!

In der Liste stehen jeweils drei Wörter, von denen nur ein Wort ins Diagramm unter derselben Nummer eingetragen werden kann.

1 WURF RUHM LAIE	2 PARTEI ERNTEN LOCKIG	3 KUH DIE TAT
4 REST ROHR HIEB	5 ARG EHE BUG	6 GURKE SZENE EUTER
7 ES JE ZU	8 FERN JUDO ENGE	9 BEBEN SCHAL GLATT
10 BIRNE KRISE SUMME	11 KARG LACK WERT	12 HIN ADE KUR
13 HALM BAUM ERDE	14 REUE LUKE ZELT	15 ESSIG TOAST KEULE
16 UHR WEG WAS	17 STAU GRAF EILE	18 SAMEN MIXER KOMMA
19 BRAVO LINIE HARFE	20 DECKE GEBOT KLOTZ	21 BUS EVA DOM
22 SEIL BEIN KERL	23 HAUPT ASIAT JACHT	24 UMKEHR ZAHLEN NICKEN

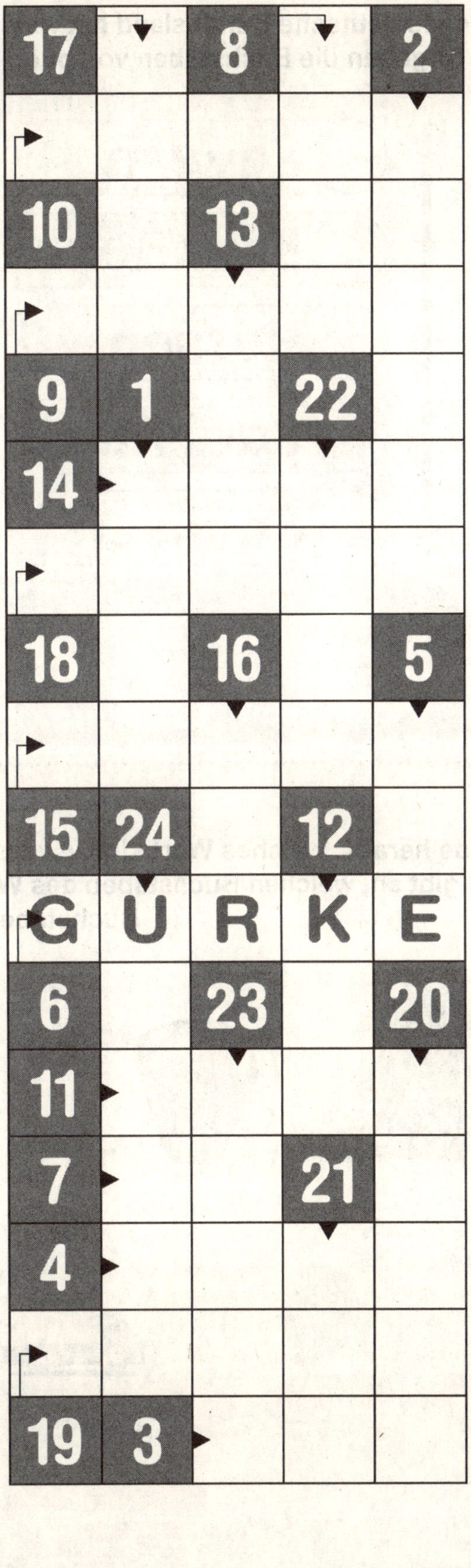

Sortierquiz

Welches deutsche Bundesland hat welche Hauptstadt? Wenn du richtig zugeordnet hast, ergeben die Buchstaben von oben nach unten gelesen ein Wort für Reise, Tour.

◯ Bayern	Dresden T
◯ Brandenburg	München F
◯ Hessen	Potsdam A
◯ Saarland	Saarbrücken R
◯ Sachsen	Wiesbaden H

Bilderrätsel

Finde heraus, welches Wort sich jeweils hinter den Bildern verbirgt. Die Zahl neben dem Bild gibt an, welchen Buchstaben des Wortes du brauchst. Der Reihe nach ergeben diese Buchstaben das Lösungswort.

Buchstaben-Chaos

Carlos hat großen Hunger. Gleich serviert ihm seine Mutter sein Lieblingsessen. Was das ist, erfährst du, wenn du die Buchstaben in die richtige Reihenfolge bringst.

G A S

T H E

P T I

Quiz

1

Wie hieß der Reformator Luther mit Vornamen?

a) Martin
b) Thomas
c) Friedrich

2

Was ist nicht für die Fingernägel gedacht?

a) Nagelbohrer
b) Nagelfeile
c) Nagelschere

3

Woraus bestehen Dünen?

a) Holz
b) Sand
c) Wasser

Kreuzworträtsel

Hauptstadt von Senegal
Brühe, Abgekochtes
damit wäscht man sich
Hauptstadt von Tibet
im Jahre (lateinisch)
ein Brausebad nehmen
Abschiedsgruß, Lebewohl
Fernsehsendung mit Gästen
Heiterkeit, Witz
Kante, Winkel (süddeutsch)
weibliche Anrede
längeres schmales Lederband
Unglück, Missgeschick
von solcher Art
unbestimmter Artikel (..., eine)
Windschattenseite e. Schiffs
wenn zwei heiraten, führen sie eine ...
Kurzwort für Abitur
ein Frühlingsmonat
himmelblaue Farbe
Sportwette
Max und ... (Wilhelm Busch)
Wind am Gardasee
dicht bei, nicht fern
Schwimmvogel mit breitem Schnabel
Wüste in Innerasien
Beute, Jagdergebnis
vernünftig
ital. Geigenbauerfamilie
germanischer Wurfspieß
Panzer-, Zehnfußkrebs
Ansehen
Protestzug, Kundgebung
langschwänziger Papagei
hypnotischer Schlaf
eine Ballsportart
Leichtmetall (Kzw.)
ein Planet
Amsel, Drossel, Fink und ...
auf diese Weise
silberweißes Metall
Schiffsvorderteil
japanischer Farbkarpfen
Einheitenzeichen f. Hektar
Habsucht, Raffsucht
Traubenernte
Vorfahr
chemisches Zeichen für Arsen
Koseform für Großmutter
Abkürzung für Alabama (USA)
englisch: eins
Gebäck, Plätzchen
Bestand, tatsächlicher Vorrat
Brei aus Früchten
Frauenname

Buchstaben-Wirrwarr

In diesem Buchstaben-Wirrwarr sind 13 Wörter versteckt. Sie können in jede Richtung laufen, auch diagonal, rückwärts oder von unten nach oben. Wenn du sie alle gefunden hast, ergeben die übrig gebliebenen Buchstaben das Lösungswort.

R	E	N	I	A	R	T	Z	F
K	K	J	A	E	G	E	R	A
A	I	O	R	R	M	M	B	R
U	M	U	N	A	Z	A	E	G
F	A	B	L	D	E	T	P	O
M	R	E	A	C	I	M	I	T
A	R	A	K	U	N	T	L	O
N	N	E	O	B	E	R	O	F
N	R	I	M	K	E	R	T	R

ARZT · BAECKER · BAUER · FOTOGRAF · IMKER · JAEGER · KAUFMANN · KONDITOR · MALER · MAURER · OBER · PILOT TRAINER

Sprücheklopfer

Der Spruch „Ehrlich währt am längsten" hat eine ähnliche Bedeutung wie ...

a) Der Ehrliche ist der Dumme.

b) Lügen haben kurze Beine.

Auflösungen

Seite 3

Rebus-Rätsel:
Fahrrad, Bluse, Dalmatiner – Halsband

Seite 4

Bilderrätsel:
Handtuch, Schnecke, Knochen – Tasche

Karussell:
E = Regenbogen

Seite 5

Wörtersalat:

Seite 6

Teekesselchen: Schloss

Memo:
Bärenhöhle, Handball, Sternbild

Seite 7

Gitterrätsel:

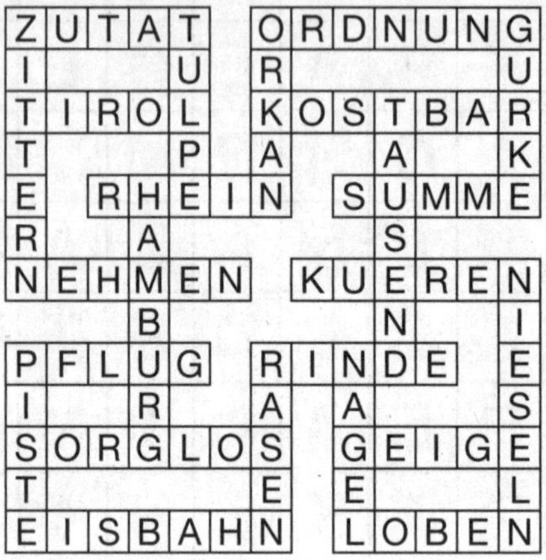

Seite 8

Bilderrätsel:
Ferien
(Fenster, Eskimo, Rucksack, Indianer, Erdbeere, Nashorn)

Pfadfinder:

Seite 9

Scherzfrage:
Auf Julia (JULIA-ugust)!

Füllrätsel:
1. Angriff, 2. Sanduhr, 3. Kranich, 4. Gedanke, 5. Vorhang, 6. Grobian

Seite 10

Domino:
Hamburg, Sachsen, Bayern, Hessen

Spinnennetz:
Trillerpfeife

Seite 11

Nur ein Wort passt!:

Seite 12

Sortierquiz:
Palast

Bilderrätsel:
Schlauchboot (Schlitten, Schmetterling, Schal, Fliegenpilz, Knoblauch, Flugzeug, Schimpanse, Feuerwehrmann, Libelle, Polizist, Krokodil, Zelt)

Seite 13

Buchstaben-Chaos:
Amsterdam

Quiz:
1C, 2A, 3C

Seite 14

Kreuzworträtsel:

Seite 15

Buchstaben-Wirrwarr:
Spielspass

Land gesucht:
China

Seite 16

Logikrätsel:

Platznummer	Name	Frühstück	Merkmal
21	Inge	Apfel	Großer Hut
22	Marita	Brötchen	Warze auf der Nase
23	Hannelore	Ei	Haare am Kinn
24	Brunhilde	Kaffee	Lilafarbene Haare

Seite 17

Tier gesucht:
Elefant

Tauschrätsel:

D	O	S	E
H	O	S	E
H	A	S	E
H	A	S	T
H	A	L	T

Seite 18

Kreuzwort-Puzzle:

C	H	O	R		F	A	N	G
H		P	I	R	A	T		O
E	B	E	N		N	E	S	T
F	E	R	N	E		M	I	T
	L		E	I	N		L	
W	A	S		S	A	L	B	E
E	G	A	L		G	I	E	R
H		G	A	B	E	L		B
E	F	E	U		N	A	S	E

Seite 19

Schüttel-Buchstaben:
Schulaufgaben

Einer stört!:
Der Bussard ist ein Raubvogel.
Biene, Mücke und Fliege sind Insekten.

Seite 20

Bilder-Kreuzworträtsel:
1 – 6 Signal

Seite 21

Scherzfrage:
Der Admiral (Offizier und Schmetterling)

Quiz:
1B, 2A, 3A

Seite 22

Spannende Nächte:
Eltern sollten an die Lampe fassen. Wenn sie noch heiß ist, ist sie gerade erst ausgeschaltet worden.

Brückenrätsel:
Frosch, Garten, Spiel, Rad – Held

Auflösungen

Seite 23
Rebus-Rätsel:
Fledermaus, Schulranzen, Achterbahn – Flasche

Seite 24
Bilderrätsel:
Segelboot, Hummer, Telefon – Stuhl
Karussell:
U = Geburtstag

Seite 25
Wörtersalat:

Seite 26
Teekesselchen: Barren
Memo:
Handschuhe, Taschenuhr, Brotmesser

Seite 27
Gitterrätsel:

Seite 28
Bilderrätsel:
Himmel (Hose, Iglu, Mond, Muschel, Elefant, Lampe)
Pfadfinder:

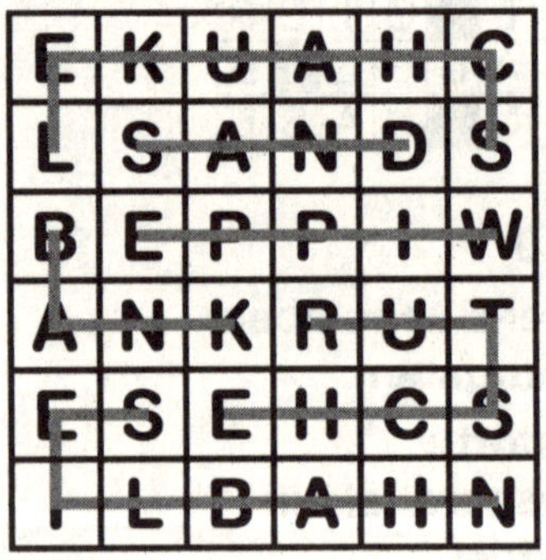

Seite 29
Scherzfrage:
Weil an den Händen Fingernägel sind!
Füllrätsel:
1. einfach, 2. Beitrag, 3. kreisen, 4. Streife, 5. Ausweis, 6. Polizei

Seite 30
Domino:
Reiher, Kakadu, Specht, Zeisig
Spinnennetz:
Einkaufswagen

Seite 31
Nur ein Wort passt!:

Seite 32
Sortierquiz:
Katze
Bilderrätsel:
Feuerwerk (Fenster, Apfel, Fuchs, Regen, Arzt, Wurst, Eisbär, Strauß, Käse)

Seite 33
Buchstaben-Chaos:
Knoblauch
Quiz:
1A, 2C, 3B

Auflösungen

Seite 34

Kreuzworträtsel:

Seite 35

Buchstaben-Wirrwarr:
Stuttgart

Land gesucht:
Kanada

Seite 36

Logikrätsel:

Klasse	Schüleranzahl	Lehrer	Sportart
6a	18	Herr Schulz	Zirkeltraining
6b	22	Frau Giebel	Turnen
6c	19	Herr Brenken	Handball
6d	23	Frau Wirtz	Laufen

Seite 37

Tier gesucht:
Maulwurf

Tauschrätsel:

B	E	I	L
B	E	I	N
B	E	R	N
G	E	R	N
G	A	R	N

Seite 38

Kreuzwort-Puzzle:

Seite 39

Schüttel-Buchstaben:
Schneckenhaus

Einer stört!:
Das Wort Echsen passt nicht zu den anderen, denn die anderen sind alle Schlangen.

Seite 40

Bilder-Kreuzworträtsel:
1–6 Pinsel

Seite 41

Scherzfrage:
Der Purzelbaum!

Quiz:
1A, 2C, 3B

Seite 42

Schafe:
Der erste Schäfer hat 56 Schafe und der zweite 40.

Brückenrätsel:
Reifen, Tisch, Ball, Markt – Film

Seite 43

Rebus-Rätsel:
Karussell, Briefkasten, Nadel – Kreisel

Seite 44

Bilderrätsel:
Pfeife, Faultier, Trommel – Pflaume

Karussell:
E = Wochenende

Seite 45

Wörtersalat:

Seite 46

Teekesselchen: Golf

Memo:
Käsekuchen, Katzenbaby, Schlittenhund

Seite 47

Gitterrätsel:

Seite 48

Bilderrätsel:
Brause
(Besen, Rakete, Ampel, Uhr, Spinne, Eimer)

Pfadfinder:

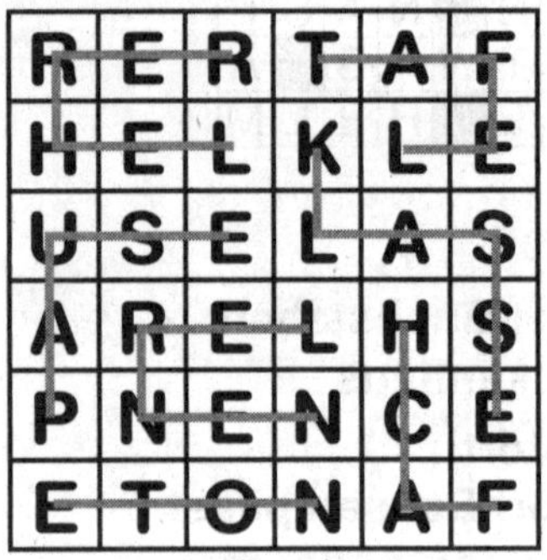

Seite 49

Scherzfrage:
Löffel (Esswerkzeug und Ohr des Hasen)

Füllrätsel:
1. Erdteil, 2. Werbung, 3. Kuerbis, 4. Malerin, 5. Wandern, 6. Prahler

Seite 50

Domino:
Estland, Spanien, Belgien, Schweiz

Spinnennetz:
Schmetterling

Seite 51

Nur ein Wort passt!:

Seite 52

Sortierquiz:
number

Bilderrätsel:
Orchester
(Brot, Kerze, Koch, Hamburger, Lupe, Muschel, Kaktus, Kasse, Ritter)

Seite 53

Buchstaben-Chaos:
Wandertag

Quiz:
1A, 2B, 3B

Auflösungen

Seite 54

Kreuzworträtsel:

Seite 55

Buchstaben-Wirrwarr:
Hausschuhe

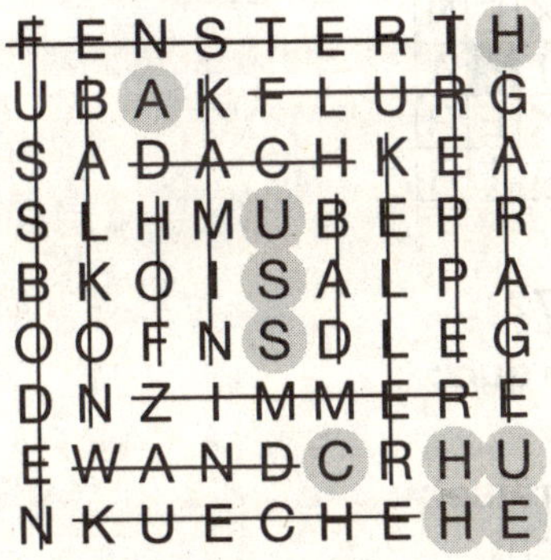

Sport-Rätsel:
Neun, acht Ruderer und ein Steuermann!

Seite 56

Logikrätsel:

Name	Papierfarbe	Geschmack	Anzahl
Cora	Rot	Vanille	4
Mia	Gelb	Karamell	5
Tim	Blau	Schokolade	3
Vivian	Grün	Nussnougat	6

Seite 57

Sportart gesucht:
Basketball

Tauschrätsel:

R	E	I	M
H	E	I	M
H	E	L	M
H	A	L	M
H	A	L	S

Seite 58

Kreuzwort-Puzzle:

Seite 59

Schüttel-Buchstaben:
Meeresspiegel

Einer stört!:
Die Gurke passt nicht zu den anderen, denn sie wächst oberirdisch, die anderen wachsen unterirdisch.

Seite 60

Bilder-Kreuzworträtsel:
1–6 Cousin

Seite 61

Scherzfrage:
... laufen, wenn man nicht „sitzen“ will!

Quiz:
1A, 2B, 3C

Seite 62

Alter Seebär?:
Der Kapitän ist so alt wie du! Du solltest dir ja vorstellen, der Kapitän zu sein!

Brückenrätsel:
Heft, Bügel, Haus, Weg – Flug

Seite 63

Rebus-Rätsel:
Ingwer, Maulwurf, Pflaumen – Giraffe

Seite 64

Bilderrätsel:
Pinsel, Badeanzug, Dinosaurier – Pinguin

Karussell:
E = Blumenbeet

Seite 65

Wörtersalat:

Seite 66

Teekesselchen: Nagel

Memo:
Honigkuchen, Adlerauge, Autoschlange

Seite 67

Gitterrätsel:

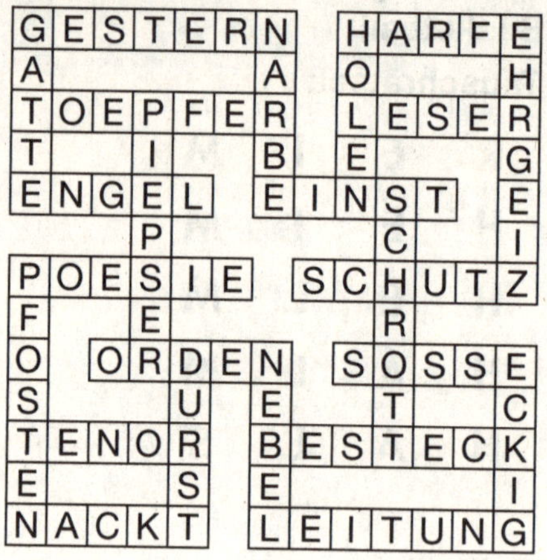

Seite 68

Bilderrätsel:
Ballon
(Brezel, Astronaut, Löwe, Lehrer, Orange, Noten)

Pfadfinder:

Seite 69

Scherzfrage:
Die Neffen!

Füllrätsel:
1. fechten,
2. Pfeiler,
3. Befehle,
4. liefern,
5. Dampfer,
6. Giraffe

Seite 70

Domino:
London, Madrid, Berlin, Moskau

Spinnennetz:
Eichhoernchen

Seite 71

Nur ein Wort passt!:

Seite 72

Sortierquiz:
Sonne

Bilderrätsel:
Blaulicht
(Buch, Telefon, Flamingo, Daumen, Ball, Ziege, Dusche, Drache, Tennisball)

Seite 73

Buchstaben-Chaos:
Drache

Quiz:
1C, 2B, 3C

Seite 74

Kreuzworträtsel:

Seite 75

Buchstaben-Wirrwarr:
Freizeitspass

Lexikon-Rätsel:
Nein, das ist nicht wahr! Telefonitis sagt man scherzhaft zu der Neigung, häufig zu telefonieren.

Seite 76

Logikrätsel:

Vorname	Nachname	Alter	Wohnort
Arno	Müller	8	München
David	Eilert	9	Hamburg
Emma	Rustmann	7	Essen
Gina	Jäger	10	Berlin

Seite 77

Beruf gesucht:
Tischler

Tauschrätsel:

K	A	H	L
K	A	H	N
B	A	H	N
B	A	N	N
B	O	N	N

Seite 78

Kreuzwort-Puzzle:

Seite 79

Schüttel-Buchstaben:
Wohnmobil

Einer stört!:
Die Geige ist ein Streichinstrument. Alles andere sind Zupfinstrumente.

Seite 80

Bilder-Kreuzworträtsel:
1–6 lieben

Seite 81

Scherzfrage:
Am Billardtisch

Quiz:
1A, 2A, 3B

Seite 82

Kochkunst!:
Genauso lang!

Brückenrätsel:
Feld, Pelz, Ofen, Theater – Elfe

Seite 83

Rebus-Rätsel:
Ballerina, Thermometer, Pelikan – Laterne

Seite 84

Bilderrätsel:
Schubkarre, Rucksack, Windel – Schaukel

Karussell:
A = Rutschbahn

Seite 85

Wörtersalat:

Seite 86

Teekesselchen:
Birne

Memo: Salzburg, Kinderarzt, Apfelbaum

Seite 87

Gitterrätsel:

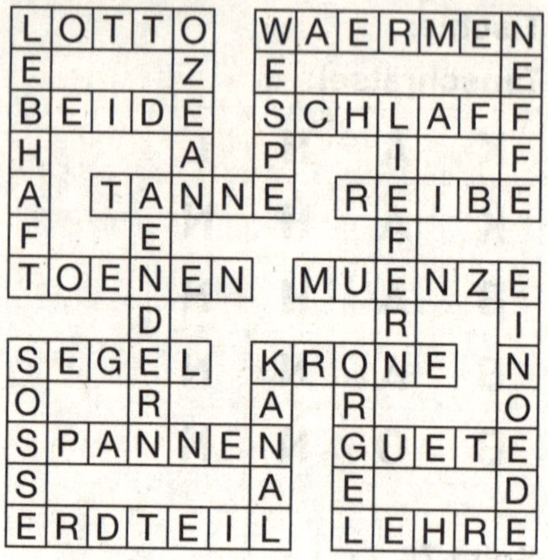

Seite 88

Bilderrätsel:
Kinder (Kuchen, Insel, Nest, Dinosaurier, Eis, Rassel)

Pfadfinder:

Seite 89

Scherzfrage:
Beim Koala!

Füllrätsel:
1. Inliner, 2. Eingang, 3. grinsen, 4. Trainer, 5. Terrine, 6. Raubein

Seite 90

Domino:
Paprika, Spargel, Karotte, Zwiebel

Spinnennetz:
Klassenarbeit

Seite 91

Nur ein Wort passt!:

Seite 92

Sortierquiz:
Musik

Bilderrätsel:
Kleeblatt (Lenkrad, Zylinder, Rettungsring, Rakete, Krabbe, Liegestuhl, Waschmaschine, Ritter, Weintrauben)

Seite 93

Buchstaben-Chaos:
Muscheln

Quiz:
1C, 2B, 3B

Seite 94

Kreuzworträtsel:

Seite 95

Buchstaben-Wirrwarr: Muskeln

Lexikon-Rätsel: Nein, das ist nicht wahr! Der Geigerzähler ist ein Gerät, mit dem man radioaktive Strahlung messen kann. Erfunden wurde es von dem Physiker Hans Geiger.

Seite 96, Logikrätsel:

Geschäft	Adresse	Ware	Anzahl
Albrecht	Marktgasse	Eier	6
Drossel	Kirchstraße	Brötchen	8
Prinz	Heimstiege	Würstchen	5
Wessel	Oberplatz	Bananen	4

Seite 97

Beruf gesucht:
Polizeibeamter

Tauschrätsel:

R	E	B	E
R	A	B	E
G	A	B	E
G	A	S	E
G	A	S	T

Seite 98

Kreuzwort-Puzzle:

S	A	G	E		W	E	S	T
O		A	H	N	E	N		O
L	O	S	E		S	T	A	U
O	F	T		S	P	E	E	R
	F		F	E	E		H	
B	E	E	R	E		A	R	A
E	N	D	E		E	U	E	R
R		E	M	S	I	G		Z
G	O	L	D		N	E	T	T

Seite 99

Schüttel-Buchstaben:
Schildkröte

Einer stört!:
Die Jacht. Sie fährt auf dem Wasser.

Seite 100

Bilder-Kreuzworträtsel:
1–6 Ostsee

Seite 101

Scherzfrage:
Die ENTER-Taste drücken.

Quiz:
1C, 2A, 3A

Seite 102

Jemand zugestiegen?:
14 (12 Passagiere, der Schaffner und der Lokführer!)

Brückenrätsel:
Kohl, Pulver, Bahn, Strand – Hund

Seite 103

Rebus-Rätsel:
Zeppelin, Storch, Knoten – Zitrone

Seite 104

Bilderrätsel:
Zeppelin, Magnet, Zahnarzt – Zement

Karussell:
C = Fallschirm

Seite 105

Wörtersalat:

Seite 106

Teekesselchen: Auge

Memo:
Sternbild, Baumkuchen, Federmappe

Seite 107

Gitterrätsel:

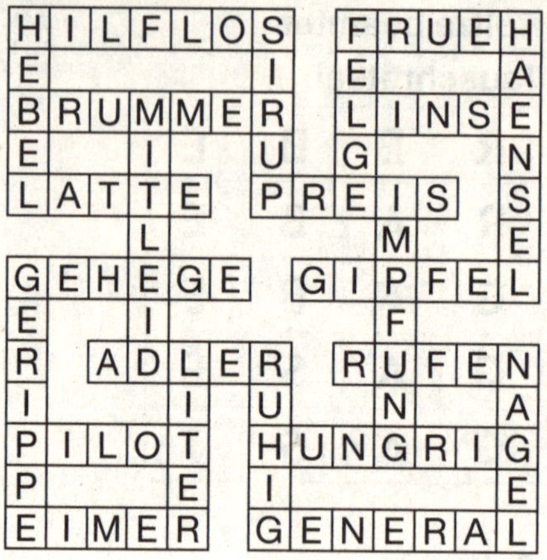

Seite 108

Bilderrätsel:
Fohlen (Federball, Oliven, Hummer, Luftmatratze, Eis, Nonne)

Pfadfinder:

Seite 109

Scherzfrage:
Im Mietshaus

Füllrätsel:
1. Tablett, 2. Stadion, 3. Gitarre, 4. Kontakt, 5. Freitag, 6. Regatta

Seite 110

Domino:
Markus, Fabian, Felix, Kevin

Spinnennetz:
Fussballspiel

Seite 111

Nur ein Wort passt!:

Seite 112

Sortierquiz:
Stall

Bilderrätsel:
Handstand (Ohr, Acht, Fenster, Dose, Briefkasten, Taschenmesser, Hase, Stern, Fahrrad)

Seite 113

Buchstaben-Chaos:
Herbarium

Quiz:
1C, 2B, 3A

Auflösungen

Seite 114
Kreuzworträtsel:

Seite 115
Buchstaben-Wirrwarr:
Pokal

Land gesucht
Argentinien

Seite 116
Logikrätsel:

Schulstunde	Fach	Lehrperson	Raumnummer
1.	Englisch	Frau Schneider	23
2.	Physik	Herr Werner	5
3.	Mathematik	Herr Solmann	18
4.	Geschichte	Frau Dahlhaus	9

Seite 117
Buch gesucht:
Detektivroman
Tauschrätsel:

F	E	T	T
F	E	S	T
R	E	S	T
R	O	S	T
R	O	S	E

Seite 118
Kreuzwort-Puzzle:

Seite 119
Schüttel-Buchstaben:
Schulferien
Einer stört!:
Datum passt nicht zu den anderen. Ein Datum ist ein Zeitpunkt. Die anderen sind Zeiträume.

Seite 120
Bilder-Kreuzworträtsel:
1–6 Reiter

Seite 121
Scherzfrage:
Wegen der Maulwurfshügel!
Quiz:
1A, 2C, 3C

Seite 122
Alles in Luther?:
Antwort b)
Brückenrätsel:
Lehrer, Park,
Nuss, Besen –
Hase

Seite 123

Rebus-Rätsel:
Dromedar, Zimtstangen, Becher – Dezember

Seite 124

Bilderrätsel:
Batterie, Spiegelei, Einhorn – Beginn

Karussell:
N = Donnerstag

Seite 125

Wörtersalat:

Seite 126

Teekesselchen: Knoten

Memo: Brillenschlange, Schweinefleisch, Zahnarzt

Seite 127

Gitterrätsel:

Seite 128

Bilderrätsel:
rodeln
(Roboter, Ohrenschützer, Drache, Eier, Lampe, Nest)

Pfadfinder:

Seite 129

Scherzfrage:
Eine Tochter!

Füllrätsel:
1. Terrine, 2. steinig, 3. Antenne, 4. Vorteil, 5. Fenster, 6. Beichte

Seite 130

Domino:
Kaelte, Schnee, Frost, eisig

Spinnennetz:
Mineralwasser

Seite 131

Nur ein Wort passt!:

Seite 132

Sortierquiz:
Gabel

Bilderrätsel:
Flaschenpost
(Fischer, Roller, Kajak, Krebs, Drache, Hubschrauber, Lippenstift, Handy, Stoppuhr, Trommel, Toaster, Stundenplan)

Seite 133

Buchstaben-Chaos:
Hamburg

Quiz:
1B, 2C, 3B

Seite 134

Kreuzworträtsel:

Seite 135

Buchstaben-Wirrwarr:
Wacholder

Geburtstag:
Am Montag

Seite 136

Logikrätsel:

Position	Tante	Rahmenfarbe	Merkmal
links	Tante Anne	Gelb	Brille
2. von links	Tante Christa	Grün	Schnauzbart
2. von rechts	Tante Martina	Blau	große Nase
rechts	Tante Trixi	Rot	Riesenzähne

Seite 137

Beruf gesucht:
Astronaut

Tauschrätsel:

F	A	R	M
F	A	R	N
F	E	R	N
F	E	I	N
W	E	I	N

Seite 138

Kreuzwort-Puzzle:

Seite 139

Schüttel-Buchstaben:
Sternschnuppe

Einer stört!:
Der Flughund ist ein Fledertier. Meerjungfrau, Vampir und Drache sind Fabelwesen.

Seite 140

Bilder-Kreuzworträtsel:
1–6 Pinsel

Seite 141

Scherzfrage:
Feinen Sand

Quiz:
1C, 2A, 3B

Seite 142

Schlag nach!:
Stimmt nicht! Denn wenn wir gegessen haben, sind wir zwar „satt", wenn wir aber getrunken haben, sind wir komischerweise ... sprachlos!

Brückenrätsel:
Zucker, Spiel, Eis, Ball – Ziel

Seite 143

Rebus-Rätsel:
Lenkrad, Kamera, Korallen – Denkmal

Seite 144

Bilderrätsel:
Zylinder, Pharao, Federn – Leopard

Karussell:
O = Rolltreppe

Seite 145

Wörtersalat:

Seite 146

Teekesselchen: Schmetterling

Memo:
Sandbank, Kegelbahn, Wasserhahn

Seite 147

Gitterrätsel:

Seite 148

Bilderrätsel:
Domino (Dieb, Orange, Mütze, Igel, Nudeln, Ofen)

Pfadfinder:

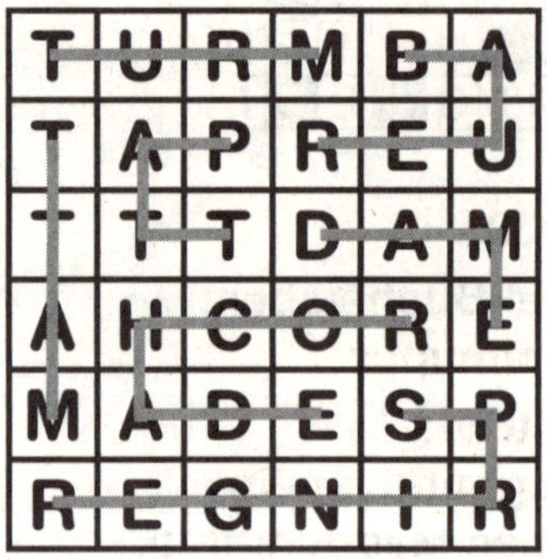

Seite 149

Scherzfrage:
Das Seepferdchen!

Füllrätsel:
1. Elefant, 2. beliebt, 3. prellen, 4. Spieler, 5. wirbeln, 6. schwuel

Seite 150

Domino:
Bauer, Maler, Tischler, Polizist

Spinnennetz:
Holzeisenbahn

Seite 151

Nur ein Wort passt!:

Seite 152

Sortierquiz:
prima

Bilderrätsel:
Baukasten (Birne, Sack, Schaufel, Krokodil, Anker, Schmetterling,Tafel, Kleiderbügel, Bonbon)

Seite 153

Buchstaben-Chaos:
Brautkleid

Quiz:
1A, 2B, 3C

Auflösungen

Seite 154

Kreuzworträtsel:

Seite 155

Buchstaben-Wirrwarr:
Fisch

Land gesucht:
Finnland

Seite 156

Logikrätsel:

Wochentag	Wem	Streich	Strafe
Montag	Papa	Lesezeichen	Fernsehverbot
Dienstag	Annemarie	Salz aufs Brot	Hausarrest
Mittwoch	Benjamin	Foto bemalt	Entschuldigung
Donnerstag	Mama	Schuhe versteckt	eher ins Bett

Seite 157

Reiseziel gesucht:
Australien

Tauschrätsel:

Z	A	H	N
W	A	H	N
W	A	N	N
W	A	N	D
W	I	N	D

Seite 158

Kreuzwort-Puzzle:

Seite 159

Schüttel-Buchstaben:
Schneemann

Einer stört!:
Spaghetti sind als Einzige kein Getränk.

Seite 160

Bilder-Kreuzworträtsel:
1–6 Ameise

Seite 161

Scherzfrage:
Flusspferde

Quiz:
1B, 2C, 3A

Seite 162

Schlag nach!:
Stimmt tatsächlich! Der Steigbügel im Ohr ist der kleinste Knochen des menschlichen Körpers!

Brückenrätsel:
Feder, Feier, Honig, Reise – Reis

Seite 163

Rebus-Rätsel:
Regenbogen, Weintrauben, Richter – Gewitter

Seite 164

Bilderrätsel:
Schnecke, Zielscheibe, Mikroskop – Schirm

Karussell:
E = Geschichte

Seite 165

Wörtersalat:

Seite 166

Teekesselchen: Note

Memo:
Mantelfutter, Briefwaage, Sandburg

Seite 167

Gitterrätsel:

Seite 168

Bilderrätsel:
Ritter (Rochen, Igel, Trompete, Tafel, Elefant, Robbe)

Pfadfinder:

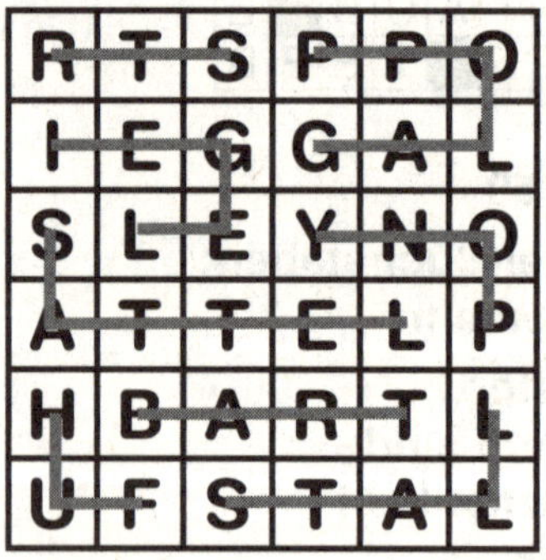

Seite 169

Scherzfrage:
Der Tag der offenen Tür.

Füllrätsel:
1. Amerika, 2. Dampfer, 3. Klammer, 4. Vitamin, 5. Reklame, 6. biegsam

Seite 170

Domino:
Tasse, Gabel, Messer, Teller

Spinnennetz:
Mittagsschlaf

Seite 171

Nur ein Wort passt!:

Seite 172

Sortierquiz:
Atlas

Bilderrätsel:
Propeller (Pelikan, Kirche, Astronaut, Pferd, Rutsche, Roller, Wohnmobil, Waffel, Fernglas)

Seite 173

Buchstaben-Chaos:
Armband

Quiz:
1B, 2B, 3A

Auflösungen

Seite 174

Kreuzworträtsel:

Seite 175

Buchstaben-Wirrwarr:
Rotkehlchen

Schlag nach!:
Der erste Teil des Eintrags stimmt, der zweite nicht. Einen hoch aufgeschossenen, hageren Menschen nennt man nicht Salzstange, sondern Bohnenstange.

Seite 176

Logikrätsel:

Klasse	Dosen	Verpackungen	Müll
7a	12	9	Kugelschreiber
7b	8	13	Plastikschüssel
7c	14	11	Autoreifen
7d	10	15	Schuh

Seite 177

Wort gesucht:
Mauseloch

Tauschrätsel:

P	O	S	T
P	O	S	E
H	O	S	E
H	A	S	E
H	A	B	E

Seite 178

Kreuzwort-Puzzle:

Seite 179

Schüttel-Buchstaben:
Vorratsraum

Einer stört!:
Fisch.
Er lebt als Einziger im Wasser.

Seite 180

Bilder-Kreuzworträtsel:
1–6 singen

Seite 181

Scherzfrage:
Der Muskelkater

Quiz:
1C, 2A, 3A

Seite 182

Farbenspiel!:
Antwort: a)

Brückenrätsel:
Besen, Wurst, Blech, Schuh – Buch

Seite 183

Rebus-Rätsel:
Skateboard, Tomate, Krokus – Radtour

Seite 184

Bilderrätsel:
Baumstamm, Spinnennetz, Kirschen – Matsch

Karussell:
U = Erinnerung

Seite 185

Wörtersalat:

Seite 186

Teekesselchen:
sieben

Memo:
Vogelspinne, Taschenlampe, Muskelkater

Seite 187

Gitterrätsel:

Seite 188

Bilderrätsel:
backen
(Bagger, Achterbahn, Clown, Kirche, Eishockeyspieler, Nussknacker)

Pfadfinder:

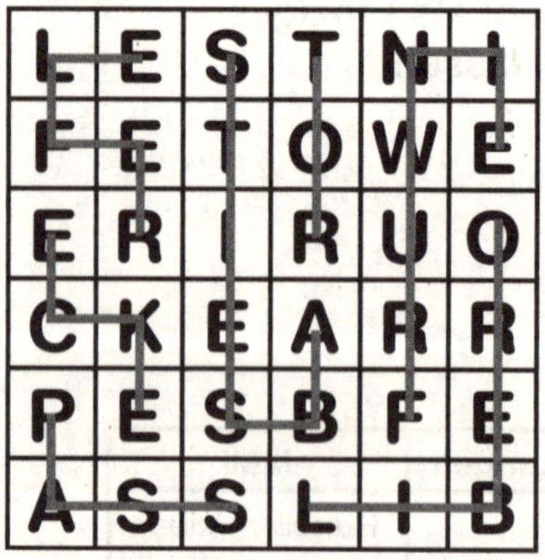

Seite 189

Scherzfrage:
Den Käse!

Füllrätsel:
1. Chinese,
2. Schwein,
3. Fechter,
4. naschen,
5. Sprache,
6. Klatsch

Seite 190

Domino:
Freitag, Samstag, Dienstag, Mittwoch

Spinnennetz:
Sonnenaufgang

Seite 191

Nur ein Wort passt!:

Auflösungen

Seite 192

Sortierquiz:
empor

Bilderrätsel:
Fahnenstange (Frankreich, Brasilien, Schweiz, Schweden, Deutschland, Kanada, Spanien, Türkei, Japan, Griechenland, Argentinien, Italien)

Seite 193

Buchstaben-Chaos:
Autoscooter

Quiz:
1C, 2C, 3B

Seite 194

Kreuzworträtsel:

Seite 195

Buchstaben-Wirrwarr:
spannend

Siedlung:
Familie Meier wohnt in Haus Nr. 4. Familie Schröder wohnt in Haus Nr. 6. Familie Schmidt wohnt in Haus Nr. 8. Familie Peters wohnt in Haus Nr. 10. Familie Weber wohnt in Haus Nr. 12.

Seite 196

Logikrätsel:

Name Kind	Alter Kind	Lieblingstier	Name Tier
Alina	10	Hase	Dolly
Ben	8	Schwein	Esmeralda
Chris	9	Esel	Hexe
Dora	11	Pony	Minnie

Seite 197

Beruf gesucht:
Grundschullehrerin

Tauschrätsel:

H	O	R	T
H	A	R	T
H	A	S	T
H	A	S	E
N	A	S	E

Seite 198

Kreuzwort-Puzzle:

S	H	O	W	■	S	T	A	B
U	■	P	A	S	T	A	■	A
E	D	E	L	■	A	K	T	E
D	E	R	■	K	A	T	E	R
■	I	■	W	U	T	■	N	■
S	C	H	A	R	■	L	O	K
E	H	E	R	■	K	O	R	N
I	■	L	U	X	U	S	■	I
L	A	M	M	■	H	E	X	E

Seite 199

Schüttel-Buchstaben:
Weihnachtsmann

Einer stört!:
Das Kaninchen kann als Einziges nicht fliegen.

Seite 200

Bilder-Kreuzworträtsel:
1–6 Europa

Auflösungen

Seite 201

Scherzfrage:
Der Windzug!

Quiz:
1A, 2B, 3B

Seite 202

Einer stört:
Nektar

Brückenrätsel:
Haus, Boden, Papier, Zelt – Herz

Seite 203

Rebus-Rätsel:
Zahnrad, Brunnen, Rentier – Zauberer

Seite 204

Bilderrätsel:
Landkarte, Hummel, Fenster – Rahmen

Karussell:
D = Bademantel

Seite 205

Wörtersalat:

Seite 206

Teekesselchen:
Pfund

Memo:
Regenbogen, Kuchenteller, Schranktür

Seite 207

Gitterrätsel:

Seite 208

Bilderrätsel:
Magnet (Mikrowelle, Aprikose, Gitarre, Nägel, Engel, Tinte)

Pfadfinder:

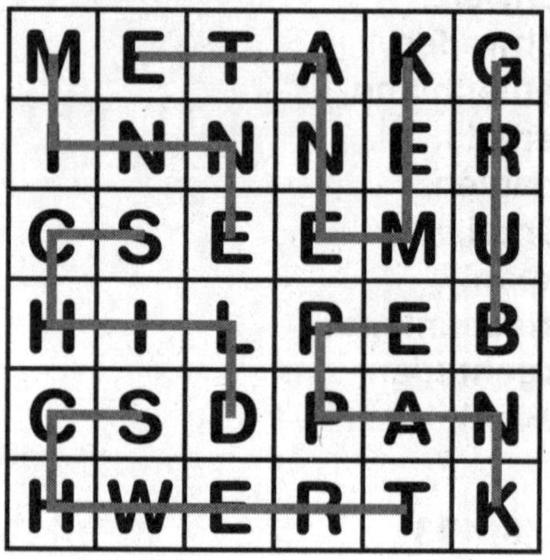

Seite 209

Scherzfrage:
Eine Brücke

Füllrätsel:
1. umarmen,
2. Bummler,
3. Klumpen,
4. Triumph,
5. Pflaume,
6. Studium

Seite 210

Domino:
Fichte, Kiefer, Buche, Linde

Spinnennetz:
Mittelamerika

Seite 211
Nur ein Wort passt!:

Seite 212
Sortierquiz:
Pokal
Bilderrätsel:
Astronaut (Anker, Walross, Bleistift, Schere, Schokolade, Clown, Ananas, Pinguin, Piratenschiff)

Seite 213
Buchstaben-Chaos:
Pilze
Quiz:
1B, 2C, 3C

Seite 214
Kreuzworträtsel:

Seite 215
Buchstaben-Wirrwarr:
Versand

Seite 217
Tier gesucht:
Chamäleon
Tauschrätsel:

F	O	R	M
F	O	R	T
H	O	R	T
H	O	R	N
K	O	R	N

Seite 218
Kreuzwort-Puzzle:

Seite 219
Schüttel-Buchstaben:
Schwimmhalle

Freundinnen:

	Pia	Carla	Lotta
Tier	Hund	Katze	Kaninchen
Alter	12	9	11

Seite 216
Logikrätsel:

Monat	Stadt	Figur	Stellplatz
März	New York	Schaf	Regal
Juni	London	Flugzeug	Schreibtisch
August	Melbourne	Haus	Fensterbank
November	Prag	Klavier	Nachtschränkchen

Auflösungen

Seite 219

Einer stört!:
Hänsel. Er ist der einzige Junge unter den Märchenfiguren.

Seite 220

Bilder-Kreuzworträtsel:
1–6 Tugend

			L		A			A		H	
G	R	U	E	B	C	H	E	N		E	I
	E	H	E		H	U	N	G	R	I	G
S	T	U	R		T		D	S		S	
	T		E	F		B	U	T	T	E	R
D	I	E	N	E	R	I	N		A	R	A
	C	R		R	I	N	G	E	N		N
A	H	N	E	N		D			Z	U	G
		T			H	E	F	E		L	
	P	E	R	L	E			L	U	M	P
K	A	N	U		X	E		F	R	E	I
	L		P	R	E	I	S		W		G
R	A	M	P	E		S	A	L	A	T	
	S	E	I	D	E		A	T	L	A	S
	T		G	E	B	E	T		D	U	O

Seite 221

Scherzfrage:
Elf

Quiz: 1C, 2A, 3B

Seite 222

Das große Konzert!:
Drei Minuten, denn ein Musikstück wird dadurch nicht länger, dass es von weniger Musikern gespielt wird!

Brückenrätsel:
Bett, Bau, Sahne, Arzt – Tanz

Seite 223

Rebus-Rätsel:
Kalender, Surfen, Tunnel – anrufen

							H					
				F	A	C	E		K			
				E			M	A	L			
		V	I	E	H		M	U	E	D	E	
		E	H		O		E		B	A	D	
	A	N	R	U	F	E	N		E	R		
A	D	E		H		B		T	R	U	H	E
	E		A	U	G	E		U		M	A	I
	L	O	S		I	N	S	E	L		L	
		G	I	F	T		T	R	A	U	M	
			E	U	T	E	R		U	M		
			N		E		O	F	T			
					R	O	H					

Seite 224

Bilderrätsel:
Flugzeug, Kontrabass, Fliegenpilz – lenken

Karussell:
I = Papierkorb

Seite 225

Wörtersalat:

K M ~~B U R G F R I E D~~ P H L X S U Q U G
V L H W D U O F Q C L T T Z T I D P I V
K S O U H A ~~T F N U Z~~ W W A X R S L D A
O W Y S N K A C C U W Q D F E F D Y M Q
E J A C T C X H Q R X T L G H E L Q B X
N O V U Y E T A T U M Z N E G Q N P U R
I N M U R J R O E A N I S F K T B H R B
G F T C E E L A U J K L R S R E Y O G E
A F H Z Y E H E Z I H E I E P D Z A F T
R L Z U C Q R R W T T H U P J O V F R R
T H R N F Z V P Z E C G A S B T P K A E
U V A N F S G V N E M N L Q X G I O U R
S L W D S B C J H U K Y F D R P R C K H
X I A F N R H H E F O C X L L B A J V A
E J G X E D W Q M S V Y E L F J T Y D F
P P S T Z L N R X I M A I U V C D X W E
F F T T S I Q J L W E M X A R D E R Z E
Q I H T E M C H L H O D M B R B M Y O S
R L Q G M B P G S B O J Z V D M G Q Q V
K S X S ~~E T R A K Z T A H C S~~ Z P U X X
J P C I ~~E Z N A L~~ A J Q Y T G S M E Z K

Seite 226

Teekesselchen:
Essen

Memo:
Ohrwurm, Eieruhr, Milchstraße

Seite 227

Gitterrätsel:

S	T	E	H	L	E	N		N	A	R	B	E
U						E		O				N
M	E	R	K	M	A	L		N	I	E	R	E
M			U			K		N				R
E	I	T	E	L		E	B	E	N	E		G
			H						E			I
G	R	I	L	L	E		B	R	I	L	L	E
R			E						G			
I		G	N	A	D	E		M	U	S	I	K
N				N		I			N			E
S	P	E	C	K		L	U	E	G	N	E	R
E				E		I						N
N	A	T	U	R		G	E	M	U	E	S	E

Auflösungen

Seite 228

Bilderrätsel:
Aladin
(Achterbahn,
Luftballon,
Angel,
Dalmatiner,
Insel,
Nashorn)

Pfadfinder:

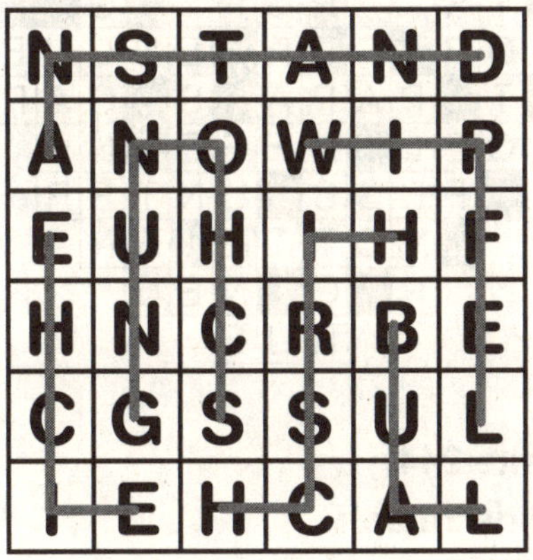

Seite 229

Scherzfrage:
Wachs - mal - Stift

Füllrätsel:
1. Armband,
2. Karotte,
3. starten,
4. Apparat,
5. Bussard,
6. Nachbar

Seite 230

Domino:
singen,
tanzen,
haekeln,
basteln

Spinnennetz:
Schwalbennest

Seite 231
Nur ein Wort passt!:

Seite 232

Sortierquiz:
Kerze

Bilderrätsel:
Belohnung
(Cabrio,
Eiffelturm,
Maulwurf,
Volleyball,
Hammer,
Bikini,
Buch,
Birne,
Gorilla)

Seite 233

Buchstaben-Chaos:
Elefant

Quiz:
1B, 2A, 3B

Seite 234

Kreuzworträtsel:

Seite 235

Buchstaben-Wirrwarr:
Strauss

Land gesucht:
Land Nr. 2 (Australien)

Seite 236

Logikrätsel:

Vorname	Nachname	Hausnummer	Instrument
Benno	Marwitz	3	Gesang
Ella	Reichert	8	Schlagzeug
Markus	Siemer	5	Gitarre
Stan	Altenberg	11	Bass

Seite 237

Vorname gesucht:
Charlotte

Tauschrätsel:

S	A	T	Z
S	A	L	Z
M	A	L	Z
M	I	L	Z
M	I	L	D

Seite 238

Kreuzwort-Puzzle:

E	N	G	E	■	S	K	A	T
T	■	A	R	M	E	E	■	E
W	A	N	N	■	E	I	N	S
A	N	G	S	T	■	M	U	T
■	B	■	T	O	R	■	D	■
R	A	U	■	N	A	D	E	L
E	U	L	E	■	S	O	L	O
C	■	M	I	N	U	S	■	H
K	I	E	S	■	R	E	I	N

Seite 239

Schüttel-Buchstaben:
Bahnübergang

Einer stört!:
Der Kamm ist der einzige Gegenstand, der nicht mit Strom betrieben wird.

Seite 240

Bilder-Kreuzworträtsel:
1–6 Minute

■	■	■	Z	■	A	■	■	F	■	■	■
E	I	G	E	L	B	■	T	E	N	O	R
■	M	U	H	■	F	A	U	L	■	S	A
A	M	E	N	■	A	■	B	L	A	T	T
■	E	R	■	K	L	E	E	■	B	E	■
U	R	T	E	I	L	■	■	V	E	N	E
■	■	E	■	K	■	G	I	E	R	■	C
W	E	L	T	A	L	L	■	R	■	E	K
■	U	■	E	■	■	A	N	S	A	G	E
■	R	O	S	T	■	S	O	■	L	A	■
P	O	R	T	A	L	■	S	■	A	L	M
■	■	D	■	G	E	W	E	H	R	■	U
M	O	N	D	■	B	A	■	E	M	I	L
■	F	E	■	J	E	D	E	R	■	C	D
■	T	R	A	E	N	E	■	R	U	H	E

Seite 241

Scherzfrage:
Das Abendbrot

Quiz:
1C, 2B, 3A

Seite 242

Winterfreuden!:
b) Gnaden bringende

Brückenrätsel:
Hamster, Geld, Burg, Rad – Herd

Seite 243

Rebus-Rätsel:
Helikopter, Lineal, Spiegel – Triangel

					■	■	S					
			■	T	I	P	P	■	S			
		■	■	A	■	■	A	M	T	■		
	■	H	A	L	T	E	N	■	A	B	C	
	■	E	B	■	E	■	G	■	R	E	H	
■	T	R	I	A	N	G	E	L	■	G	■	■
V	O	R	■	R	■	R	■	E	B	E	N	E
■	T	■	P	A	P	A	■	S	■	G	A	R
	O	E	L	■	A	F	F	E	■	N	R	
	■	F	U	S	S	■	U	N	T	E	R	
		■	M	O	T	T	E	■	A	N		
			P	■	O	■	N	E	U			
					R	U	F					

Seite 244

Bilderrätsel:
Krippe, Zwiebel, Stoppuhr – Rezept

Karussell:
U = Autoreifen

Seite 245

Wörtersalat:

```
G Q S D J K O M P O S T H A U F E N X B
M E B L F X Y O S J H P I H V S E Y R V
J S M R R H K U A T Z B A D J P L E O G
L L V U U G A U W K P C Y T G N H S T H
L E Z G E H Z R M H K E I O E E A D I G
V Y K V M S L N K E C O B Q A N E M P L
H B E U Y Y E O H E Q U E M J G B F C V
U D A Z A O M B O K S I N F M E H P O E
N B J I I H B B E O X E D F E F H G X M
D E M U D X C O U E S C R R I F E F J U
E T A N S H R S B A T C S P X L L K H A
H R T K H C P O R L P T G P H G G A W B
U O Y R Z R H T T T R T N A U R W R G N
E F E A H F K A R A W B U V T B X T Z E
T P H U G R L A U A N S O L L F E O E M
T N C T X D D C D F M U U U S I G F L U
E E U B Y F H D C W E P S L C G C F X A
D T L N A J T C Q T G L O H X P A E B L
Q R D N E T S A K D N A S L Z I A L O F
M A U L W U R F L K H V V R I A V N L P
Y G E R A E T E S C H U P P E N V F K T
```

Seite 246

Teekesselchen:
scharf

Memo:
Autoschlüssel,
Baumhaus,
Schneebesen

Seite 247

Gitterrätsel:

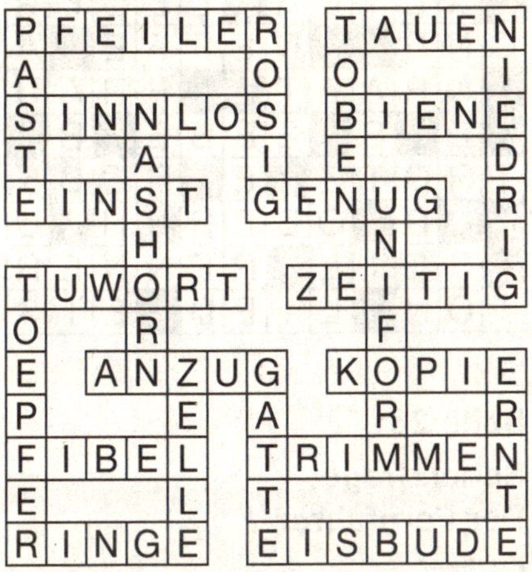

Seite 248

Bilderrätsel:
Garten
(Gürtel, Angel,
Rucksack, Trompete,
Eisschollen, Nashorn)

Pfadfinder:

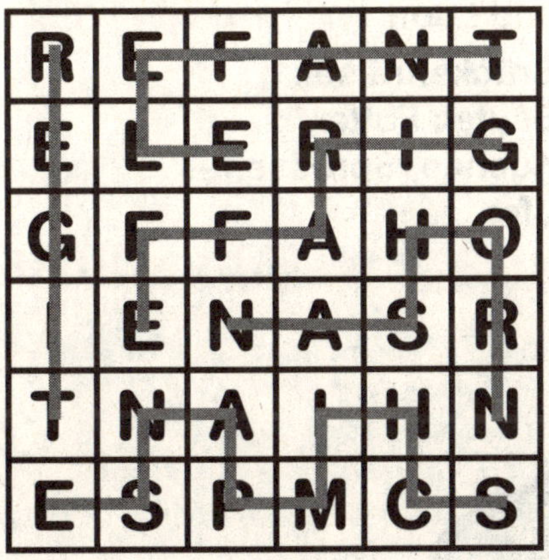

Seite 249

Scherzfrage:
Das Fenster

Füllrätsel:
1. Italien,
2. Mitlaut,
3. Reitweg,
4. Kapitel,
5. Schnitt,
6. Appetit

Seite 250

Domino:
Kueche,
Zimmer,
Keller,
Balkon

Spinnennetz:
Sommersprosse

Seite 251
Nur ein Wort passt!:

Seite 252

Sortierquiz:
Roman

Bilderrätsel:
Geheimnis
(Gurke,
Zelt,
Zahnbürste,
Herz,
Seilbahn,
Blumenstrauß,
Clown,
Wohnmobil,
Fledermaus)

Seite 253

Buchstaben-Chaos:
Kekse

Quiz:
1A, 2A, 3C

Seite 254

Kreuzworträtsel:

Seite 255

Land gesucht:
Griechenland

Seite 255

Buchstaben-Wirrwarr: Nahrung

K	A	N	I	N	C	H	E	N
N	U	S	T	I	E	R	A	S
H	F	H	A	H	N	R	U	C
E	U	L	E	E	S	E	L	H
M	C	S	P	I	N	N	E	L
A	H	I	G	E	L	H	E	A
U	S	D	N	U	H	A	N	N
S	G	A	N	S	N	S	T	G
K	A	T	Z	E	G	E	E	E

Seite 256

Logikrätsel:

Klasse	Vorname	Nachname	Titel
7	Paul	Neuhaus	Im Urlaub
8	Lena	Müller	Das fliegende Auto
9	Emma	Assmann	Berggeschichte
10	Boris	Engels	Mein Traum

Seite 257

Beruf gesucht:
Tierpfleger

Tauschrätsel:

H	O	R	N
H	O	R	T
H	A	R	T
H	A	S	T
L	A	S	T

Seite 258

Kreuzwort-Puzzle:

W	O	H	L	■	A	T	E	M
E	■	A	E	H	R	E	■	E
H	A	L	B	■	M	I	N	E
E	S	S	E	N	■	G	A	R
■	C	■	N	U	N	■	G	■
E	H	E	■	R	E	D	E	N
H	E	R	B	■	L	I	L	A
R	■	D	A	N	K	E	■	S
E	F	E	U	■	E	B	B	E

Seite 259

Schüttel-Buchstaben:
Vergangenheit

Einer stört!:
Die Hose ist das einzige Kleidungsstück, welches man an den Beinen trägt.

Seite 260

Bilder-Kreuzworträtsel:
1–6 Anflug

■	■	■	A	■	■	W	■	■	■	W	■
W	A	N	D	■	F	A	E	H	R	E	■
■	N	I	E	S	E	L	N	■	A	S	S
I	G	E	L	■	R	■	T	I	N	T	E
■	S	■	■	E	N	G	E	■	K	■	H
■	T	A	X	I	■	■	■	T	E	E	R
■	■	D	■	L	E	B	E	R	■	H	■
■	A	L	T	E	R	■	L	E	D	E	R
O	N	E	■	■	N	E	F	F	E	■	A
■	K	R	A	F	T	■	■	F	R	A	U
■	E	■	S	■	E	B	B	E	■	B	■
T	R	O	T	Z	■	E	■	R	O	C	K
■	■	B	■	O	B	E	R	■	H	■	U
■	S	E	I	L	■	R	E	N	N	E	R
T	O	N	■	L	I	E	D	■	E	I	S

Seite 261

Scherzfrage:
Der Fernfahrer

Quiz:
1A, 2C, 3C

Seite 262

Tanzwettbewerb:
1. Hanna und Alexander, 2. Emma und Maximilian, 3. Mia und Elias, 4. Sophie und Paul, 5. Maria und Leon

Brückenrätsel:
Beutel, Futter, Kuchen, Sprossen – Ufer

Auflösungen

Seite 263

Rebus-Rätsel:
Diamant, Torwart, Stempel – Matrose

Seite 264

Bilderrätsel:
Fliegenpilz, Astronaut, Flamingo – Zeitung

Karussell:
M = Himmelbett

Seite 265

Wörtersalat:

Seite 266

Teekesselchen:
König

Memo:
Tischtennis, Kaffeekanne, Pferdeapfel

Seite 267

Gitterrätsel:

Seite 268

Bilderrätsel:
Kaktus (Katze, Anker, Kinderwagen, Trommel, U-Boot, Spargel)

Pfadfinder:

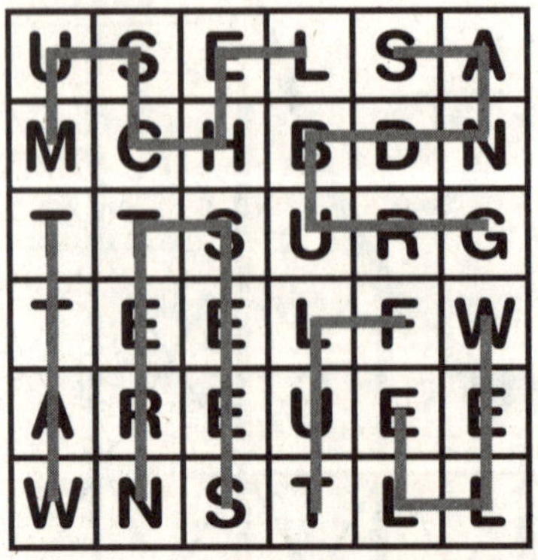

Seite 269

Scherzfrage:
Die Eintagsfliegen

Füllrätsel:
1. Heizung,
2. Theater,
3. ruhelos,
4. Bosheit,
5. gluehen,
6. Bursche

Seite 270

Domino:
Neptun, Saturn, Venus, Pluto

Spinnennetz:
Famillenfeier

Seite 271

Nur ein Wort passt!:

Auflösungen

Seite 272

Sortierquiz:
Fahrt

Bilderrätsel:
Leseratte
(Teufel, Edelstein, Schloss, Eisenbahn, Wurm, Luftballon, Lastwagen, Tasche, Elefant)

Seite 273

Buchstaben-Chaos:
Spaghetti

Quiz:
1A, 2A, 3B

Seite 274

Kreuzworträtsel:

		■	■	S	■	■	L	■	A			
		■	D	U	S	C	H	E	N			
		■	A	D	E	■	A	■	N			
■	E	C	K	■	I	■	S	H	O	W	■	P
■	R	■	A	■	F	R	A	U	■	E	H	E
■	D	E	R	L	E	I	■	M	A	I	■	C
A	B	I	■	E	■	E	■	O	■	N	A	H
■	E	N	T	E	■	M	O	R	I	T	Z	■
■	E	■	O	■	G	E	R	■	■	R	U	F
■	R	A	T	I	O	N	A	L	■	A	R	A
D	E	M	O	■	B	■	■	A	L	U	■	N
■	■	A	■	T	I	T	A	N	■	B	U	G
■	S	T	A	R	■	E	■	G	I	E	R	■
K	O	I	■	A	H	N	■	U	■	■	A	L
			A	N	A	N	A	S	■	O	N	E
			■	C	■	I	S	T	■	M	U	S
			K	E	K	S	■	E	L	I	S	E

Seite 275

Buchstaben-Wirrwarr:
Zimmermann

R	E	N	I	A	R	T	Z	F
K	K	J	A	E	G	E	R	A
A	I	O	R	R	M	M	B	R
U	M	U	N	A	Z	A	E	G
F	A	B	L	D	E	T	P	O
M	R	E	A	C	I	M	I	T
A	R	A	K	U	N	T	L	O
N	N	E	O	B	E	R	O	F
N	R	I	M	K	E	R	T	R

Sprücheklopfer:
b) Lügen haben kurze Beine.

Seite 304
Buchstaben-Chaos:
Achterbahn

Buchstaben-Chaos

Hier kommen Wagen in Fahrt. Welche Attraktion hier gesucht wird, erfährst du, wenn du die Buchstaben in die richtige Reihenfolge bringst.